BLV-Gartenbücher

Brookes	Der eigene Garten richtig geplant und gestaltet
de Haas	Naturgemäßer Obstbaumschnitt
Fleig-Harbauer	Der japanische Garten – Wege zu moderner Gestaltung
Herwig	350 Gartenpflanzen in Farbe
Herwig/Stehling	Der Weg zum schönen Garten
Kreuter	Der Bio-Garten
Lelley	Pilze aus dem eigenen Garten
Lesniewicz	Bonsai
Lesniewicz/Grames/ Eckardt	Die Welt des Bonsai
Michaeli-Achmühle	Gartenpraxis A–Z
Mierswa	Kleingewächshäuser – Folien und Frühbeete
Scheerer	Rosen in unserem Garten
Schubert	Im Garten zu Hause
Stangl	Gesundes Obst + Gemüse aus dem eigenen Garten
Stangl	Mein Hobby der Garten
Toms/Dahl	Krankheiten und Schädlinge an Obst und Gemüse

BLV Gartenberater

Cevat	Was fehlt denn meiner Zimmerpflanze?
Franke	Gartenanlage Schritt für Schritt
Funke	Der Obstgehölzschnitt
Gugenhan	Bunte Gärten auf Balkon und Terrasse
Herkner	Rund um den Wassergarten
Jacobi/Mierswa	Gärtnern unter Glas und Folie
Kreuter	Kräuter und Gewürze aus dem eigenen Garten
Lohmann	Öko-Gärten als Lebensraum
Oldale	Garten- und Zimmerpflanzen richtig vermehren
Schmitt/Jacobi	Der Garten im Jahreslauf
Stangl	Stauden im Garten
Widmayr	Alte Bauerngärten neu entdeckt

BLV Garten- und Blumenpraxis

301 Gartenblumen
302 Gartenarbeit richtig gemacht
303 Kakteen und andere Sukkulenten
304 Bonsai
305 Ziergehölze
306 Obstbaumschnitt
307 Obstanbau im eigenen Garten
308 1×1 der Hydrokultur
309 Blattpflanzen für jede Wohnung
310 Gartengestaltung
311 Gemüseanbau im eigenen Garten
312 Gestalten mit Blüten und Blumen
313 Steingärten
314 Der gesunde Gartenboden
315 Biologischer Pflanzenschutz
316 Balkon- und Terrassengärten
317 Rosen
318 1×1 des Bio-Gärtnerns
319 Der Garten in den Jahreszeiten
320 Der naturgemäße Kräutergarten
321 Der Heidegarten
322 Gärtnern mit Kindern
323 Orchideen für zu Hause
324 Wassergärten
325 Rasen, Wiese, Bodendecker
326 Beerenobst für jeden Garten
327 Gärtnern im Kleingewächshaus
328 Naturnahe Gärten
329 Blumenbeete und Rabatten richtig gestalten
330 Mischkulturen für Flach- und Hügelbeete

BLV GARTENBERATER

Wolfram Franke

Gartenanlage Schritt für Schritt

Von der Baustelle
zum blühenden Garten

mein schöner Garten Buch

BLV Verlagsgesellschaft
München Wien Zürich

CIP-Kurztitelaufnahme der Deutschen Bibliothek

Franke, Wolfram:
Gartenanlage Schritt für Schritt:
von d. Baustelle zum blühenden Garten /
Wolfram Franke. [Hrsg.: Burda GmbH]. –
München; Wien; Zürich:
BLV Verlagsgesellschaft, 1985.
(BLV Gartenberater)
ISBN 3-405-13088-3

Bildnachweis

»mein schöner Garten« (in Klammern jeweils die Stückzahl):
Archiv (7), Bürkle (10), Fischer (10), Franke (22),
Jarosch (19), Keller (5), Kögel (4), Kunkel (10),
Lehmann (1), Storz (1), Wetterwald (75)
Richard Keller (Grafik S. 10/11)
Bruno Leipacher (Gartenpläne S. 14, 15, 76, 91)

Apel: 64, 71, 149, 156 o, 161 o
Burchardt: 166
Brill/Univas: 139, 140
Daudt: 163
Funke: 175
Gardena: 138
Hörster: 88 l
Jesse: 57, 68 l, 156 u, 176, 179
Plankemann: 174
Pfletschinger/Angermayer: 128 u
Reinhard: 61, 85
Schrempp: 129
Seibold: 106 o, 105 u, 106
Stangl: 143
Stehling: 30, 36, 37, 45, 53 o, 66, 67, 70, 72, 74,
88 r, 89, 108 l, 125, 128 o, 152, 165, 168
Streicher: 160
Votteler: 153, 161 u

Titelfotos: »mein schöner Garten« (Leipacher ol,
Franke u), Stehling or

Schwarzweiß-Grafiken: Hermut Geipel

Herausgeber: BURDA GmbH, 7600 Offenburg

Gesamtherstellung: Pustet, Regensburg

Printed in Germany · ISBN 3-405-13088-3

Inhalt

Inhalt

Erste Überlegungen

Wer eine Baustelle, auf der noch eine Menge Schutt herumliegt und der Oberboden auf große Haufen zusammengeschoben ist, in einen grünenden und blühenden Garten verwandeln will, steht vor einem riesigen Berg Arbeit und scheinbar unlösbaren Aufgaben. Viele frischgebackene Haus- und Gartenbesitzer resignieren, zumal sie ja auch schon eine Menge Geld und eigene Leistung in ihr Haus investiert haben. Sie wollen es zunächst einmal nur ordentlich ums Haus herum haben, mit möglichst einfachen Mitteln. Also wird das Gröbste an Bauschutt abgeräumt, der vorhandene Oberboden verteilt, glattgezogen und Rasen darauf ausgesät. Ein schmaler Streifen aus grauen Betonplatten schneidet den Vorgarten dort in zwei Teile, wo man von der Straße zur Haustür geht. Daneben steht eine vor sich hin vegetierende Blaufichte oder eine Gruppe aus drei Serbischen Fichten (Nadelbäume machen ja keinen »Dreck«) und fertig ist der »Garten«. In Wahrheit handelt es sich nur um ein notdürftig begrüntes Grundstück.

Ein richtiger Garten soll seinen Besitzern Nutzen bringen und zwar nicht nur in materieller, sondern vor allem in ideeller Hinsicht. In einem Garten soll man sich wohlfühlen. Man will in ihm wohnen und die Natur hautnah erleben und begreifen. Die im Garten wachsenden Bäume und Sträucher, Stauden und Gräser, Sommerblumen und Gemüsepflanzen, die Vögel, die im Hausbaum nisten, und der Frosch, der sich im Gartenteich eingefunden hat – sie alle sollen ins Herz geschlossen und als Familienmitglieder aufgenommen werden. Der von Gartenarchitekten häufig verwendete Begriff »Wohnraum im Freien« sagt deshalb bei weitem nicht alles aus. Denn eine Wohnung im Freien könnte man ebenso nur aus Holz und Stein, ganz ohne Pflanzen gestalten. Die Pflanzen müssen jedoch in jedem

Gartenarchitekt Bruno Leipacher (links) im Gespräch mit dem Bauherrn.

Garten die Hauptrolle spielen, auch wenn es darin viele bauliche Elemente gibt. Mit den Pflanzen kommen auch Tiere in den Garten und wenn es »nur« eine Handvoll Marienkäfer oder eine Spatzenfamilie ist. So gesehen ist jeder Garten ein kleines Stück Natur, auch wenn er mitten in der Stadt liegt und streng geometrische Grundrißformen sein Bild bestimmen.
Das ist aber immer noch nicht alles. Stellen Sie sich vor, Ihr Wohnzimmer befände sich in einem Schaufenster oder einer offenen Halle, wo man Sie auf Schritt und Tritt beobachten und hören kann. Die gleiche Situation kann im Garten entstehen, wenn Sie ihn nicht mit schützenden grünen Wänden umgeben, zumindest in dem Bereich, wo Sie mit der Familie Kaffee trinken oder sich im Liegestuhl sonnen. Auch vor Wind wollen Sie geschützt sein, ebenso wie die Pflanzen innerhalb des Gartens, denn je weniger Wind weht, desto langsamer trocknet der Boden in einem heißen Sommer aus. Jeder Garten sollte also vor Wind und zumindest teilweise vor unerwünschter Einsicht geschützt sein.
Umgekehrt darf man es aber auch nicht mit dem Sichtschutz übertreiben. Der Vorgarten sollte zu überblicken und ganz bewußt ein wenig darauf angelegt sein, vorübergehende Menschen zu erfreuen. Außerdem bereiten Sie sich selber eine Freude, wenn Sie abends, nach getaner Arbeit, von Ihrem trauten Hausbaum und einer Fülle blühender Stauden empfangen werden.
Es reicht auch völlig aus, sich nur im Sommer vor fremder Einsicht zu schützen, denn im Winter sitzt man ohnehin nicht draußen. Der lebende Sichtschutz kann also aus Laubgehölzen bestehen, die im Herbst ihre Blätter verlieren. Sie sollten überhaupt den größten Teil der Bäume und Sträucher im Garten ausmachen. Durch ihren, der jeweiligen Jahreszeit angepaßten Rhythmus, den schwellenden Knospen im Frühjahr, anschließendem Blütenflor, grünen oder auch andersfarbigen Blättern im Sommer, einem bunten Herbstkleid und schließlich der kahlen, mit Rauhreif oder Schnee bedeckten Pflanzengestalt im Winter tragen sie zur Lebendigkeit eines Gartens bei. Immergrüne Nadelgehölze sehen dagegen zu jeder Jahreszeit nahezu gleich aus. Sie sind schwerfälliger als sommergrüne Laubgehölze und sollten deshalb nur sparsam als immergrüne Komponente in den Hausgarten eingestreut werden. Häßlich ist es, wenn sich manche Gartenbesitzer hinter einem Wald von Nadelbäumen verbarrikadieren.
Die Architektur eines Gartens mit allen darin verwendeten Baustoffen und Pflanzen sollte auch mit der Umgebung harmonieren. Der Garten muß mit dem Haus eine Einheit bilden und gleichzeitig zu seiner städtischen oder dörflichen wie auch der landschaftlichen Umgebung passen. Dies sind die wichtigsten Kriterien, die man berücksichtigen muß, um ein Grundstück in einen bewohnbaren Lebensraum, einen Hausgarten zu verwandeln.

Unser Redaktionsgarten

Wir von der Redaktion »mein schöner Garten« wollten einmal selber einen Garten anlegen, um autentisch und ausführlich über die einzelnen Abschnitte seiner Entstehung zu berichten, einschließlich aller Erfahrungen und Mißgeschicke. Das Grundstück eines Grafikers aus unserer Redaktion, dessen Haus gerade fertig geworden war, bot sich als geeignetes Objekt an: Ein typisches schlichtes aber modernes Einfamilienhaus in einer typischen Neubausiedlung. Mit einer Gesamtgröße von ungefähr 800 m² ist dieses Grundstück aber auch nicht so klein, wie mancher Handtuchgarten in einer Reihenhaussiedlung.
Wir wollten auf diesem Grundstück einen beispielhaften Hausgarten gestalten und mußten dabei natürlich die Wünsche der vierköpfigen Familie (zwei Kinder, damals 13 und 9 Jahre alt) berücksichtigen. Zum anderen wollten wir darin möglichst viel bauen und pflanzen, um es zu fotografieren und den Lesern unserer Zeitschrift und dieses Buches zeigen zu können.
Zunächst einmal ging ich mit unserem Grafiker und seiner Familie über die Baustelle und nahm das Grundstück ein wenig unter die Lu-

Das noch unverputzte Wohnhaus, von einer Bauwüste umgeben.

pe. Hier und dort steckte ich den elektronisch arbeitenden pH-Meter in den zu großen Haufen zusammengeschobenen Oberboden. Er zeigte zwischen pH 6 und 6,5 an und lag somit in der Nähe des Neutralpunkts (pH 7). Schlimmer sah es mit dem Unterboden aus, denn er war lehmig und durch Lastwagen und Baumaschinen so stark verdichtet, daß das Wasser des letzten Regens in großen Pfützen darauf stand und nicht abfließen konnte. Unser Grundstück liegt an einer Straßenecke. Das hat den Vorteil, daß man sich nicht gar so eingeengt fühlt, wie auf den meisten Grundstücken in den heutigen Neubausiedlungen. Nachteilig ist jedoch, daß man auch von der seitlich vorbeiführenden Straße in den Garten sehen kann. Hinzu kommt, daß das Erdgeschoß des Hauses mehr als 1 m über dem Niveau der Straße liegt. Die Terrasse schließt in der Höhe des Wohnzimmerfußbodens an das Haus an, so daß die Familie, die im Freien Kaffee trinken will, buchstäblich auf dem Präsentierteller sitzen muß. Es ist sehr schwer, hier einen Sichtschutz anzubringen, der sich außerdem harmonisch in den Garten einfügt.

Um alle Wünsche der Familie und der Redaktion »mein schöner Garten« auf diesem Grundstück zu verwirklichen und sinnvoll miteinander zu kombinieren, Gestaltungsprobleme optimal zu lösen und einen mustergültigen Hausgarten zu schaffen, baten wir den bekannten Gartenarchitekten Bruno Leipacher aus Wuppertal, die Pläne für unseren Garten zu zeichnen. Besucher der Internationalen Gartenausstellung (IGA) '83 in München konnten das von ihm geschaffene Rhododendrontal und die romantische Kleingartenanlage, die auch nach dieser Ausstellung weiter besteht, bewundern. Der Plan, den Bruno Leipacher für unseren Garten anfertigte, ließ nichts mehr zu wünschen übrig. Unser größtes Problem, den Sichtschutz für die Terrasse, hat er auf elegante Weise gelöst. Sie wird auf der Ostseite von einer hohen Schwellenwand begrenzt, die gleichzeitig als Stütze, Sichtschutz und Rückwand für das Anlehngewächshaus dient. An der Westseite gibt es ebenfalls eine Sichtschutzwand. Sie besteht aus abwechselnd angeordneten hohen und niedrigen Schwellen und ist mit Kletterpflanzen bewachsen. Im Westen und Süden des Gartens hat unser Architekt je einen langgezogenen flachen Hügel vorgesehen, auf dem Bäume und Sträucher den Garten abschirmen. Eine niedrige Hecke begrenzt das Grundstück im Norden und Osten. An der Ostseite des Gartens liegen auch der Gemüse- und Kräutergarten sowie die Hochbeete. Auch einige Obstbäume haben wir dort gepflanzt. Der Vorgarten im Norden des Grundstücks ist voller Stauden.

Einführung

Noch ein Traum von unserem Garten. Richard Keller hat ihn auf dieser lieblichen Zeichnung dargestellt. Wir brauchten zwei Jahre, diesen Traum zu verwirklichen.

Einführung

Bruno Leipacher hat uns vier Pläne sowie einige technische Zeichnungen von baulichen Details angefertigt. Zuerst brauchten wir den »Arbeitsplan«, auf dem alle bautechnischen Details dargestellt sind. Der zweite Plan zeigt die Bäume und Sträucher, der dritte die Stauden in unserem Garten. Der vierte Plan ist schließlich eine colourierte Gesamtdarstellung, die uns schon einen kleinen Eindruck von der künftigen Schönheit unseres Gartens vermitteln soll. Wir ließen uns von jedem Plan mehrere Lichtpausen anfertigen. Das sind große Ablichtungen, die man zum Arbeiten mit auf die Baustelle nehmen kann, denn die Originale wären draußen allzu schnell verschlissen.

Manche Gartenfachleute fordern, den Garten anzulegen, noch bevor das Haus gebaut wird. Das Haus soll in einen bereits vorhandenen Garten gebaut werden. Es ist, so gesehen, Bestandteil eines Gartens, in dem wiederum die Pflanzen die Hauptrolle spielen. Sie sollen darin schon heimisch geworden sein, bevor man an den Bau des Hauses geht. Dies läßt sich allerdings nur auf sehr großen Grundstükken verwirklichen, von denen man einen Teil durch einen Bauzaun abgrenzen und somit vor Baumaschinen und Lastwagen bewahren kann. Auf einem kleinen Grundstück bleibt diese Forderung ein frommer Wunsch. Auf unserem Grundstück stand das Haus sowieso schon, und der künftige Garten war eine schreckliche Bauwüste.

Die Forderung, das Haus in einen schon vorhandenen Garten zu bauen, könnte man auch auf die kleinen Bauwerke innerhalb des Gartens übertragen. Man könnte also damit beginnen, den Boden pflanzfertig herzurichten, Bäume, Sträucher und Stauden zu pflanzen, Rasen zu säen und dann erst die Terrasse zu bauen, Wege zu pflastern, einen Geräteschuppen oder eine Pergola zu errichten. Denn im Garten spielen die Pflanzen die Hauptrolle! Aber auch dies läßt sich selbst in einem größeren Garten nur unbefriedigend verwirklichen. In einem kleinen Garten ist es nahezu unmöglich. Wo sollen Kies, Sand, Pflastersteine und Eisenbahnschwellen gelagert werden, bis man sie verarbeitet hat? Oder stellen Sie sich vor, Sie haben einen wunderschön bepflanzten Garten und wollen darin nun den Graben für das Fundament eines Gewächshauses ausschachten. Wohin mit der ausgehobenen Erde? Wer in einem vorhandenen Garten etwas bauen will, zieht zwangsläufig immer einen Teil der Pflanzen in Mitleidenschaft. Wer aber, so wie wir, einen Plan hat und den gesamten Garten mit seinen Baulichkeiten auf einmal anlegen will, sollte mit den kleinen Bauwerken beginnen, am besten mit dem Eingangsweg im Vorgarten, dem seitlich am Haus vorbeiführenden Weg zur Kellertreppe und der Terrasse. Diese Flächen werden zuerst gebraucht. Außerdem lassen sich Oberboden und Pflanzen viel leichter an vorhandene Wege und Bauelemente angliedern als umgekehrt.

Messen mit einfachen Mitteln

Der richtige Maßstab

Unser Garten enthält so viele bautechnische Details, daß wir nicht drum herumkommen, ihn genau zu vermessen. Bruno Leipacher hat uns zu diesem Zweck einen Arbeitsplan angefertigt und die wichtigsten Maße und Messungslinien darauf eingetragen. Dennoch mußten wir einige Maße selber daraus abgreifen. Dies ist bei einem Maßstab von 1:50 nicht schwer. 1 cm auf dem Plan entspricht 50 cm im Garten und 1 m im Gelände ist auf dem Plan mit 2 cm dargestellt.
Am gebräuchlichsten ist ein Maßstab von 1:100, bei dem 1 cm auf dem Plan 100 cm, also 1 m im Garten entspricht. Mit diesem Maßstab kann man sehr leicht mit einem einfachen Lineal einen Plan zeichnen und umgekehrt mit dem Zollstock Maße daraus abgreifen und, ohne rechnen zu müssen, in den Garten übertragen. Dieser Maßstab hat allerdings den Nachteil, daß die Darstellung auf dem Plan sehr klein ist. Manche Details können nicht mehr dargestellt werden. Man muß dann für bestimmte Gartenbereiche Detailpläne in größerem Maßstab anfertigen oder für den gesamten Plan einen größeren Maßstab wählen.
Wenn Sie Ihren Gartenplan selber zeichnen wollen, brauchen Sie zunächst ein großes Blatt Papier und eine glatte Tischplatte, auf der Sie es mit Klebstreifen befestigen können. Es empfiehlt sich, Transparentpapier zu verwenden, von dem man große Bögen im Schreibwarengeschäft kaufen kann. Sie können es über den Bauplan des Hauses legen und die Grundstücksgrenzen sowie das Haus einfach durchzeichnen. Den Nordpfeil sollte man nicht vergessen, da die Himmelsrichtung vor allem für die Auswahl der Pflanzen wichtig ist. Wenn Ihnen Ihr erster Entwurf nicht gefällt, legen Sie ein neues Blatt darüber und fertigen einen zweiten oder dritten an, bis Sie zu einem brauchbaren Konzept gekommen sind. Von dem fertigen Plan auf Transparentpapier läßt man sich eine Kopie in einer Lichtpauseanstalt machen. Diese Kopie können Sie dann mit hinaus in den Garten nehmen.

Einen Plan vergrößern

Baupläne werden meistens im Maßstab 1:100 angefertigt. Wenn Sie Ihren Plan im Maßstab 1:50 zeichnen wollen, müssen Sie den Bauplan vergrößern. Dabei brauchen Sie natürlich nicht alle Details, wie zum Beispiel die Innenaufteilung des Hauses, zu übernehmen. Wichtig sind lediglich die Grundstücksgrenzen mit den Grenzpunkten, das Haus mit seinen äußeren Wänden, einschließlich Fenster, Türen und außen angebrachter Treppen und Vordächer.
Alle Linien werden dann doppelt so lang gezeichnet, wie sie im Bauplan sind. Dies erfordert ein hohes Maß an Konzentration. Allzu leicht vergißt man, eine Linie zu vergrößern und merkt es oft erst später. Eine kleine Erleichterung bietet ein Dreikant-Maßstab, auf dem alle gängigen Maßstäbe eingetragen sind.
Wenn es auf dem Grundstück schon einen alten Baum gibt, der nicht in den Bauplan eingetragen ist, müssen Sie ihn draußen einmessen. Dazu legt man das Maßband an drei benachbarten markanten Punkten an, die auch auf dem Bauplan eingezeichnet sind (zum Beispiel zwei Hausecken und ein Grenzstein) und mißt von dort die Entfernungen zum Baum. Draußen werden diese Maße zunächst in einer Skizze festgehalten und später in den Plan übertragen. Dazu brauchen Sie einen Zirkel. Man nimmt die Entfernungen von den Bezugspunkten maßstabsgerecht in den Zirkel und schlägt um jeden Punkt einen Kreisbogen. Wo sich die Kreisbögen treffen, befindet sich der Baum. Zeichnen Sie auch den ungefähren Kronendurchmesser des Baumes maßstabgerecht ein. Er spielt bei der Auswahl der Pflanzen, die unter dem Baum wachsen sollen, eine Rolle.

Der rechte Winkel

Natürlich müssen auch alle Winkel auf dem Plan stimmen. Ein rechtwinkliges Dreieck ist deshalb ein unentbehrliches Zeichenutensil. Eine gute Hilfe kann auch ein großer Bogen

Millimeterpapier beim Zeichnen sein, den man einfach unter das Transparentpapier legt und befestigt.
Sie sollten Ihren Plan übrigens nicht ausgerechnet auf dem Küchentisch befestigen sondern auf einem anderen Tisch, der nicht so häufig gebraucht wird, und auf dem der Plan einige Tage liegenbleiben kann. Noch besser ist eine genau rechtwinklig zugeschnittene Spanplatte, an die man eine Reißschiene anlegen kann. Auf diese Weise lassen sich Linien ziehen, die genau parallel zu den Kanten der Platte verlaufen.
Wer nun einen Plan im Maßstab 1:100 auf 1:50 umzeichnen will, geht am besten von der längsten geraden Linie aus. Meistens ist dies eine Grundstücksgrenze. Diese Linie zieht man parallel zu Plattenkante einfach doppelt so lang, wie sie auf dem Bauplan eingezeichnet ist. Von dort tastet man sich nun an wichtige markante Punkte auf dem Bauplan heran: Hausecken, Außentreppe, Garagenwand oder Grenzsteine. Dabei geht man immer vom Anfangspunkt (Nullpunkt) der ersten gezogenen Linie (Bezugslinie) aus. Das rechtwinklige Dreieck wird an diese Bezugslinie angelegt und soweit geschoben, bis der freie Schenkel des Dreiecks auf der Bezugslinie zu diesem Punkt eine gestrichelte Hilfslinie – noch auf dem Bauplan, der im Maßstab 1:100 gezeichnet ist. Gemessen wird nun die Entfernung vom Nullpunkt der Bezugslinie bis zur Abzweigung der gestrichelten Hilfslinie und die Länge der Hilflinie bis zur Hausecke. In gleicher Weise werden diese Maße auf den neuen Plan übertragen – im Maßstab 1:50. Die so gefundene Hausecke wird mit einem Punkt gekennzeichnet. Die

Von oben nach unten:

Ein Schenkel unseres Winkels ist 60 cm lang.

Die zweite Dachlatte sägten wir auf eine Länge von 80 cm zurecht.

Wenn die diagonale Entfernung von einem Schenkel zum anderen 100 cm beträgt, ist dies ein rechter Winkel.

So legten wir den rechten Winkel an.

Messen mit einfachen Mitteln

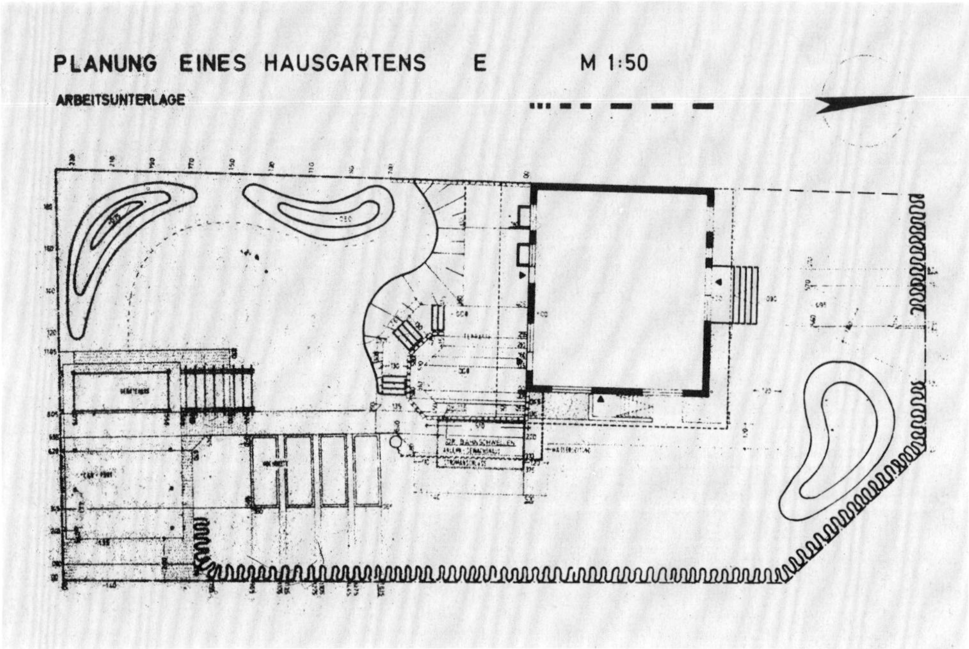

Der Arbeitsplan für die Wege und kleinen Bauwerke unseres Gartens mit allen Maßen.

nächste Hausecke wird ebenso, vom Nullpunkt der Bezugslinie ausgehend, eingemessen.
Nicht immer läßt sich ein ganzer Plan mit nur einer Bezugslinie übertragen. Man kann auch eine oder zwei weitere zu Hilfe nehmen. Dann sollte man allerdings alle Maße nochmals kontrollieren, indem man zum Beispiel die Wände des Hauses nachmißt oder die diagonalen Entfernungen von den Hausecken zueinander.
Nach dem gleichen System werden auch draußen die Umrisse von Geräteschuppen, Stützmauer und Wegeflächen abgesteckt. Man nennt es auch das Rechtwinkelverfahren. Auch Vermessungstechniker wenden es an, benutzen dazu allerdings spezielle Geräte, wie Fluchtstangen oder das Winkelprisma. Die Anschaffung lohnt sich für den Hausgärtner nicht. Außerdem braucht man ein wenig Übung, um mit ihnen umgehen zu können. Ein Maßband von 20 bis 30 m Länge leistet zum Messen im Garten allerdings gute Dienste.
Auch ein Zollstock ist unentbehrlich. Mit ihm kann man auch einen rechten Winkel einmessen, so wie es in der kleinen Bildfolge dargestellt ist. Diese Messung beruht auf dem mathematischen Verhältnis 3:4:5. Wenn ein Schenkel des Winkels 3 cm, der andere 4 cm lang ist, muß die Grundseite des so entstehenden Dreiecks genau 5 cm lang sein, damit der Winkel 90° hat. Dieses Verhältnis läßt sich auch in anderen Zahlen ausdrücken. Auf der Baustelle haben sich die Maße 60 : 80 : 100 bewährt. Wir haben uns je eine Dachlatte von 60 und 80 cm zurechtgesägt und so zusammengenagelt, daß die diagonale Entfernung zwischen den Enden der beiden Schenkel genau 1 m beträgt. Diesen Winkel konnten wir an die Hauswand, den Bordstein oder andere im Gelände bereits vorhandene Bezugslinien anlegen. Unbekannte Punkte im Gelände konnten wir finden und abstecken, indem wir den freien Schenkel des Winkels mit einer wasserfesten Maurerschnur verlängerten.

Ein Beispiel aus unserem Garten

Zunächst einmal ging es darum, die Umrisse der kleinen Bauwerke und Wege in unserem Garten abzustecken. Bruno Leipacher hat Maße und Messungslinien so in seinen Arbeitsplan eingetragen, daß wir sie nach dem Rechtwinkelsystem in den Garten übertragen konnten.

Unten rechts auf dem Plan (S. 14), an der Ecke des Vorgartens, sehen Sie den Punkt 0,0. Von diesem Punkt gehen wir aus, um den schräg von der Straße zur Haustür verlaufenden Eingangsweg einzumessen und abzustecken. Wir legen also das Maßband bei 0,0 an und messen an der Grundstücksgrenze 3,20 m ab. Diese Stelle wird mit einem Holzpflock gekennzeichnet. Hier beginnt die Plasterfläche des Eingangswegs. Wieder vom Punkt 0,0 messen wir nun 5,85 m ab, schlagen einen Pflock ein und legen dort den rechten Winkel an. Rechtwinklig zur Grenze werden nun 1,50 m abgemessen. Damit haben wir die Stelle gefunden, an der die Außenkante des Weges einen Knick aufweist. Weiter messen wir vom Nullpunkt 5,95 m ab und dann rechtwinklig zur Grenze 5,60 m. Dort mündet der Weg in den kleinen Vorplatz vor der Eingangstreppe zum Haus. Auf diese Weise stecken wir Stück für Stück die Kanten unserer Gartenwege ab. Sicherheitshalber werden außerdem Kontrollmessungen durchgeführt. In unserem Beispiel prüfen wir, ob der abgesteckte Weg auch wirklich 1,80 m breit ist, wie es auf dem Plan steht. Zur weiteren Kontrolle werden die Diagonalen der rechteckigen oder quadratischen Flächen gemessen, deren Maße man aus dem Plan abgreift.

Grenzsteine

Wichtige Eckpunkte lassen sich am genauesten überprüfen, wenn man sie von mindestens drei benachbarten, auf dem Plan eingezeichneten Punkten aus einmißt. Mit dieser Methode gelang es uns auch, einen verschütteten Grenzstein in der Süd-West-Ecke unseres Gartens wieder zu finden. Nach unserem Arbeitsplan liegt dieser Stein 24 m von der Ecke des Wohnhauses und 20 m von dem benachbarten Grenzpunkt im Südosten, am Straßenrand, entfernt. Als dritten Punkt wählten wir einen Grenzstein, der außerhalb des Grundstücks, ungefähr westlich von unserem gesuchten, liegt. Die Entfernung von diesem Stein zu dem verschütteten Grenzstein mußten wir aus dem Katasterblatt (Maßstab 1:500) abgreifen. Dies ist natürlich nicht mehr so ganz exakt

Der Grundriß unseres Hausgartens mit Randbepflanzung, Pergola, Teich, Gewächshaus und Gemüsegarten.

Unser verschütteter Grenzstein in 1 m Tiefe.

Bei »null« das Maßband an den Grenzpunkt legen.

möglich, denn bei diesem Maßstab bedeutet 1 cm auf dem Plan schon 5 m im Gelände. Dennoch läßt sich der ungefähre Bereich, in dem sich der Stein befindet, einkreisen. Wir fanden ihn schließlich auf diese Weise, allerdings in mehr als 1 m Tiefe.
Nicht mehr sichtbare Grenzsteine können auf einer Baustelle zum Alptraum werden, vor allem, wenn man sie nicht mehr findet, oder wenn sie sogar ganz verschwunden sind. In letzterem Fall muß der amtlich vereidigte Vermessungsingenieur mit seinem Trupp anrükken, den Stein neu einmessen und setzen – auf Ihre Rechnung! Es sei denn, Sie können dem Raupenfahrer der Baufirma eindeutig nachweisen, daß er den Stein verschüttet oder versehentlich mit abgefahren hat.
Niemals dürfen Sie aber einen Grenzstein selber einmessen, geschweigedenn setzen. Und glauben Sie nur nicht, daß es niemand merkt, wenn der Stein nicht ganz exakt an der richtigen Stelle sitzt. Wenn zum Beispiel der Gehweg in Ihrer Straße verbreitert werden soll oder ein neuer Kanalschacht eingemessen wird, nehmen die Vermessungsleute Ihren Grenzstein zu Hilfe. Aber auch andere! Und bald merken diese Experten, daß irgend etwas nicht stimmt. Welcher Stein sitzt an der falschen Stelle? Um das herauszufinden, muß der Vermessungstrupp unter Umständen alle Grenzsteine rund um den Häuserblock überprüfen, bis sich schließlich herausstellt, daß sich Ihr Stein an der falschen Stelle befindet. Die Rechnung bezahlen Sie! Aber Sie dürfen einen verschwundenen Grenzstein nach der beschriebenen Methode suchen. Er darf nur nicht beschädigt oder verrückt werden. Also mit dem Spaten nach ihm graben und nicht etwa einen Bagger zu Hilfe nehmen! Wenn Sie den Stein gefunden haben, stecken Sie eine Eisenstange dicht daneben in den Boden, damit Sie wenigstens für die Dauer der Gartenanlage wissen, wo die Grundstücksgrenze verläuft.

Flächen berechnen

Der Nullpunkt des Maßbandes stimmt übrigens nicht immer mit dessen Ende überein. Man mißt immer die waagerechte Entfernung. Wenn das Band schräg gehalten wird oder durchhängt, kann es zu Differenzen kommen, die sich sehr bald unangenehm bemerkbar machen.
Wenn man an einer Böschung die Entfernung von Böschungskopf zu Böschungsfuß messen

will, muß das Maßband ebenfalls waagerecht gehalten werden. Als Hilfsmittel schlägt man am besten eine Latte am Böschungsfuß in den Boden. Geht es jedoch darum, die Oberfläche einer Böschung zu ermitteln, um zum Beispiel die benötigte Menge Grassamen auszurechnen, so legt man das Maßband selbstverständlich auf die Oberfläche.

Am einfachsten lassen sich die Flächeninhalte von quadratischen und rechteckigen Grundflächen ausrechnen. Man multipliziert einfach Länge und Breite mit einander. Auch eine dreieckige Fläche läßt sich noch leicht berechnen: Grundseite (längste Seite des Dreiecks) mal Höhe (senkrechte Linie, die von der der Grundseite gegenüberliegenden Spitze ausgehend, rechtwinklig auf die Grundseite trifft) – und das Ganze geteilt durch zwei. Bei einem Trapez addiert man die beiden parallel zueinander verlaufenden Längsseiten, teilt dieses Ergebnis durch zwei und multipliziert dies wiederum mit der Höhe (kürzester Abstand zwischen den Parallelen).

Zur Berechnung einer Kreisfläche multipliziert man den halben Durchmesser (Radius) mit sich selber (r^2) und multipliziert das Ergebnis mit der Zahl Π (pi), die aufgerundet 3,14 beträgt.

Dies sind die häufigsten vorkommenden Flächen, die es in jedem Garten gibt. Unregelmäßige Flächen teilt man am besten auf dem Plan in Dreiecke auf, die einzeln ausgerechnet und dann alle miteinander addiert werden. Wenn am Ende kleine Restflächen verbleiben, rundet man die Gesamtfläche ein wenig auf. Um die benötigte Menge Torf, Dünger oder Grassamen zu ermitteln, reicht dies allemal.

Auch Höhen müssen gemessen werden

Bisher ging es darum, Strecken zu messen und Flächen zu errechnen. Weil es in unserem Garten verschiedene Höhen gibt, wie zum Beispiel die erhöhte Terrasse oder die Hügel, müssen wir gründliche Höhenmessungen durchführen. So, wie man sich beim Messen

Mit der Wasserwaage übertrugen wir die Höhe der Fußbodenoberkante auf die Terrasse.

Der Eingangsweg soll hier eine Stufenhöhe unterhalb der Treppe anschließen.

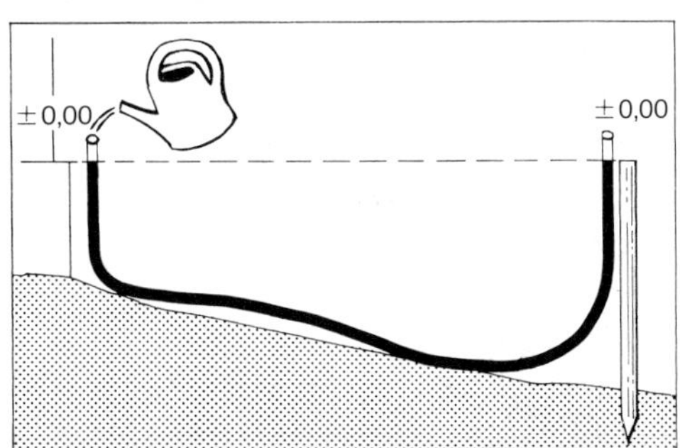

Mit der Schlauchwaage kann man Höhen durch unwegsames Gelände auf andere Punkte übertragen.

von Strecken immer auf einen Nullpunkt bezieht, brauchen wir auch bei unserer Höhenmessung eine Bezugshöhe. Die Vermessungsprofis nehmen die Höhe über dem Meeresspiegel (NN = Normal Null) zu Hilfe, die durch Höhenbolzen an Brückenpfeilern und Gebäudefundamenten allerorts gekennzeichnet ist. Für unsere Höhenmessung im Garten reicht der Fußboden im Erdgeschoß des Hauses aus. Fachleute bezeichnen diese Bezugshöhe als Fußbodenoberkante und geben ihr die Höhe 0,0. Alles, was im Garten höher liegt als die Fußbodenoberkante (Abkürzung FOK), erhält das mathematische Vorzeichen + (plus), alles, was unter der FOK liegt, erhält das Vorzeichen – (minus). Die beiden an unserem Grundstück angrenzenden Straßen liegen 1,40 m unter der Fußbodenoberkante, haben also die Höhe –1,40 (siehe Plan vor dem Eingangsweg und unten links vor dem Carport).
Nun gibt es verschiedene Mittel und Methoden, Höhen im Gelände zu übertragen und einzumessen. Sie sind alle ziemlich gleich, was ihre Genauigkeit betrifft, jedoch ist in manchen Situationen die eine der anderen vorzuziehen.

Die Schlauchwaage

Sehr einfach lassen sich Höhen mit der sogenannten Schlauchwaage übertragen. Landschaftsgärtner haben oft einen Schlauch, an dessen Enden sich Glasröhren mit einer Skala darauf befinden. Zur Not tut's aber auch ein normaler Gartenschlauch. Man rollt den Schlauch von der Bezugshöhe durch den Garten bis zum gesuchten Höhenpunkt aus und füllt ihn mit Wasser. Eine Person hält ein Schlauchende an die FOK und füllt Wasser nach, bis der Schlauch randvoll ist. Eine andere Person hält das andere Ende in ungefähr gleicher Höhe und hebt und senkt es, bis der Wasserspiegel auch dort mit dem Ende des Schlauches übereinstimmt. Diese Höhe wird dann mit einem Höhenpflock an dieser Stelle festgehalten. Der Vorteil dieser Methode besteht darin, daß man eine Höhe auch durch sehr unwegsames Baustellengelände ziemlich genau übertragen kann, sofern nicht Hügel, Mauern oder Zäune überwunden werden müssen, die höher liegen als die zu übertragende Höhe. Von dem neu gefundenen Höhenpunkt kann man natürlich auch andere Höhen, die darüber oder darunter liegen, einmessen. Soll der Kopf einer Mauer 50 cm höher liegen als die Fußbodenoberkante des Hauses, schlägt man dort, wo die Mauer gebaut werden soll, eine Latte in den Boden, überträgt die Höhe 0,0 von der FOK auf diese Latte und mißt von dort einfach 50 cm nach oben. Soll der neue Höhenpunkt tiefer liegen, wird nach unten gemessen.
Um Höhenpunkte deutlich zu markieren, fertigt man sich am besten Pflöcke in unterschiedlicher Länge aus Dachlatten an. Diese Pflöcke werden unten angespitzt und ihre Köpfe rot angestrichen. Man schlägt sie jeweils so ein, daß die Unterkante der roten Markierung mit der gemessenen Höhe übereinstimmt.

Ein Schnurgerüst anlegen

Wenn man das Fundament für ein Bauwerk mauern oder in Beton gießen will, empfiehlt es sich, ein Schnurgerüst aufzubauen. Dazu schlägt man etwa 1 m von dem künftigen Graben für das Fundament entfernt jeweils an den Ecken 3 Pflöcke so ein, daß sie einen rechten Winkel bilden und verbindet sie durch waagerecht angenagelte Latten. Diese Latten sollten bei allen 4 Schnurgerüsten die gleiche Höhe haben. In die Oberkanten der Latten schlägt man jeweils einen Nagel so ein, daß die Schnur, die man von einem Nagel zu anderen spannt, genau mit der künftigen Flucht des Fundamentes übereinstimmt. Außerdem kann man von dieser Schnur die richtige Höhe des Fundamentes und der Grabensohle kontrollieren.
Da wir gerade von der Schnur reden: Natürlich lassen sich Höhen auch ganz einfach mit einer gespannten Schnur übertragen, unter die man eine Wasserwaage hält. Man befestigt die Schnur mit einem Ende an der Ausgangshöhe

und am anderen an einem Pflock, den man so weit einschlägt, bis die Schnur genau waagerecht verläuft. Bei größeren Entfernungen ist diese Methode allerdings zu ungenau.

Visierkreuze zur Höhenmessung

Wenn man zwischen zwei bekannten Höhenpunkten einen dritten festlegen will, bedient man sich der sogenannten Visierkreuze. Dies sind drei 1,25 m lange Bretter, an deren oberes Ende ein kleineres Brett aufgenagelt ist. Man kann sie sich selber bauen. Zwei dieser Visierkreuze werden nun auf die bekannten Höhenpunkte gestellt, ein drittes auf einen Pflock, der an der Stelle der gesuchten Höhe zwischen den beiden eingeschlagen wurde. Man peilt nun über die Visierkreuze hinweg und schlägt den mittleren Höhenpflock so weit ein, daß alle 3 Kreuze in einer Ebene liegen. Diese Methode empfiehlt sich vor allem dann, wenn eine Wegetrasse oder ähnliches festgelegt werden soll. Man kann auch ein leichtes Gefälle einbauen, nachdem alle Höhenpflöcke in eine Ebene gebracht wurden. Zweckmäßigerweise sollten sie dann im Abstand von jeweils 10 m eingeschlagen sein. 1% Gefälle bedeutet: 1 cm Höhenunterschied auf 100 cm Länge. Auf 10 m beträgt der Höhenunterschied dann 10 cm. Man schlägt den 10 m von der Ausgangshöhe entfernten Pflock also 10 cm tiefer in den Boden.

Eine weitere Möglichkeit: die Staffelmessung

Bei steilen Böschungen, ganz gleich, ob man sie bergauf oder bergab messen muß, ist die sogenannte Staffelmessung eine empfehlenswerte Methode. Dazu braucht man eine Meßlatte, auch Richtscheid genannt, und eine Wasserwaage. An Stelle der Meßlatte, die aus Aluminium besteht, kann man auch ein gerades Brett nehmen, das 2 m lang sein sollte. Man legt es hochkant an die Fußbodenoberkante des Hauses an und befestigt auf der Oberkante eine Wasserwaage. Meistens muß die Höhe der FOK erst auf die Terrassenkante übertragen werden, bevor man bergauf oder

Wir messen die Höhe des Garagenpflasters ein.

Über die beiden äußeren Visierkreuze peilt man hinweg, um das mittlere auszurichten.

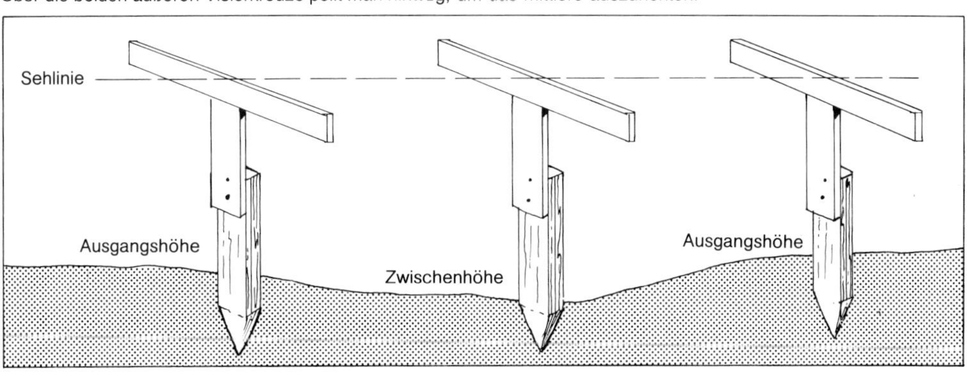

Höhenmessung mit Richtscheit und Zollstock.

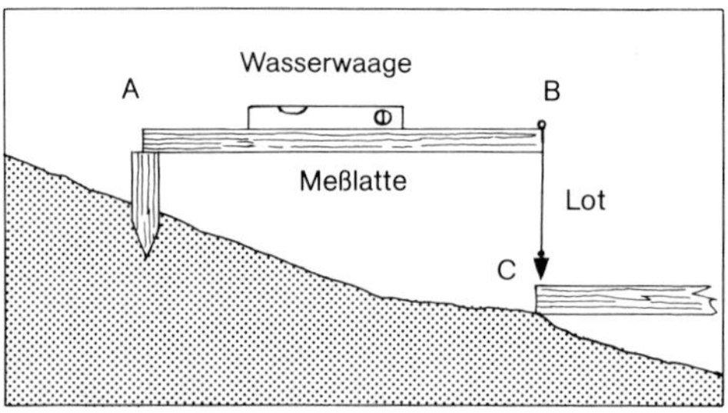

Das Prinzip der Staffelmessung.

bergab mißt. Das Richtscheid wird also an die FOK angelegt, genau waagerecht gehalten und an seinem Ende ein Höhenpflock eingeschlagen. An diesen Pflock legt man das Richtscheid erneut an und hat dann meistens die Terrassenkante schon erreicht. An das jeweils bergabweisende Ende des Richtscheids wird beim weiteren Messen jeweils ein Schnurlot gehalten und daran entlang der Abstand vom waagerechten Richtscheid zum Boden gemessen. Wo das Lot auf den Boden trifft, legt man die Meßlatte aufs neue an und bringt es wieder in die Waagerechte. Die senkrechten und waagerechten Maße werden jeweils addiert, bis man den gewünschten Höhenpunkt gefunden hat. Als Ergebnis einer solchen Staffelmessung muß dann etwa herauskommen: In einem waagerechten Abstand zur Hauswand von 7,50 m befindet sich ein Punkt, der 1,20 m tiefer liegt, also die Fußbodenoberkante. Dieser Punkt hat auf dem Plan folglich die Höhe −1,20. Bei einem unterschiedlich weit ins Gelände auslaufenden Böschungsfuß empfiehlt es sich, mehrere solcher Staffelmessungen vorzunehmen, etwa im Abstand von jeweils 2 m.

Höhenschichtlinien

Unterschiedliche Geländehöhen können dazu beitragen, daß ein Garten abwechslungsreicher, lebendiger und räumlicher wirkt. Auch ein in der Ebene liegender Garten läßt sich durch entsprechende, geschickt angeordnete Aufschüttungen gestalten. Wer eine Böschung, einen Hang oder Hügel ein wenig modellieren will, kann auch selber einige Höhenschichtlinien konstruieren. Auf dem Papier ist dies eine einfache Sache. Man legt ein rechtwinkliges Dreieck an die Hauswand oder eine andere gerade Bezugslinie an und zeichnet an einer Stelle der Böschung einen Punkt ein. Dieser Punkt bekommt die Höhe von zum Beispiel −0,90. Von der Hauswand liegt er zum Beispiel 6,40 m entfernt. In 2 m Entfernung zeichnet man wieder einen Höhenpunkt mit der gleichen Höhe ein. Doch diesmal liegt er 6,80 m von der Hauswand entfernt. Ein weiterer Punkt mit −0,90 liegt 7,50 m von der Wand entfernt und der nächste nur 6,70 m. Alle auf diese Weise gefundenen Punkte werden mit einem Kurvenlineal durch eine gestrichelte Linie verbunden. Diese Höhenschichtlinie hat das Höhenmaß −0,90. Weitere Höhenschichtlinien lassen sich in gleicher Weise konstruieren, zum Beispiel mit den Höhen −1,20 und −1,50. Ein bestimmtes Steigungsverhältnis darf dabei allerdings nicht überschritten werden. Dies trifft für alle Böschungen und Hänge zu. Der Hang darf auf einer Grundfläche von 1 m auch nur 1 m ansteigen, nicht mehr. Man spricht in diesem Fall von einem Steigungsverhältnis von 1:1. Weniger steil wird eine Böschung, wenn sie auf 2 m waagerechter Entfernung nur 1 m ansteigt, also ein Steigungsverhältnis von 1:2 aufweist.
So, wie man die Höhenschichtlinien auf dem Plan konstruiert hat, mißt man sie auch draußen nach dem zuvor beschriebenen Verfahren ein und kennzeichnet sie durch Höhenpflöcke.

Böse Überraschung in unserem Garten

Manche Höhen lassen sich nur sehr umständlich von der Fußbodenoberkante des Hauses aus einmessen. Ehe man um viele Ecken herummißt und sich damit einige Ungenauigkeiten einhandelt, die sich am Ende ganz schön summieren, ist es manchmal besser, von einer anderen Bezugshöhe auszugehen. Diese Bezugshöhe muß jedoch von der FOK richtig eingemessen und angegeben sein, denn sonst kann es zu Fehlcrn kommen, die sich meistens zu spät bemerkbar machen. Wir haben in unserem Redaktionsgarten auf diese Weise eine böse Überraschung erlebt.
Die Kiefernschwellen, die gleichzeitig die Rückwand unseres Anlehngewächshauses bilden, haben die Höhe von +1,15. Diese Höhe haben wir von der FOK aus eingemessen. Als wir nun die Höhe des Fundaments für das Anlehngewächshaus festlegen wollten, standen die Schwellen bereits. Sie waren uns also im Weg, und es wäre sehr umständlich gewesen, nun von der Fußbodenoberkante über die Schwellen hinweg die angegebene Fundamenthöhe von −1,40 zu messen. Also übertrugen wir diese Höhe mit Richtscheid und Wasserwaage von der Straße auf unser Fundament. Die böse Überraschung kam, als wir die Gewächshauskonstruktion auf das Fundament stellten. Der First des Hauses schloß nämlich nicht mit dem Kopf der Schwellenwand ab, wie es hätte sein sollen, sondern ragte um 10 cm darüber hinaus.
Wo lag der Fehler? Unser Gartenarchitekt hatte die Straßenhöhe von −1,40 aus dem Bauplan des Hauses übernommen. Und wir hatten diese Höhe genau mit der Wasserwaage und einer gespannten Schnur nach Plan von der Straße auf das Fundament übertragen. In Wirklichkeit hatte die Baufirma das Kellergeschoß des Hauses um 10 cm tiefer gesetzt, so daß die Fußbodenoberkante nur 1,30 m über dem Niveau der Straße liegt. Wie wir dieses Problem mit unserem Gewächshaus dennoch recht clegant lösten, erfahren Sie im nächsten Kapitel.

Alle Maße überprüfen

Diesem Fehler, der sich aus dem Bauplan des Hauses eingeschlichen hatte, hätten wir ganz einfach auf die Spur kommen können, wenn wir die Höhe der fertigen Schwellenwand vor dem Bau des Gewächshauses zur Kontrolle gemessen hätten. Dann hätten wir eventuell das Fundament des Gewächshauses 10 cm tiefer setzen können. Allerdings wäre dann auch von der Straße zum Gewächshaus ein leichtes Gefälle entstanden.
Überprüfen Sie mit dem Maßband Längenangaben, Abstände vom Haus zu den Grenzen des Grundstücks und nicht zuletzt die Höhenangaben. Wenn Ihre Messungen nicht mit den Angaben des Bauplanes übereinstimmen, haben entweder Sie falsch gemessen oder auf dem Bauplan steht etwas falsches. Auch Architekten sind nicht unfehlbar. Wiederholen Sie die Messung und führen Sie Kontrollmessungen von anderen Punkten aus durch, bis Sie allen Ungereimtheiten auf die Spur gekommen sind. Nicht selten hat auch die Baufirma den Plan des Architekten nicht genau eingehalten. Sie ersparen sich durch diese Kontrollen eine Menge Verdruß und zusätzliche Arbeit.

Kontrollmessungen helfen Ärger vermeiden.

Messen mit einfachen Mitteln

Oberboden berechnen

Wenn Sie im Garten bauen wollen oder zusätzlich Oberboden brauchen, müssen Sie die benötigten Materialmengen berechnen. Am einfachsten ist es bei Kies und Sand, der für den Unterbau von Wegen und des Terrassenpflasters gebraucht wird. Man rechnet die Fläche aus und multipliziert sie mit der Dicke des Unterbaus, zum Beispiel 30 cm. Dieses Ergebnis rundet man immer ein wenig auf, denn Kies und Sand werden ja festgestampft, und ein wenig überschüssigen Kies oder Sand können Sie immer gebrauchen.

Etwas schwerer ist es, den benötigten Oberboden für ein derzeit noch sehr unebenes Gelände zu ermitteln. Rechnen Sie zunächst die gesamte Gartenfläche aus und ziehen davon Gebäude- und Wegeflächen ab. Wenn Sie es ganz genau wissen wollen, legen Sie ein mit Holzpflöcken gekennzeichnetes Quadratraster auf den späteren Vegetationsflächen an, wobei jeder Holzpflock die Höhe der gewünschten Aufschüttung anzeigt. Ein Quadrat ist 2×2 m groß. Auf diese Weise haben Sie geometrische Räume geschaffen, deren Inhalt sich leicht errechnen läßt. Messen Sie bei jedem Quadrat den Abstand der Höhenmarkierungen von allen vier Flächen zum Boden und nehmen Sie dann das Mittel daraus mit der quadratischen Grundfläche mal. Schließlich werden alle diese in den einzelnen Quadraten ermittelten Summen addiert. Dies ist der gesamte Bedarf an Oberboden.

Anschließend rechnet man die Menge des auf einen Haufen zusammengeschobenen Oberbodens aus. Ein solcher Haufen hat meistens einen trapezförmigen Querschnitt. Messen Sie also seine Grund- und Kopfseite sowie die Höhe, und rechnen Sie die Querschnittsfläche aus. Dieses Ergebnis wird dann mit der Länge des Haufens multipliziert. Schließlich zieht man die Menge des vorhandenen Oberbodens von der zuvor ermittelten Gesamtmenge ab und weiß, wieviel Kubikmeter Oberboden angefahren werden müssen.

Ohne Messen und Rechnen geht es nun mal auch im Garten leider nicht. Doch lassen Sie sich damit nicht die Freude verderben. Es gibt noch so viele andere, schönere und mit Leben erfüllte Dinge zu tun. Auf jeden Fall wissen Sie nun, wo Sie nachschlagen müssen, falls Sie mal ein Vermessungsproblem haben. Im nächsten Kapitel geht's erst mal ans Bauen und Pflastern.

Die Schwellenwand in unserem Garten

Unser Gartenarchitekt hat ein gestalterisches Problem in eleganter Weise gelöst. Die Terrasse schließt an die Höhe des Fußbodens im Erdgeschoß an. Und diese Fußbodenoberkante liegt 1,30 m über dem Niveau des Gartens! Außerdem kann man leicht von der Straße auf die Terrasse sehen. Ganz klar, daß hier ein Sichtschutz angebracht werden mußte. Doch das ist nicht so einfach, zumal sich ein solcher Sichtschutz ja auch in das Gesamtkonzept des Gartens einfügen sollte. Aber es gab noch ein zweites Problem: Aus Platzgründen hatten wir uns für ein Anlehngewächshaus entschieden. Den einzigen Platz, an dem wir es hätten aufstellen können, fanden wir an der Ostwand des Hauses vor einem Kellerfenster. Ein Gewächshaus voller Pflanzen hätte zuviel Tageslicht aus dem Keller ferngehalten, in dem der Hausherr seine Werkbank aufgestellt hat.
Bruno Leipacher schlug diese beiden Fliegen mit einer Klappe, indem er eine hohe Wand aus Kiefernholzschwellen an der Ostseite der Terrasse einplante, die nun gleichzeitig Sichtschutz und Rückwand für das Anlehngewächshaus ist. An der gegenüberliegenden Westseite der Terrasse bilden abwechselnd aufgestellt lange und kurze Schwellen einen gefälligen und nicht allzu abweisenden Sichtschutz zum Nachbarn. In abgewinkelter Verlängerung zur Rückwand des Gewächshauses fassen wiederum Schwellen den rechten Teil der Terrasse ein. Diese Schwellen schließen mit dem Terrassenboden und dem in gleicher Höhe liegenden Staudenbeet ab.
Wir verwendeten neue Schwellen aus kesseldruckimprägniertem Kiefernholz, die wir uns von einem Holzwerk anfertigen ließen.

Hohe und niedrige Schwellen abwechselnd aufgestellt schützen die Terrasse vor Einsicht.

Häufiger als neue Schwellen werden alte Eisenbahnschwellen in öffentlichen Parkanlagen und privaten Gärten verwendet. Mit ihrer braunschwarzen Farbe bilden sie einen rustikalen Hintergrund zu Gehölzen und Stauden mit leuchtendgelben oder orangefarbenen Blüten. Nicht immer sind sie leicht zu bekommen. Man muß sich in seiner örtlichen Umgebung ein wenig umhören. Diese alten Eisenbahnschwellen werden übrigens in zwei Qualitäten gehandelt, wobei man sich für die bessere entscheiden sollte, wenn daraus eine Stützwand entstehen soll. Wer ein wenig Fantasie und handwerkliches Geschick hat, kann aber auch mit den minderwertigeren Schwellen einiges im Garten anfangen.
Für unseren Garten waren allerdings auch die besseren Eisenbahnschwellen ungeeignet, denn auch die schönsten wären zu verbogen gewesen, um aus ihnen eine Wand für das Anlehngewächshaus zu errichten. Deshalb entschieden wir uns für neue Schwellen aus Kiefernholz, die im Kesseldruckverfahren imprägniert wurden.

Was ist kesseldruck-imprägniertes Holz?

Ein schrecklich langes Wort ist es, dieses »kesseldruckimprägniert«, mit dem wir zunächst nichts rechtes anzufangen wußten. Deshalb besichtigten wir ein Holzwerk, um dieses Verfahren kennen zu lernen. Die fertig zugeschnittenen Holzteile werden auf einer Lore in einen großen Kessel mit einem Durchmesser von 2 m gefahren. Dann verschließt der Zimmermann den Kessel luftdicht. Durch ein Ventil wird die gesamte Luft aus dem Kessel gepumpt, so daß darin ein Vacuum entsteht. Diese Luftleere entsteht auch in dem eingefahrenen Holz. Nun öffnet der Zimmermann ein anderes Ventil, durch das das Imprägnierungsmittel in den Kessel strömt. Diese Flüssigkeit nimmt nun den Raum ein, den vorher die Luft innehatte – auch in den Leitbahnen des Holzes. Das Imprägnierungsmittel besteht aus pulverisierten Metallen, wie Chrom und Kupfer, die in einem unterirdischen Tank mit Wasser vermischt werden.
Nachdem die Holzteile den Kessel verlassen haben, müssen sie 6 bis 8 Stunden lagern. Während dieser Zeit verdunstet das Wasser, und die ins Holz eingebrachten Metalle verfestigen sich. Danach sind sie nicht mehr wasserlöslich, können also auch nicht vom nächsten Regen wieder ausgewaschen werden. Die Poren des Holzes werden auch nicht verstopft, wie zum Beispiel durch Lackfarben. Im Boden kann kesseldruckimprägniertes Holz gut 15 Jahre überdauern.
Das Imprägnierungsmittel wird in den Splintteil des Holzes eingelagert. Wie tief es in das Holz eindringt, hängt also vom Splintholzanteil des Baumstammes ab. Das ganz innen im Stamm liegende Kernholz ist durch die natürlich eingelagerten Gerbsäuren gegen Fäulnis geschützt. Bei Kiefernholz dringt das Imprägnierungsmittel aufgrund der Beschaffenheit der Leitbahnen tiefer ein als zum Beispiel bei Fichte oder Tanne. Diese Hölzer haben gegenüber Kiefernholz allerdings den Vorteil, daß sie nicht so stark »arbeiten«, sich also im Laufe der nächsten Monate und Jahre nicht so sehr verziehen. Wegen der tiefer eindringenden Imprägnierung entschieden wir uns dennoch für Schwellen aus Kiefernholz.

Eine Schwellenwand errichten

Die Kiefernschwellen aufzustellen, war mit Abstand die schwerste Arbeit, die wir in der Augusthitze über die Bühne brachten. Die 3,40 m langen Schwellen, welche die Rückwand unseres Anlehngewächshauses bilden, wiegen gut 3,5 Zentner und mußten 1 m tief in den Boden eingebaut werden. Dort verankerten wir sie mit seitlichen Betonwangen. Zum Glück konnten wir von einem Bagger einen tiefen Graben ausheben lassen.
Für alle weiteren Arbeiten im und am Graben ist es wichtig, daß keine Erdhaufen an der Grabenkante herumliegen. Wir ließen die ausgehobene Erde deshalb 50 cm von der Kante entfernt ablagern und konnten so von der Kan-

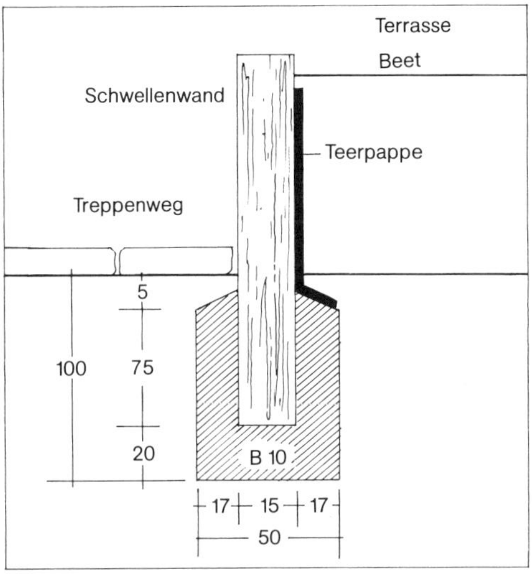

Aufbau der Terrassenstützwand.

Jede Schwelle wird senkrecht ausgerichtet.

Balken stützen die Schwellen vorübergehend.

te aus bequem arbeiten. Der Boden in unserem Garten ist so bindig, also fest, daß wir den Einsturz der Grabenwände nicht zu fürchten brauchten. Wer einen leichten, sandigen Boden hat, sollte die Wand eines Grabens von mehr als 80 cm Tiefe mit einem durchgehenden Bretterverschlag sichern. Außerdem sollte man für eine sichere Einstiegsmöglichkeit in den Graben sorgen. Bei uns gab es eine flache Stelle, über die wir bequem in den Graben steigen konnten.

Zuvor hatten wir ein 20 cm dickes Fundament aus Beton auf der Grabensohle gegossen. Dies mußte mit größtmöglicher Genauigkeit geschehen, denn das Fundament muß die richtige Höhe unter FOK haben und genau waagerecht sein. Fachleute empfehlen, Holzschwellen und Rundhölzer nicht mit einem Betonfundament zu untermauern, sondern nur durch seitliche Betonwangen im Boden zu verankern. Der Unterbau sollte aus gestampften Kies bestehen, durch den an den Schwellen oder Rundhölzern herablaufendes Wasser abfließen kann. Da bei unserer Schwellenwand aber ein großer Teil des Niederschlagswassers durch das Dach des später errichteten Anlehngewächshauses abgeleitet wird, entschieden wir uns dennoch für einen Unterbau aus Be-

ton, der auch garantiert, daß die Schwellen nicht absacken.
Die Kiefernholzschwellen trugen wir einzeln in den Graben, stellten sie nach einer gespannten Schnur auf und verbanden sie zunächst durch seitlich angenagelte Dachlatten. Von beiden Seiten stellten wir dann Vierkanthölzer als Stützen schräg gegen diese Dachlatten und sicherten sie mit eingeschlagenen Holzpflökken gegen ein eventuelles Abrutschen am Boden. Mit der Wasserwaage prüften wir, ob die Schwellen genau senkrecht stehen. Für das Fundament ließen wir uns von einem nahegelegenem Betonwerk Fertigbeton B 15 anfahren. Die Herstellung des Fertigbetons unterliegt einer DIN-Norm, so daß man sicher sein kann, einen qualitativ einwandfreien Beton zu bekommen. Natürlich kann man den Beton auch selber mischen, am besten mit einer Betonmischmaschine, was natürlich wesentlich länger dauert. Man mischt jeweils 2 Schaufeln eines Kies-Sand-Gemischs mit 1 Schaufel Zement und gibt gerade soviel Wasser hinzu, daß der Beton gründlich feucht, aber nicht flüssig wird. Die Betonmischmaschine muß dann am Rand des Grabens stehen, so daß der fertig gemischte Beton direkt dort hineingekippt werden kann. Auch Sand, Kies und Zement sollten in der Nähe des Grabens deponiert werden. Wer Fertigbeton bestellt, spart natürlich eine Menge Zeit und Mühe, hat einen garantiert einwandfreien Beton und braucht dafür nicht viel mehr Geld auszugeben als für den selbstgemischten. Allerdings sollten Sie auch dabei Ihre eigenen Kräfte nicht überschätzen. Denn meistens kann der Betonwagen nicht bis an den Graben fahren. Und eine Betonpumpe kostet noch mehr Geld. Außerdem kommt der Beton trotz aller Vorsicht des Pumpenführers mit großem Druck aus dem Pumpenschlauch, so daß die Schwellen leicht

Von oben nach unten:
Die vorgefertigte Schalung.

Fertigbeton wird hinter die Schalung gefüllt.

Der erhärtete Betonsockel der Schwellenwand.

zur Seite gedrückt und umgeworfen werden können.
Der Fahrer eines Betonwagens kann auch nicht so lange warten, bis man sämtlichen Fertigbeton an Ort und Stelle transportiert hat. Und Sie werden bald merken, was es für eine Schinderei ist, Beton durch unwegsames Gelände zu karren. Ebnen Sie den Weg zum Karren deshalb so gut es geht, oder legen Sie Bohlen aus, auf denen es sich leichter fährt. Trotzdem wird der Fahrer des Betonwagens nicht so lange warten, bis Sie 1 oder 2 m^3 Beton verarbeitet haben, sondern die von Ihnen gewünschte Menge einfach abkippen. Und dann können Sie wieder eine böse Überraschung erleben. Der Beton wird nämlich hart, auch wenn Sie ihn von Zeit zu Zeit mit Wasser übersprühen. Sie können ihn bald kaum noch mit der Spitzhacke lösen. Bestellen Sie deshalb Fertigbeton mit Verzögerer. Man kann ihn um 2, 4, 6 oder auch 8 Stunden verzögern lassen. Erst nach dieser Frist fängt der Beton an, abzubinden. Dennoch sollten Sie nicht zuviel Beton auf einmal bestellen. Denn bald sind Ihre Arme lahm und Sie müssen erst einmal ausruhen vom vielen Betonkarren. Für die seitlichen Betonwangen reicht eine Dicke von 17–18 cm aus. Wie tief die Schwellen in den Boden kommen, hängt von der Aufgabe ab, die sie zu erfüllen haben. Die Schwellen, die als Rückwand für das Anlehngewächshaus dienen und gleichzeitig unsere Terrasse stützen sollen, mußten wir schon 1 m tief einbetonieren, damit sie dem Erddruck der Terrasse widerstehen.

Die Verschalung

Wenn man den Graben exakt ausschachtet, erübrigt sich eine Verschalung. Auf der gegen-

Von oben nach unten:
Die Sichtschutzwand.

Die Schwellenwand an der Süd- und Ostseite.

Dachpappe schützt die Schwellen vor Nässe.

überliegenden Seite unserer Terrasse wurde jedoch eine nötig, weil der Boden des Nachbargrundstückes noch nicht so hoch angeschüttet war. Eine Verschalung muß mit allergrößter Sorgfalt hergestellt werden. Sie muß vor allem stabil sein und darf keinen noch flüssigen Beton durchlassen. Wir liehen uns von einer Baufirma Schalplatten aus. Es handelt sich dabei um rechteckige Platten aus glattem Holz, deren Kanten der kurzen Seiten in Blech gefaßt sind. Man verbindet die Schalplatten, indem man sie an Vierkanthölzer nagelt. Das Ganze wird dort errichtet, wo die spätere Wand des Fundaments sein soll. Genau zurechtgesägte Dachlattenstücke werden zwischen Schalung und Schwellen geklemmt (Abstandshalter), um die vorgesehene Dicke der Betonwange einzuhalten. Von außen wird die Verschalung mit schrägen Balken abgestützt. Bevor der Beton hinter die Verschalung geschüttet wird, benetzt man deren Innenseite sowie die Schwellen mit Wasser. Der Beton wird lagenweise eingebracht und mit einem Vierkantholz oder einem Stampfer sorgfältig verdichtet. Die obere Kante der Betonwange schrägt man ein wenig ab, damit sich darauf kein Regenwasser sammeln kann. Anschließend wird sie dünn mit Oberboden überdeckt und ist damit nicht mehr sichtbar. Die Verschalung wird entfernt, sobald der Beton erhärtet ist.

Die verschiedenen Betonklassen

Unterschiede gibt es in der Festigkeit des Betons. Sie hängt von seinem Zementanteil ab. Fertigbeton ist genormt. Ein schon recht fester Beton ist B 15, den wir für die hohe Schwellenwand an der Ostseite der Terrasse verwendeten. An der Südseite reichte uns Fertigbeton B 10 aus, der nicht ganz so fest, aber für diese weniger belastete Schwellenwand doch immer noch ausreichend ist. An der Westseite kamen wir sogar mit B 5 aus.

Wer auf Nummer Sicher gehen will, ist natürlich mit B 15 immer gut beraten. Im Zweifelsfall sollte man sich immer vom Baufachmann beraten lassen. Wer einen sehr festen Beton selber herstellen will, mischt 2 Teile Betonkies mit 1 Teil Zement. In den meisten Fällen reicht ein Mischungsverhältnis von 3:1 jedoch aus. Wichtig ist vor allem, daß Betonkies, Zement und Wasser sorgfältig miteinander vermischt werden. Nach Möglichkeit sollte man die Fundamente in einem Arbeitsgang gießen. Sollte dies nicht möglich sein, wird die bereits erhärtete Lage, bevor man die neue Lage aufbringt, gründlich mit Wasser benetzt, damit der frische Beton an die untere Lage anbindet.

Einen Hang abfangen

Holzschwellen, oder die in vielen Gärten beliebt gewordenen Rundholzpalisaden, lassen sich in vielerlei Weise verwenden. Sie können als niedrige Einfassung für ein Beet dienen, eine Terrasse oder einen Hang abstützen.

Wer vor oder hinter seinem Haus einen allzu steil abfallenden oder ansteigenden Hang hat, kann das Gefälle des Hanges mindern, indem er eine Stützwand aus Rundhölzern oder Schwellen an seinem Fuß errichtet. Gleichzeitig läßt sich auf diese Weise die begehbare Fläche vergrößern. Ein Hang, dessen Steigungsverhältnis 1:1 unterschreitet, läßt sich durch eine Stützwand so weit abfangen, daß die verbleibende Böschung ein minimales Verhältnis von 1:1 hat, oder nur noch sanft im Verhältnis 1:2 ansteigt oder abfällt. Ein nur schwach ansteigender Hang kann soweit abgetragen und durch eine Stützwand verkürzt werden, daß an seinem oberen Teil nur noch eine kleine Böschung mit einem Steigungsverhältnis von 1:1 verbleibt. An seinem Fuß ist eine große ebene Fläche entstanden. Umgekehrt kann man am Kopf des Hanges Erde aufschütten, die oben liegende ebene und damit nutzbare Fläche vergrößern und an seinem Fuß eine Stützwand aus Holz errichten, so daß nur noch eine kleine Böschung übrigbleibt.

Doch zurück zu unserem Redaktiongarten. Nachdem die Schwellen standen, konnten wir die Terrasse aufschütten und das Anlehngewächshaus sowie die Treppe, die zur Terrasse hinaufführt, bauen. Um noch einmal in Erinnerung zu rufen, was zu Anfang dieses Buches gesagt wurde: Zuerst sollten alle Bauwerke im Garten errichtet werden. Alle Bereiche sollten in einer Reihenfolge erstellt werden, die die weiteren Arbeiten erleichtert. Nachdem wir nun schon die Rückwand für das Anlehngewächshaus errichtet hatten, wäre es naheliegend gewesen, das Gewächshaus gleich dort anzubauen. Wenn man aber das Gerüst eines Gewächshauses aus Leichtmetallträgern, Verbindungsstücken und einer Vielzahl von Schrauben zusammenfügen will, kann man dies nicht in einer Bauwüste tun. Sand und Schlamm würden bald an den Teilen haften und sich in die Gewinde der Schrauben fressen. Wir brauchten also eine große glatte und saubere Fläche: das Terrassenpflaster. Doch Kies, Sand und Pflastersteine müssen erst einmal dorthin getragen werden. Das Terrassenpflaster liegt immerhin 1,30 m über dem Gartenniveau.

Der Bau einer Treppe

Wir bauten als nächstes die Treppe, auf der wir dann bequem zur Terrasse hinaufgehen konnten. Wer hintereinander kleine Bauwerke in seinem Garten errichten will, sollte immer genau überlegen, in welcher Reihenfolge er dies tut. Man spart sich auf diese Weise viel Arbeit und Verdruß. Deshalb soll hier zunächst vom Treppenbau, vom Pflastern und schließlich vom Bau des Anlehngewächshauses die Rede sein.

Die Stufenarten

Blockstufen

In unserem Redaktionsgarten waren die Schrittmaße eingentlich kein Problem. Denn wir hatten ja einen perfekt ausgearbeiteten Plan von Bruno Leipacher, aus dem wir die Maße und die Anordnung der Stufen entnehmen konnten. Vorgefertigte Blockstufen aus dem selben kesseldruckimprägniertem Holz wie die Schwellen standen uns zur Verfügung. Etwas schwieriger war es, den Höhenunterschied von 1,30 m zwischen Gartenweg und Terrasse zu überbrücken. 8 cm mußten wir von vorneherein abziehen, weil die Vorderkante der Terrasse nach dem Plan unseres Gartenarchitekten 8 cm tiefer liegen sollte als die Fußbodenoberkante des Hauses, damit das Regenwasser von der Terrassenkante abfließen kann. Blieben also nur noch 122 cm. Doch 15 cm Stufenhöhe mal 7 ergeben erst 105 cm. Wir wählten nicht nur für die Podeste sondern auch für die einzelnen Stufen ein Gefälle von 2,5% und gewannen dabei ganze 15 cm. Die kleine Differenz von 2 cm überbrückten wir, indem wir den Gartenweg an die unterste Stufe anglichen, was bei der Länge des Weges überhaupt nicht auffällt.

Vorgefertigte Blockstufen aus Naturstein, Beton oder, wie in unserem Garten, Holz zu einer Treppe zusammenzufügen, ist körperlich zwar am schwersten, jedoch handwerklich am einfachsten. Sie haben so viel eigenes Gewicht, daß ein Unterbau aus gestampften Kies und einer dünnen, ausgleichenden Sandschicht völlig ausreicht.

Der Vorteil dieser Stufen besteht nun hauptsächlich darin, daß die Maße vorgegeben sind. Man braucht also nicht viel nach der Treppenformel herumzurechnen. Die jeweils oben liegende Stufe sollte die untere um 2 cm überlappen.

Legstufen

Eine andere Variante sind die Legstufen, bei denen quaderförmige Steine als Vorderkante in ein Mörtelbett verlegt werden. Als Auftrittfläche werden Platten aus Kunst- oder Naturstein darübergedeckt. Die Auftritthöhe ergibt sich also bei diesen Stufen aus der Dicke der Steine plus der Dicke der Platten. Sie werden so verlegt, daß der jeweils obere Steinquader auf der Platte der darunterliegenden Stufe liegt. So gibt eine Stufe der anderen zusätzlichen Halt, und die Treppe wird dadurch stabil. An der Stirnseite der Stufen sollten die Platten um etwa 3 cm überstehen.

Stellstufen können aus verschiedenen Materialien gebaut werden. Bei dieser Treppe sind die Vorderkanten und das Pflaster der Auftrittflächen aus Naturstein.
Unten: Das Prinzip dieser Stufen.

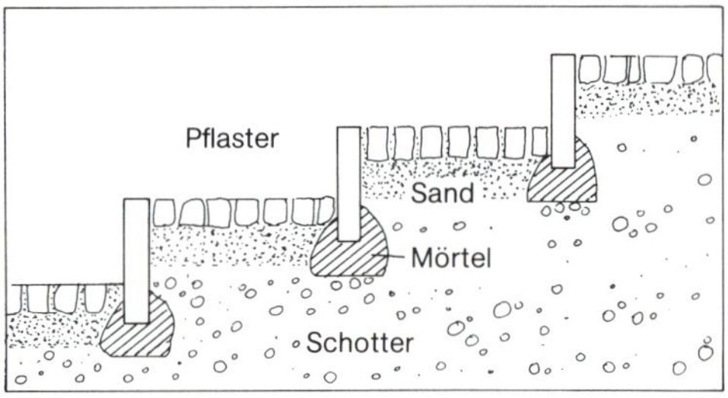

Legstufen mit unregelmäßigen Natursteinplatten als Auftrittfläche. Sie liegen auf Steinquadern und überragen diese an der Vorderkante um 3 cm.
Unten: Das Prinzip der Legstufen.

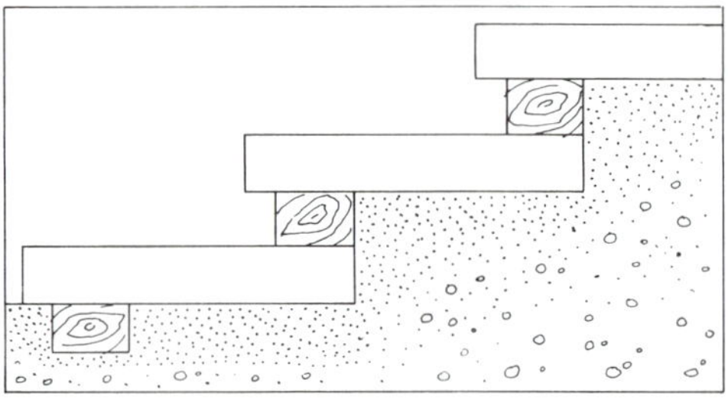

Eine Treppe aus Karlsruher Gartensteinen ist leicht zu bauen und sehr stabil.
Unten: Die Hälfte der Karlsruher Gartensteine ist in den Boden eingelassen.

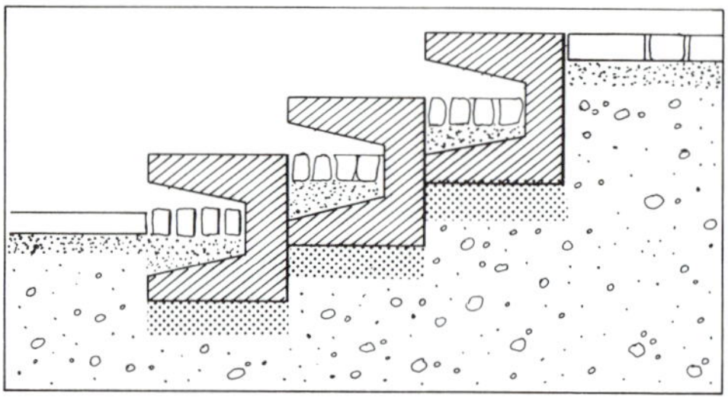

Stellstufen
Wieder eine andere Variante sind die sogenannten Stellstufen, bei denen man Naturstein- oder Betonplatten senkrecht in den Boden stellt und die Auftrittfläche aus Kies, Schotter oder ähnlichem herstellt oder pflastert. Die senkrecht eingebauten Stirnseiten sollte man mit etwas Beton (Mischungsverhältnis Zement : Sand = 1:2) verankern.
Die aus gestampftem Schotter oder Pflastersteinen bestehende Oberfläche muß dabei den Stellkanten genau angeglichen werden, damit niemand auf dieser Treppe stolpert.

Weitere Möglichkeiten
Schließlich kann man auch aus den bekannten »Karlsruher Gartensteinen« Treppen bauen.
Der Fantasie sind beim Treppenbau keine Grenzen gesetzt. Nur an die Treppenformel sollte man sich immer halten.
Für diejenigen Hausgärtner, denen es vorerst noch am nötigen Kleingeld fehlt oder die den naturnahen Garten lieben, noch ein Tip: Knüppelstufen. Dazu schlägt man in der gewünschten Stufenbreite zwei Knüppel nebeneinander in den Boden, so daß sie in gewünschter Auftritthöhe aus dem Erdreich ragen. Dahinter werden weitere Knüppel waagerecht übereinandergeschichtet und von dem dahinter aufgefüllten Kies, Schotter, Gesteinssplitt oder Boden gegen die senkrechten Pflöcke gedrückt.

Die Treppenformel

Eine harmonisch angelegte Treppe bereichert jeden Garten. Vor allem muß sie aber sicher zu begehen sein. Testen Sie einfach einmal manche Treppen in öffentlichen oder Ihnen zugänglichen privaten Gärten. Auf manchen Treppen möchte man am liebsten wieder umkehren. Entweder sind die Stufen zu flach und haben eine so große Auftrittfläche, daß Sie größere Schritte machen müssen, als Sie es normalerweise gewohnt sind; oder Sie gehen über steile Stufen, auf deren Auftrittflächen Sie kaum Ihren Fuß unterbringen. Mit den

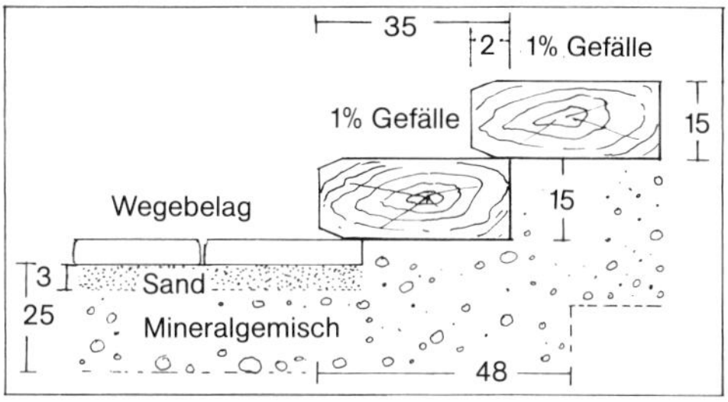

Blockstufen, nach der Treppenformel angeordnet.

Podesten zwischen den Treppenabschnitten ist es ähnlich, denn Sie kommen vor der folgenden Stufe mit dem falschen Fuß an, also genau dem, den Sie gewohnheitsmäßig als ersten auf die unterste Stufe einer Treppe zu setzen pflegen. Wie gut und sicher man auf einer Treppe gehen kann, hängt von dem Verhältnis der Stufenhöhe zur Auftrittbreite ab. Eine Treppe zu bauen, ist somit eine kleine Kunst, jedoch auch wiederum nicht so schwer, daß man es nicht erlernen könnte. Außerdem sind Treppen im Garten nicht nur nützlich, sondern bilden auch ein hübsches Gestaltungselement.
Um Treppen sicher begehbar zu machen, haben Fachleute die Treppenformel entwickelt. Der Schritt eines Erwachsenen ist durchschnittlich 63–65 cm lang. Dieses Maß muß auf die Höhe und Auftrittbreite, also die Fläche, auf die man einen Fuß setzt, verteilt werden.
Die Treppenformel lautet deshalb: 2 × Stufenhöhe + Auftrittbreite = 63–65 cm.
Man kann eine Treppe steil oder nur allmählich ansteigen lassen oder auch im Bogen anlegen, wenn nach der Treppenformel als Ergebnis das menschliche Schrittmaß von 63–65 cm herauskommt. Wenn Sie, wie wir in unserem Redaktionsgarten, einen Höhenunterschied von 1,30 m überwinden wollen, gibt es verschiedene Möglichkeiten, dies zu tun. Sie schätzen, daß Sie 8 Stufen brauchen und rechnen 130 : 8 = 16,25 cm (Stufenhöhe). 0,25 cm können als Stufengefälle verrechnet werden. Man rechnet deshalb weiter: 16 × 2 = 32 + 33 cm (Auftrittbreite) = 65 cm. Das Schrittmaß ist eingehalten.

Oben links: Lagenweise wird der Unterbau für die Blockstufen mit der Rüttelplatte verdichtet.

Mitte links: Die erste Blockstufe ist verlegt. Wie alle anderen muß sie ein leichtes Gefälle haben.

Unten links: Die unterste Stufe wird vorübergehend mit Pflöcken gesichert, damit sie nicht abrutscht.

Oben rechts: Die obere Stufe überdeckt die untere um jeweils 3 cm und gibt ihr Halt.

Unten rechts: Wer keine Rüttelplatte hat, kann den Sand auch mit einem schweren Balken verdichten.

Wenn Sie 10 Stufen bauen wollen, lautet die Rechnung: 130:10 = 13; 13× 2 = 26 + 37 = 63 oder 26 + 39 = 65. Es gibt also viele mögliche Varianten innerhalb der Treppenformel. Je flacher die Stufen sind, desto mehr Grundfläche wird für eine Treppe gebraucht. Wenn eine Treppe im Bogen verläuft, gilt die Auftrittbreite in der Mitte der Stufen.
Bei längeren Treppen ist es empfehlenswert, ein Podest einzubauen. Es sollte eine Länge von 1,20 m nicht unterschreiten. Man rechnet die Anzahl der Schritte, die man auf dem Podest machen will und addiert die Auftrittbreite einer Stufe hinzu.
Das Podest, sowie die einzelnen Stufen, sollten ein leichtes Gefälle haben. Für die Stufen reicht 1% (1 cm Höhenunterschied auf 100 cm Länge) aus. Für das Podest sollte man ein Gefälle von 2,5% wählen. Ein Gefälle zur Seite ist nicht erforderlich.

Die Terrasse

Komplett war unsere Treppe erst, nachdem wir die beiden Podeste gepflastert haben. Nun konnte wir uns an die Terrasse heranwagen. Der Untergrund bestand noch aus Unterboden, Bauschutt und Oberboden. Uns fehlte außerdem noch eine Menge Material, das wir auffüllen mußten, um auf die gewünschte Terrassenhöhe zu kommen. Zunächst mußten wir jedoch alles, was weiter im Boden verrotten kann, herauslesen: Holz, Papier, Stoffreste, Blecheimer von den Malern und Oberboden. Alle diese Materialien werden durch den Verrottungsprozeß kleiner, so daß Hohlräume im Terrassenunterbau entstehen, in die darüberliegendes Material nachrutscht. Auf diese Weise entstehen immer wieder Mulden auf dem Terrassenpflaster, in denen sich nach Regen Pfützen bilden. Oberboden muß also sorgfältig von lehmigem oder sandigem Unterboden getrennt werden. Alle anderen genannten Bauabfälle gehören in die Mülltonne. Zertrümmerte Mauersteine oder auch im Garten zusammengelesene Steine sind dagegen ein gutes Material für den Unterbau. Es lohnt sich also, sämtliche Steine auf dem Grundstück zusammenzulesen und zur Terrasse zu karren. Man spart unter Umständen eine Menge Kies.
Zunächst wird der Unterboden glattgezogen und sorgfältig verdichtet. Wir hatten uns für diese Arbeit eine Rüttelplatte von einer Baufirma ausgeliehen. Es handelt sich dabei um eine Eisenplatte, auf der ein Motor befestigt ist. Der Motor läßt die Eisenplatte vibrieren,

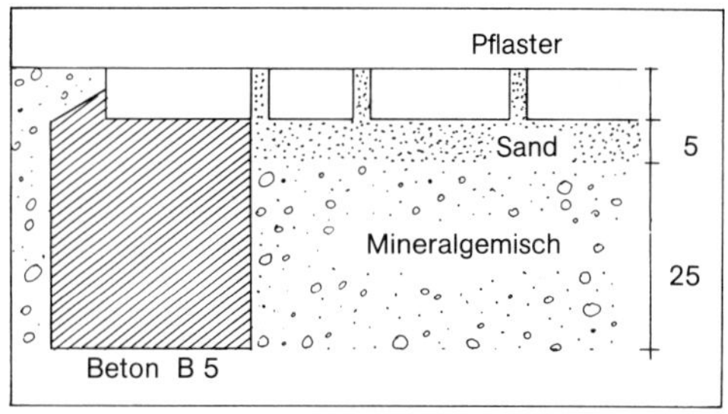

Der Aufbau unserer Wege aus Betonpflaster.

wodurch die Bodenpartikel ineinandergedrückt werden. An einem Eisenbügel führt man die Rüttelplatte. Es gibt kleine Rüttelplatten, deren Motor mit Zweitaktgemisch betrieben wird, und große mit Dieselmotor. Alle Rüttelplatten »laufen« in eine Richtung. Wer noch nie mit einem solchen Gerät gearbeitet hat, sollte auf jeden Fall die kleine Rüttelplatte nehmen. Sie ist handlich und läßt sich auch von einer Person relativ mühelos dirigieren. Vor allem kann man sie leichter in schlecht erreichbare Ecken führen, zum Beispiel zwischen zwei Lichtschächte. Bei einer großen Rüttelplatte sollte ein zweiter kräftiger Mann zumindest in der Nähe stehen, um notfalls mithelfen zu können. Allzuleicht »läuft« die Platte gegen eine Wand oder die Böschung hinunter, ohne daß man sie rechtzeitig wenden kann.
Natürlich kostet es Geld, ein solches Gerät auszuleihen. Bereiten Sie die Arbeiten deshalb so gründlich vor, daß Sie die Rüttelplatte während der Ihnen zur Verfügung stehenden

Lagenweise wird der Unterbau abgerüttelt.

Zeit voll ausnutzen können. Der Unterboden sollte also glattgezogen und der Kies in erreichbarer Nähe liegen.
Wer sich aber dieses Gerät sparen will, muß den Unterbau der Terrasse sowie auch den der Wege mit einem Handstampfer verdichten.
Man kann sich dieses Gerät ebenfalls von einer Baufirma ausleihen oder selber anfertigen. Dazu durchbohrt man ein knapp hüfthohes Stück Balken in seinem Kopfende und steckt einen Besen- oder Schaufelstiel hindurch. Der Balken muß so schwer sein, daß er den Boden durch sein Gewicht zusammendrückt.
Egal, ob man nun mit einer Rüttelplatte oder einem Handstampfer verdichtet, man sollte es lagenweise tun. Der grobe Kies wird etwa 20 bis 30 cm dick auf den verdichteten Unterboden geschüttet, glattgezogen und abgerüttelt, indem man mehrmals mit der Rüttelplatte darübergeht. Bei einem Handstampfer sollten die Lagen nur 10–15 cm dick sein. Je sorgfältiger der Unterbau verdichtet wird, desto geringer ist die Gefahr, daß das Terrassenpflaster später absackt.
In unserem Garten gibt es auf der östlichen Terrassenhälfte, zwischen Pflaster und Schwellenwand, einen schmalen Pflanzstreifen für Stauden. Der Kies unter dem Pflaster mußte verdichtet werden, nicht aber der Oberboden der Pflanzfläche. Wir brachten deshalb mit jeder Lage Kies auch eine Lage Oberboden in die Pflanzfläche ein, damit der Kies nicht seitlich ins Beet gedrückt wurde.

Rechteckpflaster aus Beton

Als Belag für die Terrasse und den größten Teil der Wege wählten wir ein Rechteckpflaster aus Beton, das man in verschiedenen Farbtönen bekommen kann. Die Terrasse

Die Rollkante des Weges wird in Beton verlegt.

Wir ziehen das Sandbett zwischen den Kanten ab.

Mit dem Steinschneider werden Steine halbiert.

pflasterten wir mit roten, die Wege mit antrazitfarbenen Steinen.
Die Terrasse und die Wege säumten wir zunächst mit einer sogenannten Rollkante. Dabei werden die Steine nach einer Richtschnur mit ihren breiten Seiten aneinandergereiht in ein 30 cm starkes Fundament aus Fertigbeton B 5 verlegt. Die Richtschnur zeigt sowohl den Verlauf der Kante als auch die Höhe an. Man legt die Steine etwas überhöht in den frischen Beton und klopft sie mit einem Gummihammer jeweils auf die richtige Höhe herunter. An der Innenseite der Kante wird der noch frische Beton senkrecht abgestrichen, so daß die Steine später ungehindert verlegt werden können. Von außen schaufelt man ihn seitlich gegen die Kante und streicht ihn schräg ab. Diese Betonwange verhindert, daß die Steine nach außen abrutschen. Ist der Beton erhärtet, kommt zwischen die Rollkanten eine 5–7 cm dicke Schicht Sand, die abgerüttelt und mit einer Schablone glattgezogen wird. Wir sägten uns diese Schablone aus einem Brett zurecht, in das wir an zwei Seiten einen rechten Winkel schnitten. Der schmalere Teil des Brettes paßte genau zwischen die Rollkanten und reichte 6 cm tief ins Sandbett. Also ragten die 7 cm dicken Steine um 1 cm über die Rollkanten hinaus. Betonpflastersteine sind so robust, daß wir getrost mit der Rüttelplatte darübergehen konnten. So brachten wir die Steine auf die richtige Höhe und befestigten sie gleichzeitig.
Wer die Pflastersteine ohne Rüttelplatte befestigen will, legt ein Vierkantholz über jeweils mehrere Steine und schlägt mit einem schweren Eisenhammer darauf, bis die Höhe der seitlichen Kanten erreicht ist.
Wir verlegten unsere Betonpflastersteine in Bahnen. Das heißt: Wir reihten sie wie die Steine eines Mauerwerks aneinander. Die Fugen an den kurzen Seiten der Steine dürfen sich dabei niemals treffen. Aus dieser Verlege-

Hier werden die halbierten Steine eingepaßt.

Abschließend wird Sand in die Fugen gefegt.

Pflasterweg aus runden Betonsteinen.

Stauden und Klinker harmonieren miteinander.

art ergibt sich, daß am Ende des Weges jeder zweite Stein halbiert werden muß. Mit einem Steinschneider kann man dies leicht tun. Mit Geduld und viel Geschick geht es zur Not auch mit Hammer und Meißel. Die Bahnen können entweder quer zur Richtung des Weges verlaufen oder in Wegerichtung. Optisch wird der Weg mit quer verlegten Steinen breiter, mit längs verlegten Steinen länger. Auf der Terrasse verlegten wir die Steine parallell zur Hauswand in Ost-West-Richtung. Auf den Wegen änderte sich die Verlegerichtung automatisch mit deren Richtung. Die Bahnen des Eingangsweges verlaufen parallel zur Hauswand und lassen ihn deshalb breiter und großzügiger erscheinen. Bei dem in Ostrichtung durch den Vorgarten führenden Weg haben wir die Verlegerichtung des Eingangsweges beibehalten. Die Bahnen verlaufen nun in Längsrichtung. Wo dieser Weg einen rechtwinkligen Knick macht, ändert sich auch wieder die Verlegerichtung, was sich am Gewächshaus noch zweimal wiederholt.

Rechteckpflaster in Bahnen zu verlegen, ist am einfachsten und meistens auch am empfehlenswertesten. Denken Sie bitte daran: Im Garten spielen die Pflanzen die Hauptrolle. Das Pflaster darf ihnen nicht die Show stehlen. Wählen Sie deshalb einen schlichten Wegebelag und verkünsteln Sie sich nicht mit verschnörkelten Mustern. Sie zu verlegen muß gekonnt sein. Schlecht verlegte Muster im Pflaster wirken unruhig und stümperhaft.

Muster aus Pflastersteinen

Dennoch gibt es Möglichkeiten, mit Rechtecksteinen Muster zu verlegen, die einfach sind und nicht unruhig wirken. Unsere Pflastersteine sind 208 mm lang und 68 mm breit. Legt man drei dieser Steine nebeneinander, so passen drei andere in Querrichtung daneben. Auf diese Weise entsteht ein Muster aus Quadraten mit jeweils drei Steinen. Dieses Muster läßt sich erweitern, indem man zwischen diese Quadrate Bahnen aus einzelnen Steinen in Längs- und Querrichtung legt, vielleicht in

einer anderen Farbe – aber bitte nicht zu bunt.
Schwieriger ist es, die Steine so zu verlegen, daß jeder Stein die Richtung des vorigen um 90° ändert, also ein Zick-Zack-Muster entsteht. Auch Kreise lassen sich mit diesen Steinen verlegen, indem man die Fugen innen enger hält als außen. Dies erfordert aber schon sehr viel Geschick und sollte deshalb einem geübten Fachmann überlassen werden.

Rasenpflaster

Eine große gepflasterte Terrasse, ein Autoabstellplatz für zwei Autos und einige Wege – das ist ganz schön viel Betonpflaster in einem solchen kleinen Garten. Deshalb hat unser Gartenarchitekt für das kleine Stück zwischen Gewächshaus und Pergola, an den Hochbeeten und dem Wasserbecken vorbei, einen Rasenpflasterweg vorgesehen. Wir hatten das Glück, alte Pflastersteine aus Basalt, wie es sie überall in früheren Jahren auf unseren Straßen gab, billig zu bekommen. Wir verlegten sie ebenfalls in Bahnen, mit 5 cm breiten Fugen. Als Unterbau diente in diesem Fall nur Oberboden, mit dem wir auch die Fugen ausfüllten. Schließlich säten wir Gras in die Fugen, das bald aufging und nun die Steine mit grünen Bändern durchzieht. Man kann dieses Gras wie einen Rasen mähen, indem man einfach mit dem Rasenmäher darüberfährt.
Rasenpflaster kann man auch mit eigens dafür vorgesehenen Betonsteinen herstellen. Sie haben ein rautenförmiges Muster mit durchgehenden Hohlräumen, die mit Oberboden gefüllt und eingesät werden. Andere Rasensteine aus Beton haben herausragende Betonnoppen und dazwischenliegende Löcher, die mit Erde gefüllt und eingesät werden. Sie sind vor allem für Autoabstellplätze gedacht. Ein solches Rasenpflaster bleibt allerdings nur grün, wenn nur gelegentlich darauf ein Auto abgestellt wird. Rasenpflaster kann man außerdem aus Hohlziegeln herstellen, indem man die Steine mit den Öffnungen nach oben verlegt, mit Oberboden füllt und Gras sät.

Granitpflaster hebt die Wirkung der Stauden.

Natursteinplatten, mit Flußkieseln durchsetzt.

Das Anlehngewächshaus

Den Weg, der um unser Anlehngewächshaus führt, hatten wir noch nicht gepflastert, denn zunächst mußte ja der Graben für das Fundament ausgeschachtet werden. So eine Gewächshauskonstruktion aus Aluschinen und Glas braucht schon einen stabilen Unterbau. Man muß dazu die genauen Außenmaße der Konstruktion kennen und den Graben danach zentimetergenau abstecken. Denn die Konstruktion wird auf die Außenkante des Fundaments montiert. Als Fundamentbreite reichen 30 cm aus. Die Tiefe sollte jedoch 80 cm betragen. Einen so tiefen Graben kann man nicht in nur 30 cm Breite ausschachten, er wird automatisch breiter. Deshalb sollte man an einer Seite Schalplatten in den Graben stellen, wenn man ihn nicht ganz mit Beton ausfüllen will. In die Mitte des Grabens stellt man eine Baustahlmatte, die sozusagen das Skelett des Fundaments bildet. Sie reicht bis wenige Zentimeter unter den Kopf des Fundaments. Ein Anlehngewächshaus braucht natürlich nur für die drei verglasten Wände ein Fundament. Die Rückwand bildet in der Regel das Haus oder, wie in unserem Garten, die Schwellenwand. Besonders sorgfältig muß die Oberfläche des Fundaments abgezogen werden. Sie muß genau waagerecht sein.

Querschnitt durch unser Anlehngewächshaus. Das Fundament muß rundum genau waagerecht liegen. Rechts die Schwellenwand, die gleichzeitig die höher gelegene Terrasse stützt.

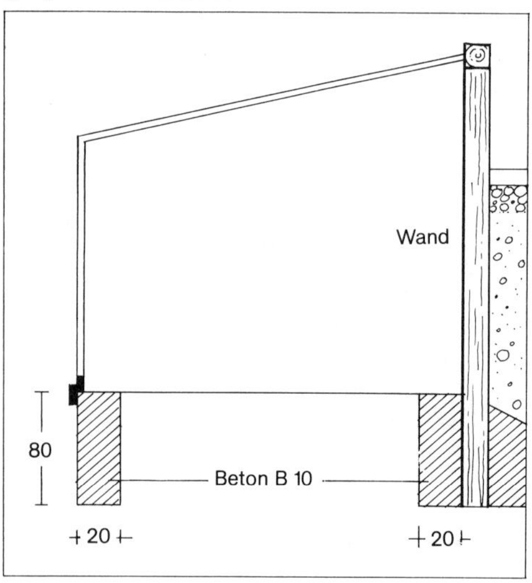

Um die Leichtmetallkonstruktion aufzubauen, brauchten wir einen ebenen und sauberen Platz: die zuvor gepflasterte Terrassenfläche. In den beiden Kartons, die uns die Herstellerfirma unseres Anlehngewächshauses zugeschickt hatte, fanden wir ein Sammelsurium von Schienen und Schrauben. Trotz Numerierung und Aufbauanleitung war es ein nicht gerade beruhigendes Puzzlespiel, dies alles zu einer tragenden Gewächshauskonstruktion zusammenzufügen. Wir nahmen uns Zeit und brauchten viel Platz, um alle Teile nach der Numerierung zu sortieren, hinzulegen und mit den entsprechenden Verbindungsstücken und Schrauben zusammenzubasteln.

Schließlich konnten wir das fertige Gerüst zu viert von der Terrasse heruntertragen und auf das Fundament setzen. Doch dann verschlug es uns die Sprache! Der Gewächshausfirst ragte um 10 cm über die Schwellenwand hinaus. Der Grund war, wie schon bereits auf Seite 21 erwähnt, eine falsche Höhenangabe im Bauplan.

Am Ende wirkte sich dieser Fehler jedoch segensreich aus. Wir ließen einen 12 cm dikken, mit Holzdübeln bestückten Balken anfertigen, den wir waagerecht auf die Schwellenwand setzten. Besser als an diesen Balken hätten wir unseren Gewächshausfirst nicht anschrauben können.

Das Verglasen

Nachdem wir die Konstruktion mit Holzschrauben an der Schwellenwand und mit Dübeln am Fundament befestigt und alle Schrauben der Konstruktion noch einmal nachgezogen hatten, konnten wir endlich daran denken, unser Gewächshaus zu verglasen. Dazu gibt es drei Möglichkeiten:

Stegdoppelplatten Sie sind aus Plexiglas gemacht und bestehen, wie der Name schon sagt, aus zwei übereinander angeordneten Platten, die durch Stege miteinander verbunden sind. Ihr großer Vorteil liegt in der wärmedämmenden Wirkung, bedingt durch die Hohlräume in ihrem Inneren. Leider kann man nicht durch sie hindurchsehen, besonders nach wenigen Jahren nicht, wenn sie gelb und trüb werden. Dies ist nicht nur häßlich, sondern nimmt einem Glashaus überhaupt seinen Reiz. Denn im winterlichen Garten gibt es kaum etwas schöneres, als im warmen Gewächshaus zwischen grünen und blühenden Pflanzen zu sitzen und den verschneiten Garten zu betrachten.

Genörpeltes Glas Es wird in der Fachsprache merkwürdigerweise »Klarglas« genannt. Der Vorteil dieses Glases besteht vor allem darin, daß es die Sonnenstrahlen bricht und die Pflanzen im Gewächshaus ein Stück weit vor Verbrennungen schützt.

Blankglas Dieses Glas ist durchsichtig, also normales Fensterglas. Bei Sonne muß man in einem so verglasten Gewächshaus rechtzeitig schattieren. Wir entschieden uns für dieses Glas, weil es am schönsten ist. Die Scheiben ließen wir uns von einer im selben Ort ansässigen Glaserei zuschneiden und sparten somit die Transportkosten für das Glas.

Das Verglasen selber ist denkbar einfach. Die von der Gewächshausfirma gelieferten Kittstreifen werden in die vorgefertigten Profile der Aluschienen gedrückt, die Scheiben daraufgelegt und mit kleinen Metallklammern befestigt – fertig.

Die Inneneinrichtung

Um Pflanzen in einem Gewächshaus aufzuziehen, muß man es auch von innen einrichten. Wir pflasterten zunächst einmal einen Weg, der so breit wie die Tür ist. Man kann einen solchen Weg gut fegen und notfalls sogar abspritzen. Das ist sehr wichtig, denn Hygiene ist in einem Gewächshaus oberstes Gebot. Den Boden zu beiden Seiten dieses Weges gruben wir um, füllten noch etwas Oberboden auf und hatten somit zwei Grundbeete gewonnen, ein

Die erste Glasscheibe wird eingesetzt.

Stellagen, Hängebord, Erdbeet und ein Arbeitstisch. Mit dieser Einteilung läßt sich viel anfangen.

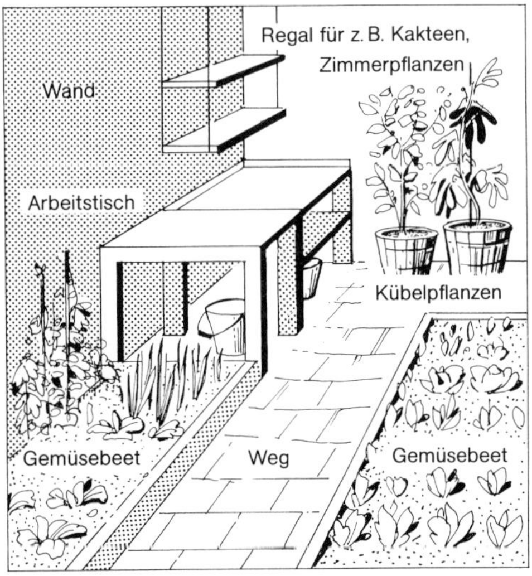

Das Skelett unseres Anlehngewächshauses an der Schwellenwand steht an der Ostseite der Terrasse.

schmales entlang der Schwellenwand und ein breiteres entlang der vorderen verglasten Wand. Über diesem breiten Beet errichteten wir einen Stellagentisch, und darüber wurde am Dach ein Hängebord befestigt. Die Stellflächen der Stellagentische und Hängeborde bestehen aus einem verzinkten Gittergeflecht, das sich bei Bedarf leicht herausnehmen läßt. Auf diese Weise kann man Platz für Tomatenpflanzen oder an Schnüren und Drähten emporkletternde Gurken schaffen. Für die auf und unter den Borden und Stellagen stehenden Pflanzen ist aber diese Auflage denkbar ungünstig. Gießwasser tropft auf die sich unter der Stellage befindenden Pflanzen, und die Erde in den Töpfen trocknet viel zu schnell aus. Deshalb breiteten wir eine Folie auf den Stellagen und Hängeborden aus und bedeckten sie mit einer gründlich angefeuchteten Mischung aus Torf und Sand. Diese etwa 3 bis 5 cm dicke Schicht saugt überschüssiges Gießwasser auf und gibt es bei Bedarf an die Erde in den Töpfen und damit an die Wurzeln der Pflanzen ab. Sie speichert also Wasser und erhöht gleichzeitig die Luftfeuchtigkeit im Gewächshaus. Eine Methode, die in den Gewächshäusern der Berufsgärtner seit eh und je angewendet wird. Torf und Sand müssen allerdings jedes Jahr erneuert werden.

Heizung und Lüftung

Die Temperatur in einem Gewächshaus muß sich so regeln lassen, daß sie für die sich darin befindenden Pflanzen optimal ist. Dies ist oft leichter gesagt als getan, vor allem, wenn man eine große Vielfalt von Pflanzen mit unterschiedlichen Temperaturansprüchen auf kleinem Raum vereinigt hat. In diesem Fall muß eine mittlere Temperatur gewählt werden, die für alle Pflanzen zumindest einigermaßen ausreicht.

Auch sogenannte Warmhauspflanzen, Gewächse also, die aus tropischen Gebieten stammen, gedeihen meistens auch bei etwas niedrigeren Temperaturen, wenn man sie etwas weniger gießt. Allerdings brauchen sie dann etwas länger, um zu wachsen und zur Blüte zu kommen. Die meisten anderen Pflanzen können es sehr wohl vertragen, wenn die Temperatur in Winternächten gelegentlich auf 10° C abfällt. Wir haben zu diesem Zweck einen kleinen elektrischen Warmluftofen mit einem Thermostat in unserem Gewächshaus aufgestellt. Er schaltete sich ein, sobald die Temperatur unter 10° C absank. Tagsüber wird das Gewächshaus auch im Winter ein wenig von der Sonne erwärmt. Bei dieser Temperatur hielten es Kakteen, Bromelien, ein Gummi-

baum und im zeitigen Frühjahr ausgesäte Gemüse- und Sommerblumensämereien gleichermaßen aus. Die meisten Pflanzen im Gewächshaus können den Wechsel von kühler Nacht und hohen Tagestemperaturen von Natur aus ohne weiteres vertragen.
Die Heizung in einem Gewächshaus ist also kein großes Problem und auch nicht allzu kostspielig, wenn man keine hohen Temperaturen bei Tag und Nacht halten will. Viel wichtiger ist es, daß ein Gewächshaus ausreichend schattiert und gelüftet werden kann. Denn auch im Winter, wenn die Sonne durch die Scheiben brennt, sind kurzfristig sehr schnell 30° C erreicht. Wenn es anschließend wieder kalt wird, vertragen diesen Wechsel nur wenige Pflanzen. Vor allem junge Pflanzen oder Pflanzen mit behaarten Blättern erleiden sehr schnell sogenannte Verbrennungsschäden. Andere Pflanzen vertrocknen oder wachsen bei ausreichender Wasser- und Nährstoffversorgung so schnell, daß ihre Triebe weich, ihr Gewebe aufgeschwemmt ist und ihre Widerstandsfähigkeit gegen Krankheiten und Schädlinge sehr schnell nachläßt. Ein Gewächshaus, das wenig und schlecht gelüftet wird, ist ein Eldorado für Blattläuse, Spinnmilben, Weiße Fliegen und Mehltau.
Vor allem berufstätige Hausgärtner können nicht immer zur Stelle sein, wenn die Sonne gerade so heiß auf das Gewächshaus scheint, daß schattiert und gelüftet werden muß. Besonders im Frühjahr, wenn das Wetter sehr wechselhaft ist, kann das rechtzeitige Lüften und Schattieren zu einem großen Problem werden. Doch zum Glück gibt es für Kleingewächshäuser heute automatische Fensteröffner. Sie arbeiten nach dem Prinzip eines Bi-Metallreglers. Nachdem man den Lüftungsautomaten an das Lüftungsfenster geschraubt hat, wartet man ab, bis ein in der Nähe aufgehängtes Thermometer die Temperatur anzeigt, bei der sich das Fenster öffnen soll. Dann wird das Einstellrädchen an dem Automaten so weit gedreht, bis sich das Fenster gerade zu öffnen beginnt. Von nun an wird die Lüftungsklappe automatisch geöffnet, sobald die eingestellte Temperatur im Gewächshaus überschritten wird und geschlossen, sobald sie unterschritten wird.

Ein Blick in unser fertiges Gewächshaus. In der Mitte der elektrische Heizlüfter.

Die Schattierung

Zum Schattieren gibt es im gärtnerischen Fachhandel sogenannte Schattendecken aus grünem oder rotem, wasserfestem Gewebe. Die Bahnen sind 1,50 m breit und werden einfach über den unteren Bereich des Gewächshausdaches gerollt. Diese Schattierung reicht meistens aus. An beide Enden der Schattendecke nagelt man am besten ein Rundholz, das die leichten Decken beschwert und auf das man sie aufrollen kann. Sollte diese Decke auch bei Regen oder trüben Wetter liegen bleiben, macht dies nicht allzuviel aus.
Außerdem gibt es für Gewächshäuser spezielle Schattierfarben, die man mit einem Weißelquast, einem Handfeger oder einer Gartenspritze mit spezieller Düse auf die Glasfläche ausbringt. Natürlich kann man mit dieser Farbe die gesamte Glasfläche bedecken. Sie hat jedoch auch Nachteile. Erstens wird ein Teil davon durch den Regen wieder abgewaschen, so daß man die Farbe im Laufe eines Sommers mehrmals erneuern muß. Zweitens wird sie ins Regenwasserbecken gespült. Sie ist zwar nicht schädlich, aber wer möchte mit dieser Brühe, wenn sie eine Zeitlang herumstand, noch seine Blumen gießen. Drittens müssen die Reste dieser Schattierfarbe im Herbst abgewaschen werden. Und die sitzen meistens sehr hartnäkkig auf den Scheiben. Wer empfindliche Jungpflanzen im Gewächshaus hat, sollte sie mit dünnem, angefeuchtetem Papier abdecken, bis sie kräftig anfangen zu wachsen. Außerdem gibt es heute ein sehr leichtes Gartenvlies, das einen Luftaustausch erlaubt, die Pflanzen schattiert und dennoch genügend Licht hindurchläßt. Man kann es wie eine Decke über den Pflanzen ausbreiten.

Der Nachteil unserer Schwellenwand

Die Rückwand unseres Anlehngewächshauses aus dunklen Kiefernholzschwellen macht sich recht gut. Sie bildet einen schönen Hintergrund zu Pflanzen mit saftig hellgrünen Blättern oder leuchtend orangefarbenen Blüten, wie zum Beispiel unserer *Columnea*, die wir davor aufgehängt hatten. Außerdem speichert das dunkle Holz Wärme und gibt sie an den Gewächshausraum wieder ab. So hatte es sich unser guter Gartenarchitekt sicher gedacht. Aber ein Nachteil dieser Wand machte sich schon nach kurzer Zeit bemerkbar. Das Holz schrumpfte ein wenig und fing an zu »arbeiten«. Die Schwellen verzogen sich also. Bald entstanden große Lücken, durch die man mühelos einen Finger stecken konnte. Von Wärmespeicherung also keine Spur mehr. Doch auch für dieses Problem fiel uns bald eine Lösung ein. Waagerecht über die Schwellen nagelten wir Dachlatten und befestigten zwischen ihnen Glasfasermatten, wie man sie zur Isolierung von Hausdächern verwendet. Anschließend nagelten wir Nut- und Federbretter senkrecht auf die Dachlatten. Diese Bretter sind in dem selben Farbton imprägniert, wie die Schwellen. Die Wand ist nun dicht. Bis zu einer Höhe von 1,30 m ist diese Wand ohnehin durch den lagenweise verdichteten Unterbau der Terrasse isoliert. Zum Schutz vor Feuchtigkeit hatten wir bis zur Höhe des Terrassenpflasters Dachpappe von außen an die Schwellen genagelt, bevor wir den Unterbau der Terrasse aufschütteten.

So isolierten wir unsere Schwellenwand.

Die Pergola

Außer den Schwellen und dem Anlehngewächshaus gibt es ein weiteres Bauwerk in unserem Garten: die Pergola. Eine Pergola könnte man als Dachkonstruktion ohne geschlossenes Dach bezeichnen. Das Dach bilden mit der Zeit die Kletterpflanzen, die an den Pfosten der Pergola emporwachsen und sich auf den Auflagehölzern ausbreiten. Pergolen kann man in verschiedener Weise in Gärten eingliedern. Sie können zwei Gartenbereiche miteinander verbinden und ebenso voneinander trennen. Sie können ans Haus angebaut und damit erweitertes Wohnzimmer sein oder als Laube ein lauschiges Plätzchen am Ende des Gartens abschirmen.

Für den Bau einer Pergola gibt es keine festen Regeln. Sie können aus Holz, Stahlrohr, Naturstein, Beton oder Drahtgeflecht angefertigt sein. Für die am häufigsten gebauten Holzpergolen gilt ein Pfostenabstand von 3 m als Faustregel, sowie eine Mindesthöhe bis zur Unterkante der Pfetten (Unterzüge) von 2,20 m. Man sollte bei der Höhe daran denken, daß herabhängende Triebe der Kletterpflanzen den Durchgang um weitere 10–20 cm niedriger machen. Zum anderen müssen die Proportionen der verschiedenen Pergolenteile zueinander stimmen. Eine breite Pergola darf nicht zu niedrig sein, weil sie sonst schwerfällig und erdrückend wirkt. Eine schmale Pergola sollte dagegen nicht zu hoch sein, da sonst die Menschen, die unter ihr hindurchgehen, keine gefühlsmäßige Beziehung zu dem schützenden, bewachsenen Dach bekommen. Ebenso müssen die Stärken der Pfosten und Auflagehölzer gut aufeinander abgestimmt sein. Die Pfetten und Auflagehölzer sollten auf keinen Fall dicker als die Pfosten sein. Zu dünne Auflagehölzer wirken andererseits verloren auf einem zu wuchtigen Unterbau.

Pergolen, die an Gebäude anschließen, sollten direkt über den Fenstern und Türen des Hauses angebracht werden. Sie sollten auch in einem proportional vernünftigen Verhältnis zum Wohnhaus stehen. Eine lange Pergola kann eine ausgleichende Überleitung von einem großen Haus in den Garten bilden. Für kleinere Häuser und kleine Gärten sollte man entweder eine kleine Pergola oder zierlichere Pergolenkonstruktionen wählen.

Die häufigste Pergolenkonstruktion besteht aus Pfosten, die die Pergola tragen, Unterzügen, in der Fachsprache auch Pfetten genannt, die die Pfosten miteinander verbinden, und den Auflagehölzern, die quer über den Pfetten liegen. Nach diesem Prinzip haben wir auch die Pergola in unserem Garten gebaut.

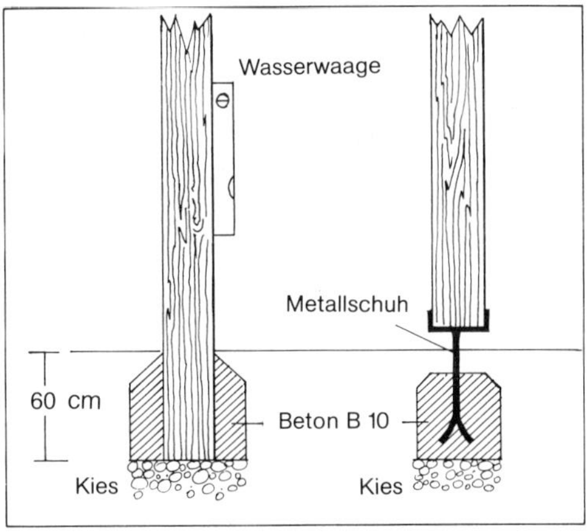

Kesseldruckimprägnierter Pfosten in Beton (links), nicht imprägnierter Pfosten mit Eisenschuh (rechts).

Die vier Pfosten haben einen quadratischen Grundriß von 12 × 12 cm und stehen 3 × 2 m voneinander entfernt. Sie sind 2,80 m lang und werden 60 cm tief im Boden verankert. Die Betonfüße im Boden umschließen den Balken, bleiben jedoch nach unten offen, damit sich kein Wasser am Fuß der Hölzer sammelt. Wir mußten die Pfosten sehr genau nach dem Rechtwinkelverfahren einmessen und mit der Wasserwaage senkrecht ausrichten, um die Pfetten und Auflagehölzer bündig montieren zu können. Die Pfetten unserer Pergola bestehen aus je zwei Hölzern, die die Köpfe der Pfosten von zwei Seiten umschließen. Deshalb sind auch die Pfosten »ausgeklinkt«, wie es in der Fachsprache heißt. Sie sind also so ausgeschnitten, daß die beiden Pfettenteile in die

Die Pergola in unserem Garten mit 4 Pfosten, 2 verbindenden Pfetten und 8 Auflagehölzern.

Ausschnitte passen. Wir legten die Pfettenteile in die Ausschnitte und befestigten sie mit Schraubzwingen, um Pfetten und Pfosten in einem Arbeitsgang durchbohren zu können. Durch diese Löcher werden Pfosten und Pfetten mit 18 cm langen und 12 mm starken Schloßschrauben verbunden und befestigt. Bevor die Schraubenmutter aufgedreht wird, nicht die Unterlegscheibe vergessen!

Wichtig: Gleiche Abstände der Auflagehölzer.

An ihren Enden ragen die Pfetten um 30 cm über die Pfosten hinaus und sind, wie auch die Auflagehölzer, schräg abgeschnitten. Dies verleiht der Pergola ein eleganteres Aussehen. Schließlich können die Auflagehölzer mit einem rechteckigen Querschnitt von 6 × 15 cm auf die Oberkante der gleichstarken Pfetten genagelt werden. Die acht Hölzer haben einen Abstand von 25 cm zueinander. Aus optischen

Befestigung der Pfetten mit Schloßschrauben.

Gründen achteten wir darauf, daß keines dieser Hölzer genau über einem Pfosten liegt. Die beiden den Pfosten am nächsten gelegenen Auflagehölzer wurden im gleichen Abstand zu diesen, also jeweils 12,5 cm vom Pfosten entfernt, aufgenagelt. Natürlich ist es nahezu unmöglich, einen langen und dicken Nagel durch ein 15 cm starkes Holz bis tief in die darunterliegende Pfette zu schlagen. Deshalb befestigten wir die Auflagehölzer zunächst mit Schraubzwingen und durchbohrten sie, bis wir auf das Holz der Pfette stießen. Durch die Bohrlöcher konnten wir die langen Nägel dann leicht in die Pfetten treiben. Soweit der Bau unserer Pergola. Häufig sieht man auch Pergolen, deren Pfosten etwa 5 cm über dem Boden enden. Dort sind sie mit Schrauben an zwei sich gegenüberstehenden, in einem frostfrei gegründeten Betonfundament verankerten Bandeisen befestigt. Die Stellung dieser Bandeisen ändert sich dann jeweils um 90°, damit die gesamte Pergolenkonstruktion besser den Angriffen des Windes widerstehen kann. Man hat diese Art der Pfostenbefestigung gewählt, weil das Holz, dort wo es in den Boden stößt, besonders leicht faulen kann. Das Holz unserer Pergola ist jedoch im Kesseldruckverfahren imprägniert. So behandelte Hölzer kann man durchaus mit ihrem Fuß im Boden verankern, so wie man es bei Holzschwellen und Rundhölzern auch tut. Sie lassen sich auf diese Weise leichter einbauen und ausrichten, widerstehen besser den Angriffen des Windes und sehen auch besser aus, als auf Bandeisen montierte.

Andere Konstruktionen

In verschiedener Weise kann man auch Pfosten und Pfetten sowie Pfetten und Auflagehölzer miteinander verbinden. Meistens bestehen die Pfetten nur aus einem langen Balken, der auf den Köpfen der Pfosten liegt. Bei dieser Konstruktion sollte die Pfette ebenso stark sein wie die Pfosten, damit sie deren Stirnseite ganz bedecken. Zur größeren Stabilität werden Pfosten und Pfetten mit einem Zapfen, der sich am Kopf des Pfostens befindet, verbunden. Die Pfetten sind mit Löchern versehen, die die Zapfen aufnehmen. Durch die Pfette und den Zapfen wird anschließend ein Nagel geschlagen. Bei Pergolen aus Rundhölzern sind die Pfetten über den Pfosten ausgeklinkt und die Auflagehölzer dort, wo sie mit den Pfetten verbunden werden. Die verschiedenen Teile einer Pergola kann man auch mit Holzverbindern, wie man sie in Bastelmärkten bekommt, zusammenfügen. Sie sind entweder als Winkel geformt oder als gelochte Eisenbänder hergestellt, die man einfach über die zu verbindenden Hölzer legt und mit Schraubennägeln befestigt. Allerdings können diese Metallstücke störend wirken.

Rustikale Pergola aus Rundhölzern. Das Dach bilden die Glycinen.

Die Pfosten von Pergolen können auch aus Naturstein oder Ziegeln gemauert werden oder aus ganzen Gesteinssäulen (Monolithe) bestehen. Außerdem gibt es Betonsäulen und Stahlrohre als Pfosten. Bei Pergolen, die ans Haus anschließen, werden die Pfetten dort, wo sie an die Hauswand stoßen, an diese mit Dübeln angeschraubt. Bei Pergolen, die auf einer Mauer aufliegen, verläuft die hintere Pfette genau über dem Mauerkopf. Vorne ist der Pergolaaufbau von seitlichen Mauern oder Pfosten abgestützt.

Kletterhilfen für Pflanzen

Bei der Auswahl der Kletterpflanzen, die eine Pergola beranken sollen, muß man wissen mit welchen Organen sich die Pflanzen festhalten und emporklettern, um die richtigen Kletterhilfen anbringen zu können.
Efeu und Wilder Wein (hier nur die Sorte *Parthenocissus tricuspidata* 'Veitchii') brauchen keinerlei Kletterhilfe. Sie bilden Haftwurzeln und Haftscheiben, mit denen sie sich an den Pfosten der Pergola festsaugen. Die Pfeifenwinde (*Aristolochia durior*) windet sich um einen gespannten Draht oder eine dünne Stange. *Clematis* brauchen einen Maschendraht oder ein Holzraster, an dem sie sich emporranken können. Kletterrosen benötigen ebenfalls Spanndrähte oder Holzsprossen, an denen man ihre Triebe festbinden kann.
Wenn vorerst das nötige Kleingeld für eine Pergola fehlt, kann man sich vorübergehend auch mit einer provisorischen Pergola behelfen. Dies kann auch nützlich sein, um einen Eindruck darüber zu gewinnen, wie eine Pergola den jeweiligen Standort beeinflußt und verändert. Man besorgt sich eine beachtliche Menge Bohnenstangen von etwa 3–3,50 m Länge. Zu beiden Seiten des Sitzplatzes werden sie schräg zueinander aufgestellt, so daß sie sich an ihren oberen Enden überschneiden. In die Gabelung legt man ebenfalls Bohnenstangen. Schließlich werden die beiden sich gegenüberliegenden Gerüste durch quer aufgelegte Bohnenstangen miteinander verbunden. Man kann dieses einfache Gerüst auch gut mit einjährigen, sich windenden Pflanzen, wie zum Beispiel Kletterbohnen, Feuerbohnen und Trichterwinde, oder dem ausdauernden und schnellwachsenden Schlingknöterich (*Polygonum aubertii*) begrünen.

Ein rustikaler Rosenbogen aus alten Rundhölzern über dem Eingangsweg eines Kleingartens.

Der Boden in unserem Garten

In trockenem Zustand war der Boden auf unserem Grundstück hart wie Beton. Nach einem Regenguß bildeten sich große Pfützen, in denen das Wasser wochenlang stehenblieb. Es handelt sich demnach um einen stark lehmigen Boden in unserem Garten. Man hatte zwar den kostbaren Oberboden vor Baubeginn auf einige Haufen geschoben. Doch die darunterliegende lehmige, fast betonartige Schicht war umso mehr verdichtet. Es gab kaum eine Stelle, auf der nicht eine Baumaschine oder ein schwer beladener LKW herumgefahren war. Eine Situation, wie man sie auf vielen Baustellen antrifft.
Dieser festgefahrene und verdichtete Unterboden bildet meist das größte Problem bei der Bodenbearbeitung auf einer gärtnerischen Baustelle. Viele Bäume und Sträucher wurzeln zwar in der oberen Bodenschicht, jedoch mancher Baum und Strauch, manche Staude ist schon abgestorben, mancher Rasen vermoost, weil das Wasser durch diesen verfestigten Untergrund nur schwer abfließen kann. Die Wurzeln der Pflanzen ersticken und faulen in der lehmigen, wassergetränkten und sauerstoffarmen Schicht. Natürlich können in einem solchen Boden auch keine Regenwürmer, keine bodenfreundlichen Bakterien und keine Bodenpilze existieren. Dieser Boden ist tot. Wir mußten ihn erst einmal wieder lebensfähig machen. Dazu sollte man sich vor Augen halten, wie ein Boden überhaupt entsteht.

Die Geschichte des Bodens

Am Anfang war das nackte Gestein, könnte die Geschichte des Bodens beginnen. Das abfließende Regenwasser grub kleine Rinnen in die Steine, in denen es auch manchmal stehenblieb, im Winter gefror und einige Stücke von der Oberfläche absprengte. Im nächsten Frühjahr siedelten sich Moose und Flechten auf dieser rauhen Oberfläche an. Sie schützten den darunterliegenden Stein vor Sonne, hielten ihn feucht, breiteten sich aus, starben ab. Eine erste, hauchdünne Humusschicht war entstanden, auf der sich nun die ersten Gräser ansiedelten. Wenig später kamen einige blühende Kräuter hinzu, die ihren Samen ringsherum ausstreuten.
Haben Sie schon mal beobachtet, wo Birken überall wachsen? Manche Dachrinne haben sie schon verstopft, und auf manchem Flachbungalow würde ein kleiner Birkenwald wachsen, hätte man die Sämlinge nicht rechtzeitig entfernt. Die aus Flechten, Moosen, Gräsern und Kräutern entstandene Humusfläche ist für diese anspruchslosen Bäume gerade der richtige Nährboden. Hier und dort hatte ein Vogel etwas fallen lassen und damit Himbeeren und Brombeeren ausgesät, die ebenfalls gediehen und ein üppiges Gestrüpp bildeten. Mag sein, daß es auch schon Holunder gab, einige Erlen und Pappeln. Alle diese Bäume und Sträucher schütteten regelmäßig in jedem Herbst ihr Laub auf den Boden aus. Das Erdreich blieb feucht, und im Winter wurde die Wirkung des Frostes auf den Boden gemildert. Bodenpilze durchzogen die Laubdecke mit ihren Mycelen, zahlreiche Bakterien und Kleintiere, wie zum Beispiel Asseln oder Tausendfüßler und nicht zuletzt Regenwürmer, hatten sich inzwischen eingestellt. Die winzigen Insekten, Bakterien und Pilze machen sich zunächst einmal daran, die organische Masse zu zersetzen. Erst wenn die Blätter und Grashalme auf ein gewisses Maß zerkleinert sind, verarbeiten Regenwürmer sie weiter zu Erde. Diese Erde ist eigentlich Regenwurmkot, von Experten auch Losung genannt.
Doch wir Menschen fragen uns: Welchen Sinn hat dies alles? Was springt dabei letztendlich heraus? Nun, alle Planzen brauchen zum Leben Wasserstoff, Sauerstoff, Kohlenstoff, Stickstoff, Phosphor, Kalium, Kalk, Schwefel und Magnesium in großen Mengen. Man nennt diese Elemente deshalb auch Hauptnährstoffe. Mangan, Eisen, Bor, Molybden, Zink und Silizium vermögen, auch in kleinen Mengen, viel in der Pflanze zu bewirken. Man

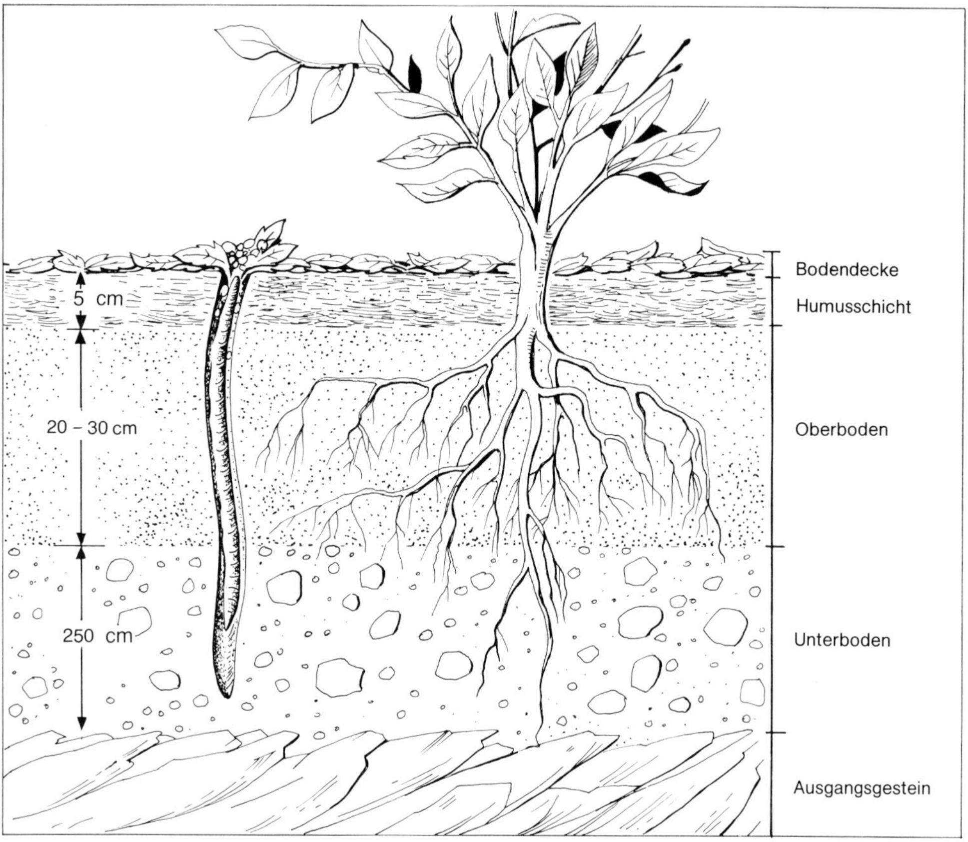

Die meisten Wurzeln wachsen in der Oberbodenschicht. Regenwürmer bahnen ihnen den Weg in tiefere Schichten.

nennt sie Spurenelemente. Wasserstoff, Sauerstoff, Kohlenstoff und Stickstoff liefert die uns umgebende irdische Atmosphäre. Die anderen genannten Nährstoffe sind in dem Gestein enthalten, aus dem unser Boden entstanden ist. Sie werden durch die Wurzeln der Pflanzen aufgenommen und über die tote pflanzliche Substanz wieder an den Boden zurückgegeben. Doch in dieser Form können die lebenden Pflanzen mit der nährstoffhaltigen organischen Substanz noch nichts anfangen. Sie können mit ihren Wurzeln nur Nährstoffe in Ionenform aufnehmen. Die Lebewesen des Bodens, angefangen von Pilzen, Bakterien und Asseln bis zum Regenwurm, zerlegen die toten pflanzlichen Materialien in ihre mineralischen Ausgangsstoffe, die dann wieder der lebendigen Pflanzenwelt zur Verfügung stehen. Der Kreislauf ist somit geschlossen.

Blätter und abgestorbene Halme und andere tote Pflanzenteile sind also Nahrung für die Lebewesen im Boden. Je mehr ihnen davon zur Verfügung steht, desto stärker vermehren sie sich, umso aktiver können sie sein. Sie vermischen auch tiefer gelegene Bodenschichten mit der organischen Masse und arbeiten die Nährstoffe dort ein. Von den Regenwürmern gibt es zwei verschiedene Arten: den Tauwurm (*Lumbricus terrestis*) und den Kompost- oder Mistwurm (*Eisenia foetida*). Der Kompostwurm lebt vorzugsweise in verrottender toter Pflanzenmasse. Der Tauwurm lebt im Boden. Er dringt bis zu 2 m Tiefe vor. Bis zu dieser Tiefe zieht er nicht nur halbverrottetes Pflanzenmaterial, das er von der Oberfläche holt, sondern kleidet seine Gänge auch mit seinem Kot, also der Regenwurmlosung, aus. Diese Losung enthält fünfmal soviel Stickstoff, siebenmal soviel Phosphor, elfmal soviel Kalium und zweimal soviel Magnesium wie der sie umgebende Boden. Außerdem sorgt der Tauwurm für eine ausreichende Durchlüftung des Bodens. Die Wurzeln der Pflanzen können sich auf diese Weise tiefer in den Boden vorwagen. Dem Ausgangsgestein in der Tiefe werden mehr Nährstoffe abgerungen, die die Pflanzen durchlaufen und über das Herbstlaub oder Gras vor allem in den obersten 30–40 cm des Bodens eingelagert werden. Diese Schicht nennt man Oberboden oder, gebräuchlicher Mutterboden. Darunter liegt das bereits verwitterte und teilweise mit Humus durchsetzte Ausgangsgestein, der Unterboden, und ganz unten schließlich das noch unverwitterte Ausgangsgestein. So ist also im Laufe von Jahrzehnten und Jahrhunderten ein wohlgeordnetes System mit miteinander verbundenen Bodenschichten entstanden, in denen Kleintiere und Mikroorganismen leben, die Nährstoffe für unsere Pflanzen erschließen. Bodenkundler und Gartenfachleute sprechen nicht umsonst von einem »gewachsenen Boden«.

Wege zu einem guten Boden

Der gewachsene Bodenaufbau wird auf der Baustelle zerstört. Radikal reißen Maschinen die kostbare obere Bodenschicht mitsamt ihrer schützenden Humusauflage von der zweiten, der Unterbodenschicht, herunter, bringen sie durcheinander und schieben sie auf meistens viel zu hohe Haufen, in deren Inneres monatelang weder Wasser noch Luft eindringen und wo keine Lebewesen existieren können. Die Oberbodenmieten sollten also weder zu hoch noch zu breit angelegt werden. 1,20 m Höhe und 3 m Breite sollten als Maximum gelten. Der Boden sollte auch nicht der Sonne ausgesetzt und nackt daliegen, sondern mit Stroh, Heu, Grasschnitt oder ähnlichem abgedeckt werden. Oder man sät eine Gründüngungsmischung darauf aus, von der in diesem Kapitel noch an anderer Stelle die Rede sein wird.

Wenn das Haus fertig ist, reicht es bei weitem nicht aus, den Oberboden einfach über die untere Schicht zu decken. Die Verbindung zwischen den Bodenschichten muß wieder hergestellt werden. Für denjenigen, der seinen Garten selber anlegt, bedeutet dies Knochenarbeit. Denn er muß die Unterbodenschicht zumindest umgraben. Bei extremen Böden genügt meistens noch nicht einmal das. Man hebt in diesem Fall jeweils einen Graben von Spatenstichtiefe aus, gräbt dessen Sohle um und schaufelt ihn mit dem Aushub des nächsten Grabens zu. Darüber wird schließlich der Oberboden verteilt. Je gründlicher und tiefer der Boden gelockert ist, desto tiefer können Bäume und Sträucher mit ihren Wurzeln eindringen, desto leichter haben es die Regenwürmer, auch tiefere Schichten mit Humus zu durchsetzen.

Wer nicht die Kraft, die Zeit oder Geduld hat, diese Arbeit von Hand zu tun, kann sie auch von einer Maschine besorgen lassen. Ein Bagger ist die einzige große Maschine, mit der man seinen Gartenboden ruhigen Gewissens

Bodenprofil mit dünner Oberbodenschicht.

planieren lassen kann. Denn mit seinen Gummirädern verdichtet er das Erdreich bei weitem nicht so stark, wie zum Beispiel eine Planierraupe mit ihren schweren Eisenketten. Mit seinem langen Arm kann ein Bagger eine Menge Erde lockern und bewegen, ohne viel im Garten herumfahren zu müssen.

Die Wiederbelebung des Bodens

Zunächst ließen wir unseren Bagger mit seiner Schaufel tief in den Boden greifen, so tief wie zwei Spatenstiche. Mit den Zähnen seiner Schaufel durchbricht er mühelos die harte Kruste des Unterbodens, läßt dieses Werkzeug tief im Boden verschwinden, reißt es dann ruckartig heraus, um die groben Schollen locker herabfallen zu lassen. Mancher große Stein und mancher Unrat vom Bau tritt dabei zutage. Wir hielten Schubkarre und Krail bereit, um solche Fremdkörper sogleich aus dem gelockerten Unterboden zu fischen. Kleine Steine sollte man übrigens getrost im Boden lassen. Sie lockern sein Gefüge auf.

Anschließend brachte unser Bagger Schaufel für Schaufel voll Oberboden heran und breitete ihn auf dem vorher gelockerten Unterboden aus. Der auf einen Haufen zusammengeschobene Oberboden befand sich im hinteren Teil des Gartens, etwa dort, wo sich heute die beiden Hügel treffen. Der weiteste Weg reichte von diesem Ort bis in den Vorgarten. Er ließ sich nicht vermeiden. Unser Bagger begann also im Vorgarten, den Boden mit den Zähnen seiner Schaufel aufzureißen, soweit sein langer Arm reichte. Dann fuhr er zum Oberbodenhaufen und holte Schaufel für Schaufel, um sie über dem gelockerten Unterboden zu entlee-

Von oben nach unten:

Verdichteter Unterboden wird mit der Baggerschaufel aufgerissen.

Ohne viel herumzufahren kann der Oberboden mit dem Bagger im Garten verteilt werden.

In einem Arbeitsgang mit dem Oberbodenauftag werden die zuvor abgesteckten Hügel modelliert.

ren. Anschließend nahm er sich die zweite Hälfte des Vorgartens vor, wo er in gleicher Weise vorging. Im dritten Abschnitt bearbeitete er schon die Fläche vor der Ostseite des Hauses. Und als er erst einmal im hinteren Bereich, dem eigentlichen Wohngarten, angelangt war, brauchte er kaum noch herumzufahren, sondern konnte einen großen Teil der Arbeiten von einem Standort aus besorgen. Eine Planierraupe muß dagegen immer an die Stelle heranfahren, an der sie den Oberboden ausbreitet. Unser Bagger hat sich langsam rückwärts aus dem Garten herausgearbeitet, so daß er nicht mehr über den gelockerten Boden zu fahren brauchte.

Wenn es sich nicht vermeiden läßt, mit der Schubkarre über den Oberboden zu fahren, sollte man auf jeden Fall Bohlen auslegen, damit der Boden nicht so stark verdichtet wird.

Unser Gartenarchitekt hatte drei Hügel in unseren Garten eingeplant: einen am südlichen Ende des Gartens mit einer Höhe von 75 cm und einen zweiten mit 50 cm Höhe an der westlichen Grenze des Gartens. Außerdem modellierten wir eine etwa 30 cm hohe Bodenwelle im Vorgarten. Wir haben diese Hügel mit Holzpflöcken, deren Köpfe rot angestrichen wurden, in ihren Umrissen und Höhen abgesteckt. Auch den Fuß der Böschung vor der Terrasse markierten wir mit diesen Pflökken. Nach ihnen konnte der Baggerfahrer in einem Arbeitsgang auch die Hügel modellieren. Allerdings reichte unser Oberboden nicht ganz aus. Und es war nicht leicht, Nachschub zu bekommen. Denn gerade im Frühjahr und Herbst ist die Nachfrage nach Oberboden sehr groß. Man telefoniert von Fuhrunternehmen zu Fuhrunternehmen – ohne Erfolg. Leichter bekommt man den Oberboden im Winter oder Sommer. Im Winter ist der Boden im Garten jedoch meistens so naß, daß man ihn kaum ordentlich verteilen kann, im Sommer wird das ohnehin schon stark lädierte Bodenleben von der Sonne völlig ausgedorrt. Bleibt nur noch die Möglichkeit, den Boden im Winter anfahren zu lassen, jedoch im nächsten Frühjahr erst zu verteilen. Nicht immer hat man die Möglichkeit, den Oberboden vorher an Ort und Stelle zu begutachten. Manchmal bekommt man sehr großklumpige Erde, die sich im Garten nur schwer verteilen läßt. Man kann sie auch später nur sehr mühevoll bearbeiten. Leichter geht's mit sandigem Boden, mit dem man einen bereits vorhandenen schweren Boden ein wenig verbessern kann. Ideal ist dagegen ein krümeliger Boden, der sich zwar mit den Händen ein wenig formen läßt, aber auch zu Krümeln zerfällt. Wenn der gesamte Oberboden an der Oberfläche verteilt ist, beginnt die Feinarbeit. Das bedeutet nicht, daß man den Boden gleich fertig zum Pflanzen herrichten müßte. Besser ist es sogar, ihn einige Wochen, Monate, vielleicht sogar ein ganzes Jahr liegen zu lassen. Locker aufgeschüttetes Material kann sich setzen, so daß man den Boden später noch etwas nachplanieren kann. Außerdem muß sich die völlig durcheinandergebrachte Welt der Bodenlebewesen ein wenig einpendeln. Meistens war dort, wo Neubausiedlungen entstehen, vorher Acker- oder Wiesenland. Die Äcker wurden über Jahre und Jahrzehnte reichlich, oft viel zu reichlich gedüngt und sind meistens zu stark mit Stickstoff angereichert. Im Wiesenboden ruht der Samen zahlreicher Wildkräuter, der nun, an die Oberfläche gebracht, keimt, und aus dem manches wildwuchernde Unkraut heranwächst, über das man später nur schwer die Herrschaft gewinnt.

Die Gründüngung

Der Boden sollte aber auch niemals nackt liegenbleiben. Allzuschnell würde er von der Sonne ausgetrocknet und vom Regen verschlämmt werden. In einem solchen Boden könnten auch keine Regenwürmer existieren. Er wäre tot. Deshalb sollte man ihn sobald wie möglich bedecken, und zwar mit Gründüngung. Es handelt sich dabei um krautige Pflanzen, die zu den Familien der Leguminosen und Kreuzblütler gehören. Man sät sie meistens als Mischung aus. Sie alle haben den Vorteil, daß ihre Samen sehr schnell keimen und die Pflan-

zen damit den Boden nach kurzer Zeit beschatten. Außerdem lockern sie ihn mit ihren Wurzeln. Die Wurzeln vieler Gründüngungspflanzen können eine Tiefe von 1,50 bis zu 2 m im Boden erreichen. Man mäht sie, noch bevor sie Samen bilden können, arbeitet sie in die oberste Bodenschicht ein oder läßt sie als schützende Mulchdecke auf der Oberfläche liegen, um sie später in den Boden zu bringen. Daraus ergibt sich ein weiterer Vorteil. Der Boden wird nämlich mit organischer Masse und damit mit dem wichtigen Pflanzennährstoff Kohlenstoff angereichert. Natürlich ernährt diese Pflanzenmasse auch die zahlreichen Lebewesen des Bodens. Sie verarbeiten die Pflanzenmasse und vermischen sie mit den Bestandteilen des Bodens. Auf diese Weise entstehen viele kleine Bodenkrümel, die aus Humus, Lehm und Sand bestehen und in der Lage sind, ein hohes Maß an Wasser und Nährstoffen zu speichern. Die Nährstoffe können dadurch auch nicht in tiefere Bodenschichten ausgewaschen werden. Zwischen den Krümeln kann überschüssiges Wasser nach einem Regenguß in tiefere Bodenschichten zum Grundwasser abfließen und Luft hindurchstreichen, was für das Wurzelwachstum und die Nährstoffaufnahme besonders wichtig ist. Nährstoffe erschließen die Gründüngungspflanzen mit ihren tiefreichenden Wurzeln auch in den unteren Bodenschichten und befördern sie an die Oberfläche.

Leguminosen, zu denen Lupinen, Erbsen, Bohnen und Wicken gehören, leben in Symbiose mit den sogenannten Knöllchenbakterien. Unter Symbiose versteht man die Lebensgemeinschaft von zwei Lebewesen, bei der beide voneinander profitieren. Die Knöllchenbakterien siedeln sich an den Wurzeln der Gründüngungspflanzen an und sammeln den

Von oben nach unten:

Samenmischung für die Gründüngung aus Leguminosen, Kreuzblütlern und *Phacelia.*

Der Samen der Gründüngungspflanzen wird breitwürfig auf dem gelockerten Boden ausgestreut.

Schließlich werden die Samenkörner leicht in die oberste Bodenkrume eingearbeitet.

in der Bodenluft enthaltenen Stickstoff. Sie führen ihn der Wirtspflanze zu, die ihn als Hauptnährstoff zum Leben benötigt. Wenn man nun die Pflanzen mäht und in den Boden einarbeitet, reichert man den Boden auf diese Weise mit stickstoffhaltiger organischer Substanz an.
Kreuzblütler, wie zum Beispiel Senf oder Ölrettich, leben dagegen nicht mit Knöllchenbakterien in Symbiose. Sie sammeln deshalb auch keinen Stickstoff, sondern verbrauchen ihn. Diese Pflanzen sollte man säen, wenn man es mit einem nachweislich überdüngten Ackerboden zu tun hat. Eine durch ein landwirtschaftliches Institut durchgeführte Bodenanalyse gibt darüber Aufschluß. Kreuzblütler haben außerdem alle oben genannten Vorteile der Gründüngung. Um einen Überschuß an Nährstoffen abzubauen, kann man im ersten Jahr auch Kartoffeln, Kürbis, Gurken oder Zucchini anbauen. Der Stickstoff, den diese Pflanzen aus dem Boden aufnehmen, wird vor allem in den Blättern eingelagert, in Pflanzenteilen also, die wir nicht verzehren. Die Früchte enthalten also nicht zuviel an gesundheitsschädlichen Nitraten.
Schön und nützlich zugleich sind Tagetes und Ringelblumen. Man sät sie weniger wegen der Düngung, sondern um Nematoden im Boden abzuwehren, die an den Wurzeln mancher Pflanzen Schaden anrichten. Im Fachhandel werden heute verschiedene Gründüngungsmischungen für unterschiedliche Böden angeboten. Kreuzblütler sollte man im Gemüsegarten allerdings nicht aussäen, wo später Kohl gepflanzt wird. Alle Kohlarten gehören ebenfalls zur Familie der Kreuzblütler. Die Gefahr, daß Kohlhernie (eine gefährliche Pflanzenkrankheit, die den Kohl befällt) übertragen wird, ist sehr groß. Nun sollte man aber nicht glauben, daß Pflanzen, die man eigens zur Bodenverbesserung anbaut, auf unvorbereitetem Boden so einfach gedeihen. Auch für eine Gründüngungssaat muß der Boden feinkrümlig hergerichtet und mit Mitteln, die seine Oberflächenstruktur verbessern, angereichert werden. Fachleute empfehlen sogar eine leichte Düngung mit einem organischen Volldünger.

Gründüngung mit gelben Lupinen. Die Knöllchenbakterien an ihren Wurzeln sammeln Stickstoff.

Mit der Sense wird die Gründüngung gemäht.

Torf und Stallmist

Wer das Glück hat, von einem Bauern Stallmist zu bekommen, sollte von dieser Möglichkeit unbedingt Gebrauch machen. Er enthält viele Nährstoffe, Regenwürmer (genau genommen Mistwürmer) und ist feucht. Natürlich sollte er gut abgelagert sein. In der Stadt ist allerdings Torf am besten zu bekommen. Die Torfindustrie bietet ihn heute in unterschiedlicher Aufbereitung für verschiedene Böden und Verwendungszwecke an. Man kann sich im Fachhandel darüber informieren. Man sollte wissen, daß Torf überhaupt keine Nährstoffe enthält. Wer zusätzlich düngen will, sollte sich einen Volldünger auf Hornspanbasis besorgen. Torf senkt übrigens auch den pH-Wert des Bodens, wenn man ihn in größeren Mengen einarbeitet. Der Boden unseres Redaktionsgartens hat einen pH-Wert von 6,5 bis 7. Wir arbeiteten dennoch Torf ein, weil wir keine wesentliche Absenkung des pH-Werts unter den neutralen Bereich auf Dauer befürchteten. Torf verbessert die Krümelstruktur und trägt bei einem schweren Boden zur besseren Durchlüftung, bei einem leichten Boden zu einem besseren Wasserhaltevermögen bei. Man sollte ihn allerdings nie untergraben. In tieferen Schichten wird er von den Kleinlebewesen des Bodens weder verarbeitet noch mit dem Erdreich vermischt. Wir breiteten ihn dünn auf der Oberfläche aus und arbeiteten ihn mit einer Fräse in die obersten 10–15 cm ein. Wer sich keine Fräse ausleihen kann, hackt ihn mit einem Krail oder Kultivator in die obere Bodenschicht ein.

Manche Hausgärtner lassen sich einen Lastwagen voll Sand anfahren, um ihn einzuarbeiten und damit ihren schweren Boden durchlässiger zu machen. Erfolg hat dies aber nur, wenn man sehr große Mengen Sand einarbeitet. Bei zu geringer Menge werden die Sandkörner vom Lehm umschlossen, und der gewünschte Erfolg bleibt aus. Außerdem ist Sand ein totes Material. Die Lebewesen des Bodens können sich von ihm nicht ernähren. Seit einigen Jahren gibt es ein neues Material, mit dem man ebenfalls den Boden recht gut verbessern kann: Baumrinde. Dabei muß man Rindenmulch, Rindenhumus und Rindensubstrat streng voneinander unterscheiden. Im Rindenmulch sind noch die Gerbstoffe enthalten, die zu Lebzeiten der Bäume dort eingelagert wurden. Diese Gerbstoffe haben pflanzentötende (herbizide) Wirkung. Man breitet Rindenmulch deshalb gern unter Bäumen und Sträuchern aus, um den Unkrautbewuchs zu hemmen. Auch als Wegematerial läßt sich

Torfmull wird nur in die obere Krume eingearbeitet.

Mit der Fräse lockern wir die obere Bodenschicht.

Rindenmulch sehr gut verwenden. Rindenhumus ist heiß fermentiert und kompostiert. Die Gerbstoffe sind abgebaut, so daß man ihn in den Boden einarbeiten kann, wie Torf. Rindensubstrat ist zusätzlich mit Torf und Nährstoffen angereichert. Rindenhumus kann also an Stelle von Torf in die oberste Bodenschicht eingearbeitet werden. Er hat gegenüber Torf den Vorteil, daß sein pH-Wert im neutralen Bereich liegt. Somit bleibt auch der pH-Wert des Bodens unverändert, wenn man ihn einarbeitet.

Bodenuntersuchung und pH-Wert

Wer genauen Aufschluß über die chemische Beschaffenheit seines Bodens, also den pH-Wert und den Gehalt an Nährstoffen, vielleicht auch den Schadstoffen haben will, sollte Bodenproben entnehmen und an ein Bodenlabor einschicken.

Den pH-Wert kann man übrigens selber leicht und zuverlässig ermitteln. Dazu gibt es im Fachhandel chemisch und elektronisch funktionierende Meßgeräte. Bei den chemisch arbeitenden Geräten wird ein wenig von der entnommenen Probe in ein Glasröhrchen oder auf eine entsprechende Unterlage geschüttet und eine Indikatorflüssigkeit, manchmal in Verbindung mit destilliertem Wasser, dazugegeben. Nach wenigen Sekunden verfärben sich Erde und Flüssigkeit. Der Farbton wird mit einer Farbskala verglichen, auf der die Werte eingetragen sind. Teurer ist ein elektronisch funktionierender pH-Meter. Sein Vorteil besteht jedoch darin, daß man ihn überall in den Boden stecken und sofort den pH-Wert des Bodens an dieser Stelle ablesen kann. Unter pH-Wert (lateinisch *potentia hydrogenii*) versteht man übrigens das Maß für die Wasserstoffionenkonzentration in der Bodenlösung. So ist dieser Begriff in einem wissenschaftlichen Bodenkundebuch definiert. Einfacher ausgedrückt, sagt der pH-Wert aus, ob ein Boden sauer, also kalkarm, oder alkalisch, also kalkhaltig, ist. pH 4 kennzeichnet einen stark sauren, pH 8 einen alkalischen Boden, bei pH 7 ist die Bodenreaktion neutral. Im schwachsauren bis neutralen Bereich von pH 6 bis 7 gedeihen die meisten unserer Gartenpflanzen am besten. Eine Ausnahme sind die sogenannten Moorbeetpflanzen, wie Rhododendren, Azaleen, Heidekraut und einige Gräser, die sich in einem sauren Boden mit pH 4 bis 5 wohlfühlen.

Der Reaktionsgrad des Bodens, durch den pH-Wert ausgedrückt, hat also eine Schlüsselfunktion. Von ihm hängt die Aufnahmefähigkeit der Pflanzen an Nährstoffen ab. Wenn der pH-Wert im richtigen, meistens neutralen Bereich liegt, kann man oft schon darauf schließen, daß auch sonst genug Nährstoffe im Boden vorhanden sind und den Pflanzen zur Verfügung stehen. Nur dort, wo dem Boden durch intensive Kulturen Nährstoffe entzogen aber nicht in Form von Düngemitteln wieder zurückgegeben wurden, leiden die Pflanzen unter Mangelerscheinungen. Mit Kalk kann man den pH-Wert übrigens anheben, mit Torf senkt man ihn. Meistens muß der pH-Wert angehoben werden.

Wer es allerdings ganz genau wissen will, wieviel der Boden von jedem Hauptnährstoff enthält, sollte eine Bodenprobe an ein Untersuchungsinstitut der Landwirtschaftskammer schicken. Man sticht dazu an zehn Stellen pro 100 m² jeweils eine ziegelförmige Erdscholle aus und legt sie zur Seite. Mit einem Eßlöffel streift man die Erde nun von unten nach oben an der Wand des Loches ab. Alle auf diese Weise entnommenen Einzelproben werden miteinander vermischt, damit man einen guten Durchschnitt des Bodens erhält. Die eingesandte Menge sollte mindestens 1 kg betragen. In einem Begleitbrief gibt man an, was auf diesem Boden vorher gewachsen ist und was künftig darauf angebaut werden soll. Von dem Institut erhält man eine genaue Nährstoffanalyse und entsprechende Düngeempfehlungen. Diese Labors sind in die Landwirtschaftlichen Untersuchungs- und Forschungsanstalten (LUFA) integriert, also staatlich geführt. Wo sich ein solches Institut befindet, erfährt man bei den Landwirtschaftsämtern und den Außenstellen der Landwirtschaftskammern.

Vom Bauschutt zum Boden

Richtige Kompostwirtschaft

Nirgendwo läßt sich Recycling besser, leichter und erfolgreicher verwirklichen, als im eigenen Garten. Unkräuter (die man eigentlich Wildkräuter nennen sollte), Laub, Rasenschnitt, abgeerntete Gemüsepflanzen, Salatblätter und Kaffeesatz sind Rohstoffe für den Komposthaufen. Eine sorgfältige Kompostwirtschaft ist für die Pflege des Gartenbodens unerläßlich.

Ein Garten ist ja eine von Menschen mit ganz bestimmten Absichten und Zielsetzungen angelegte und gesteuerte Einheit. Das zuvor beschriebene System des Nährstoffkreislaufs, bei dem alles, was die Pflanzen dem Boden entziehen, über die abgestorbene Pflanzensubstanz dem Erdreich zurückgegeben und von den darin lebenden Organismen wieder in ihre mineralischen Ausgangssubstanzen zerlegt wird, unterbrechen wir Gärtner zunächst einmal. Das Gemüse wird geerntet, die darin enthaltenen Mineralstoffe gehen dem Boden zunächst einmal verloren. Der Rasen wird gemäht und das abgeschnittene Gras abgeharkt. Schließlich jäten wir Unkraut, um den von uns bevorzugten Gehölzen, Stauden, Sommerblumen und Gemüsepflanzen bessere Lebenschancen einzuräumen.

Auf diesem Erdball geht kein Rohstoff verloren. Wenn aber Kohle und Erdöl in wenigen Jahrzehnten verbrannt werden, so dauert es Millionen von Jahren, bis sich diese Stoffe neu im tiefen Innern unserer Erde gebildet haben. Ganz abgesehen davon, daß die Wälder in unserer verkultivierten Landschaft keine Chance mehr haben, in Sumpf und Moor zu versinken und sich über verschiedene Inkohlungsstufen in diese wertvollen, energieliefernden Rohstoffe zu verwandeln.

Von oben nach unten:

Alle Garten- und Küchenabfälle werden in der Kompostbox gesammelt.

Bevor die Abfälle aus der Kompostbox auf einen Haufen gesetzt werden, lockert man den Boden.

Laub, Grasmulch oder Heckenschnitt schützen den Komposthaufen vor Verdunstung und Frost.

Im Garten schließt sich der Kreis schneller; wenn man es richtig lenkt, schon innerhalb eines Jahres. Voraussetzung ist, daß alle Abfälle pflanzlicher Herkunft nicht in die Mülltonne wandern, sondern dem Komposthaufen zugeführt werden. Dort sammelt man sie zunächst einmal. In einem kleinen Garten empfiehlt sich eine Kompostbox aus imprägnierten Brettern, die man mit Anwachsen der Abfälle aufeinandersetzen kann. Man sollte sie locker in diese Box werfen, also nicht zusammendrücken. Zunächst finden chemische Umwandlungsprozesse in den Abfällen statt. Die eigentliche Rotte beginnt aber erst, wenn diese Abfälle auf eine Kompostmiete gesetzt wurden. Man tut dies am besten zur warmen Jahreszeit, damit sich der Komposthaufen schnell erwärmen kann. Er sollte nicht breiter als 1,20 m und nicht höher als 80 cm aufgeschichtet werden. Die Länge des Komposthaufens kann beliebig sein. Zunächst wird der Boden unter dem künftigen Komposthaufen gelokkert. Darauf breitet man eine etwa 10–15 cm dicke Schicht Reisig aus. Der Haufen drückt auf diese Weise nicht auf den Boden, und durch das gelockerte Erdreich haben die Regenwürmer einen leichteren »Einstieg« in den Kompost. Nun gibt es eine Menge Rezepte, wie man einen solchen Haufen schichten kann. Für den Anfänger ist es am einfachsten und wirkungsvollsten, alle Abfälle miteinander zu vermischen und locker aufzuschichten. Die Oberfläche wird schließlich mit Grasschnitt, Stroh oder Laub abgedeckt. Um die Rotte zu beschleunigen, gibt es im Fachhandel einige Zusätze, die man mit den Abfällen vermischt.

Biologische Verfahren

Eine Besonderheit unter den Kompostzusätzen sind die Präparate aus dem biologisch-dynamischen Gartenbau. Es handelt sich dabei um die Blüten von Kamille, Schafgarbe, Löwenzahn, die Blätter der Brennessel und Eichenrinde, die auf geheimnisvolle Weise in Kuhhörnern und tierischen Organen in den Boden eingegraben und eine gewisse Zeit fermentiert wurden. Man stößt mit einem Schaufelstiel fünf Löcher in den Komposthaufen und

Ein gut getarnter und beschatteter Kompostplatz.

streut einen Teelöffel eines jeweils anderen Präparats in jedes Loch. Anschließend werden die Löcher verschlossen. Dann gibt man eine winzige Menge eines Baldriansafts in einen Eimer Wasser, rührt das Ganze 5 Minuten lang und versprüht es über dem Komposthaufen. Diese »Impfung« wird ein bis zweimal im Abstand von 2–3 Monaten wiederholt. Nach etwa einem dreiviertel Jahr ist aus den Abfällen eine lockere, nach Waldhumus riechende Erde geworden. Die biologisch-dynamischen Kompostpräparate bekommt man in ehrenamtlich geführten Verkaufsstellen der biologisch-dynamischen Arbeitsgemeinschaften.

Der Diplomlandwirt und Altmeister des biologischen Gartenbaus, Heinz Erven, hat einen sogenannten Regenwurmwanderkasten erfunden. Es handelt sich dabei um einen 70 cm tief in den Boden gemauerten Behälter, dessen Außenwände aus Betonplatten bestehen. Er ist 2 m lang und 2 m breit. In der Mitte ist er durch eine Mauer aus Gitterziegeln in zwei gleichgroße Räume geteilt. Mit Gitterziegeln ist auch der Boden des Wurmkastens ausgelegt. Mit einem Deckel aus Schwartenbret-

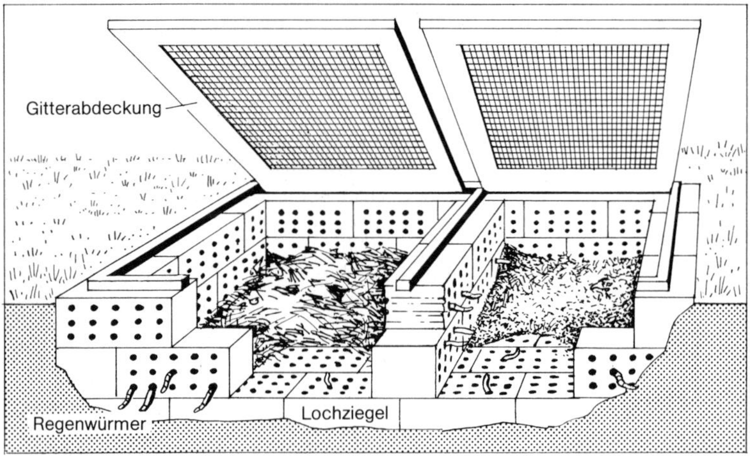

Der Regenwurmwanderkasten: Wenn die Regenwürmer die Abfälle der ersten Kammer zu Erde verwandelt haben, wandern sie in die benachbarte Kammer, um dort ihr Werk fortzusetzen.

tern, dessen Unterseite mit Maschendraht bespannt ist, wird der Kasten verschlossen. So können keine Mäuse ins Innere dieses Behälters dringen. Eine Kammer wird nun mit Abfällen gefüllt, in die man bald Regenwürmer einsetzt. Man kann Kompostwürmer, unter anderem den besonders aktiven Tennessee-Whiggler, in Regenwurmfarmen bekommen. Sobald eine Kammer gefüllt ist, nimmt man einen Teil der angerotteten Abfälle mitsamt den sich darin befindlichen Regenwürmern heraus, breitet dies in der noch leeren Kammer aus und gibt neue Abfälle dazu.
Auch die Regenwürmer aus der gefüllten Kammer können durch die Gitterziegel übersiedeln. Die teilweise verrotteten Abfälle mit einem gehörigen Anteil an Regenwürmern kann man entnehmen, um den Komposthaufen zu impfen.

Die Heißkompostierung
Ein anderes Verfahren ist die Heißkompostierung. Hierbei kommen die Abfälle in einen Blechbehälter, der von der Sonne erhitzt wird. Die Abfälle verrotten auf diese Weise schnell. Bei diesem Verfahren werden Unkrautsamen und schädliche Pilze abgetötet.

Wann ist Kompost fertig?
Gebrauchsfertig ist der Kompost, wenn die Abfälle gänzlich zu Erde verrottet sind. Man löst die Erde mit dem Krail aus dem Komposthaufen und kann sie auf dem Gartenboden verteilen. Für Saatbeete sollte man sie vorher durch ein Sieb werfen.

Bodenbedeckung und Mulchen

In der Natur liegt der Boden nie unbedeckt da. Er ist immer entweder durch Pflanzen oder Laub bedeckt. Auf diese Weise bleibt er gleichmäßig feucht und ist vor extremen Temperaturschwankungen geschützt. Nur so kann sich das Bodenleben bestens entfalten, zu Gunsten unserer Pflanzen. Deshalb sollte es auch im Garten keinen Fleck geben, der längere Zeit ungeschützt Sonne, Wind, Platzregen und Frost ausgesetzt ist. Unter Bäumen und Sträuchern muß das Laub unbedingt liegenbleiben. Man kann es sich sogar einfach machen und das Herbstlaub von Gartenwegen und Rasen unter die Gehölze kehren. Anschließend beschwert man es mit einer dünnen Schicht Komposterde, damit das Laub nicht vom Wind weggeweht wird. Im Sommer kann man das abgeschnittene Gras des Rasens auf die freien Flächen unter Bäumen und Sträuchern decken. Man nennt dieses Verfahren Mulchen. Den Grasschnitt sollte man nach dem Mähen einige Zeit liegenlassen, bis er leicht angetrocknet ist, denn frisches Gras kann leicht zu einer schmierigen Schicht verkleben, die nur schlecht Luft durchläßt. Mulchen sollte man auch zwischen den Gemüsereihen, sobald die Pflanzen einigermaßen groß sind. Im Staudengarten läßt sich dagegen nicht mulchen. Denn eine Mulchdecke unterdrückt das Pflanzenwachstum. Bei Unkraut ist uns dies willkommen, bei den Stauden nicht. Aber eine gute Staudenpflanzung bedeckt ohnehin den Boden während der Vegetationsperiode ausreichend. Im Winter kann sie mit Komposterde oder Reisig abgedeckt werden, wenn dies nötig sein sollte. Freiliegenden Boden kann man vorübergehend bedecken, indem man Sommerblumen darauf aussät oder pflanzt.

Es ist schon ein mühsames Stück Arbeit, ein Baustellengrundstück in ein fruchtbares Stück Gartenland zu verwandeln, es erfordert viel Ausdauer und Geduld. Aber die Mühe lohnt sich. Nach ein, zwei Jahren kann man erste Erfolge verzeichnen und hat durch eine sorgfältige Bodenpflege auch manchen Sack Dünger gespart.

Eine Mulchdecke aus Gras hält den Boden feucht.

Gehölze in der Landschaft

Beispiel einer Sukzession

Bei einer »Sukzession« handelt es sich um die Folge verschiedener, immer anspruchsvollerer Pflanzengesellschaften, an deren Ende der Wald steht. Dazu ein Beispiel: Nachdem ein Laubmischwald, in dem hauptsächlich Eichen und Buchen wuchsen, kahlgeschlagen wurde, siedelt sich auf dem von der Sonne erwärmten Boden Fingerhut an. Die Fingerhüte wachsen nicht allein dort, aber sie dominieren zwischen anspruchslosen Gräsern und anderen Kräutern. Die Fingerhüte sterben ab, nachdem sie ihren Samen aufs neue ausgestreut haben und reichern den Boden mit ihrer organischen Masse an. Irgendwann schlängelt sich die erste Himbeerrute durch die Fingerhüte. Bald beherrschen die Himbeeren die kahlgeschlagene Fläche, und es dauert nicht lange, bis der Boden von zahlreichen Birkensämlingen bedeckt ist. Die Birken wachsen schnell zu einem ersten Wald heran, beschatten den Boden und schützen ihn damit vor Verdunstung. Durch ihr lockeres Zweig- und Blattwerk lassen sie aber soviel Licht hindurch, daß auch andere Gehölze unter ihren Kronen gedeihen können, vor allem, wenn sie im Laufe einiger Jahre mit ihren herabgefallenen Blättern die zahlreichen Lebewesen des Bodens ernährt haben. In ihrem lichten Schatten wachsen nun Ahorn, Esche und nicht zuletzt Eiche und Buche heran. Diese Bäume drängen die Birken im Laufe von Jahren und Jahrzehnten auf ein gewisses Maß zurück und bilden den eigentlichen Wald. Dies ist nur ein Beispiel einer Sukzession. Je nach Boden und Klima entwickelt sich die Folge der Pflanzengesellschaften immer etwas anders. In einem von Menschen unbeeinflußten Wald wachsen aber nicht nur Bäume, sondern unter dem Dach der Kronen auch zahlreiche Sträucher, Kräuter, Farne und Gräser. Wo am meisten Licht hinfällt, wie zum Beispiel auf eine Waldlichtung oder an den Rand des Waldes, ist die Vegetation am üppigsten und reichhaltigsten.

Ein Beispiel für die Sukzession nach einem Kahlschlag.

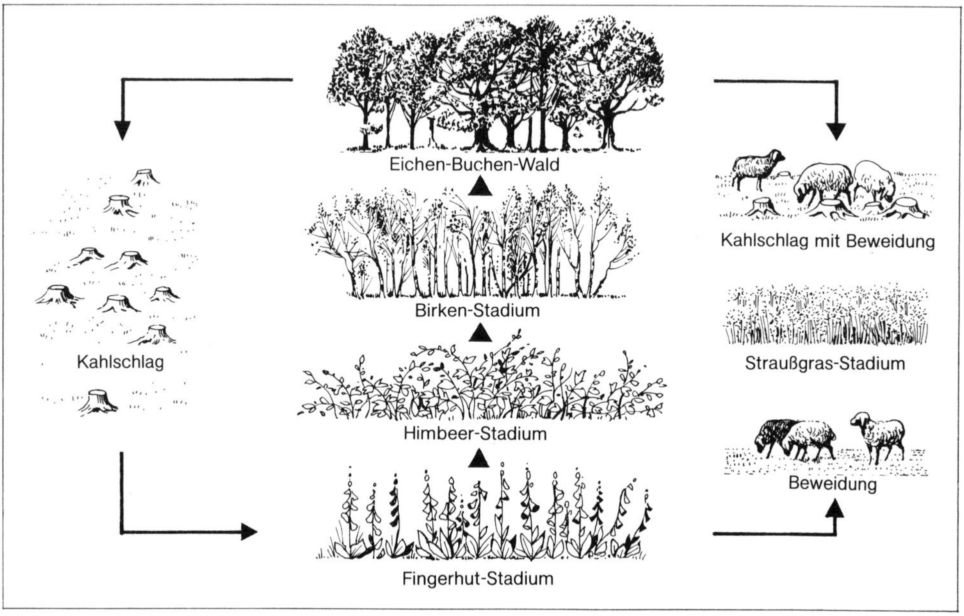

Beim natürlichen Waldrand gehen Baum- und Strauchschicht in Kraut- und Grasschicht über.

Der Waldrand als Vorbild

Diese Situation dient bei der Gestaltung unseres Gartens als Vorbild. Dieser nachgestaltete Waldrand kann sich entweder an eine vorhandene Bepflanzung auf dem Nachbargrundstück anlehnen, aber auch an eine Wand oder einen Zaun. Diese Möglichkeit sollte jeder bedenken, der sich über eine Gehölzpflanzung des Nachbarn ärgert. Mit ein wenig gestalterischem Geschick läßt sie sich als Kulisse für die eigenen Gehölze verwenden. Der »Waldrand« kann auch nach zwei Seiten hin ausgebildet sein. Dann werden die hohen Bäume in die Mitte gepflanzt. Sie stehen stellvertretend für den Wald. Die etwas niedrigeren Gehölze lehnen sich von beiden Seiten an die hohen hohen Bäume an. Es handelt sich dabei um größere Sträucher, die blühen und eventuell Früchte tragen. Wildrosen oder Strauchrosen können in dieser Schicht wachsen, ebenso Weißdorn, Rotdorn, Feuerdorn, Zierjohannisbeeren, Falscher Jasmin, Deutzien, Weigelien oder die bekannten Forsythien. Die Auswahl der Bäume und Sträucher, die man in den Baumschulen bekommt, ist wesentlich größer als die der genannten Gehölze. Es gibt eine Vielzahl von Gehölzen, die sich als höhere Sträucher an die Bäume eines nachgestalteten Waldrandes anlehnen können und die man nicht überall sieht. Vor die in lockeren unregelmäßigen Gruppen angeordneten großen Sträucher pflanzt man niedrige Gehölze oder höhere Stauden. Vor dem Hintergrund einer Gruppe Kiefern oder Eiben könnten zum Beispiel Polyantharosen und Rittersporne wachsen. Im Juni könnte der Goldfelberich sein leuchtendes Gelb in den Gartenraum schicken oder Rudbeckien und Herbstastern das Blütenjahr ausklingen lassen.

Schließlich kommt die niedrige Schicht aus Kräutern und Gräsern, die an die Grasschicht (den Rasen) anschließt. Von den kleinen Gehölzen gedeihen im lichten Schatten der Ysander, das Immergrün oder Johanniskraut, in der Sonne die Schleifenblume oder einige Stauden, zum Beispiel Iris oder Storchschnabel. Auch Gräser, wie zum Beispiel Blaustrahlhafer, Blauschwingel oder Bärenfellgras, gehören in diese niedrige Pflanzengesellschaft.

Bäume und Sträucher

Gehölze brauchen Platz

Konsequent kann man eine solche Pflanzung nur in einem sehr großen Garten rundherum anlegen. Jeder Baum, jede Staude und jedes Gras braucht Platz, um ihren natürlichen Wuchs voll entfalten zu können. Gehen Sie einmal durch einen einigermaßen intakten Laubwald oder durch die Felder, an deren Rainen noch nicht alle Bäume und Sträucher im Rahmen der Flurbereinigung »wegbereinigt« wurden. Unsere gute alte, seit Jahrtausenden verehrte, manchmal ideologisch überstrapazierte deutsche Eiche ist am schönsten, wenn sie ganz allein auf einer Anhöhe steht und ein ganzes Volk von Kräutern und Gräsern unter den Armen ihrer ausladenden Krone versammelt hat. Nichts ist dagegen häßlicher als die Fichten unserer Nadelwald-Monokulturen, deren abgestorbenen Äste bis zu einer Höhe von mehr als 10 m ein dürres Gerippe hinterlassen, bevor die ersten grünbenadelten Zweige einen Schirm bilden. Eine von Jugend an frei aufgewachsene Fichte im erhabenen Alter von 60 Jahren kann dagegen ebenso schön sein wie eine alte Eiche, weil sie von Fuß bis Spitze mit dichtbenadelten grünen Zweigen besetzt ist. Alle Bäume und Sträucher entfalten sich am schönsten, wenn man ihnen genügend Raum gibt. Das gilt für den Haselnußstrauch, den Flieder, die Eberesche, den Wacholder, sowie für die Eibe, Kiefer, den Goldregen oder die Blutpflaume. Je freier sich die Bäume und Sträucher im Garten entfalten können, desto schöner sind sie und desto mehr können wir Menschen uns an ihnen erfreuen.

Die meisten unserer Grundstücke sind allerdings sehr klein. Wie soll man den Gehölzen auf der schmalen, ungünstigen Fläche eines Handtuchgartens den Bäumen und Sträuchern den Platz einräumen, den sie brauchen, damit ihre schöne Gestalt voll zur Geltung kommt, und dabei dennoch das Prinzip eines natürlichen Waldrandes nachvollziehen? Würde man in einem solchen Garten nur eine einzige Eiche pflanzen, auf daß sie so groß wie ihre Artgenossen in der Landschaft werde, so würde sie innerhalb vieler Jahre den gesamten Gartenraum überschatten. Und dann täte es uns, unseren Kindern oder Enkelkindern leid, diesen schönen Baum zu fällen. Eine Eiche ließe sich allerdings noch sehr gut unterpflanzen, denn sie hat eine tiefreichende Pfahlwurzel, die den flachwurzelnden kleineren Sträuchern, Gräsern und Stauden weder Wasser noch Nahrung nimmt. Anders die vielgeliebte Blaufichte. Ihr räuberisches Wurzelwerk brei-

Größenverhältnis zwischen Wald- und Gartenbäumen. Gartengehölze nehmen weniger Platz ein.

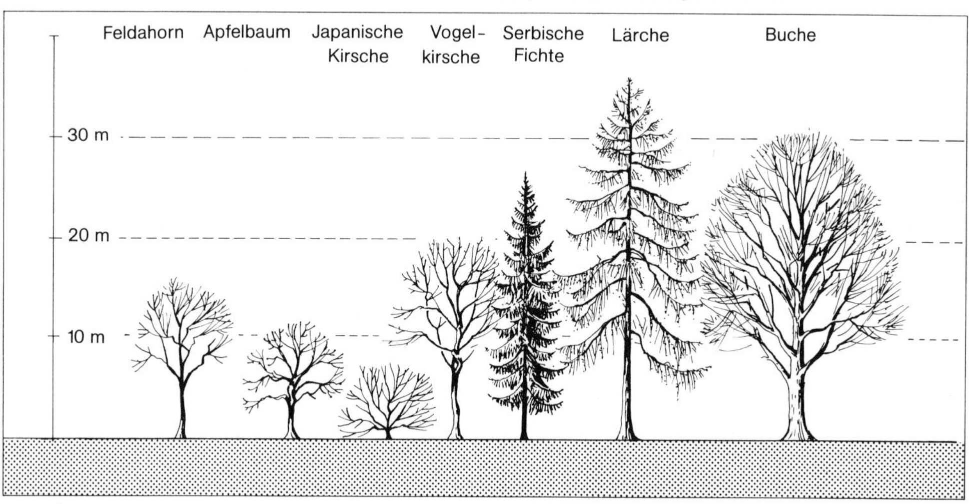

tet sich dicht unter der Oberfläche rundum im Garten aus und läßt keinen Unterbewuchs aufkommen. Sie gehört deshalb nicht in kleine Hausgärten und schon gar nicht in Vorgärten. Eine Blaufichte ist ein Baum für sehr große Gärten oder Parkanlagen. Es gibt dagegen eine Vielzahl von Bäumen und Sträuchern, die von Natur aus oder aufgrund ihrer Züchtung klein bleiben und somit ihre Schönheit auch auf kleinem Raum entfalten. Ein Spitzahorn (*Acer platanoides*) ist für die meisten Gärten zu groß. Ein Kugelspitzahorn (*Acer platanoides* 'Globosum') kann dagegen in einem winzigen Vorgarten der passende Hausbaum sein.

Vom Nutzen der Bäume

Bäume und Sträucher, Stauden, Gräser und Sommerblumen sind keine lebenden Baustoffe, die man wie Pflastersteine, Betonfertigteile oder Eisenbahnschwellen als »Architektenpetersilie« (Bernatzky) einfach so ins Gelände setzt. Sie sind Lebewesen, die ganz bestimmte Ansprüche an den Boden und ihre Umgebung stellen und wiederum anderen Pflanzen, Tieren und nicht zuletzt uns Menschen vielerlei Nutzen bringen. Ziel der Gartengestaltung kann es also nicht sein, die Bäume und Sträucher (gegen ihre natürlichen Eigenschaften) als »lebende Maschinen« (Hanisch) für uns funktionieren zu lassen, sondern sie so in unsere Gärten einzugliedern, daß sie sich selber optimal entwickeln können und gleichzeitig dazu beitragen, daß sich möglichst viel gesundes Leben um sie herum entwickeln kann.
Neben der Nahrung, die uns die Obstbäume liefern, den Schatten, den große Laubbäume spenden, den Schutz vor Wind und Regen, den eine dichte Gehölzpflanzung bieten kann, machen sich vor allem die Landschaftsarchitekten weitere wertvolle Eigenschaften der Bäume und Sträucher zu Nutzen: Durch ihr dichtes Blattwerk mindern sie Straßenlärm und filtern einiges an Staub heraus. Sie verbessern das Klima in unseren Städten, indem sie Kohlendioxyd, mit dem die Luft reichlich durchsetzt ist, aufnehmen und Sauerstoff an ihre Umge-

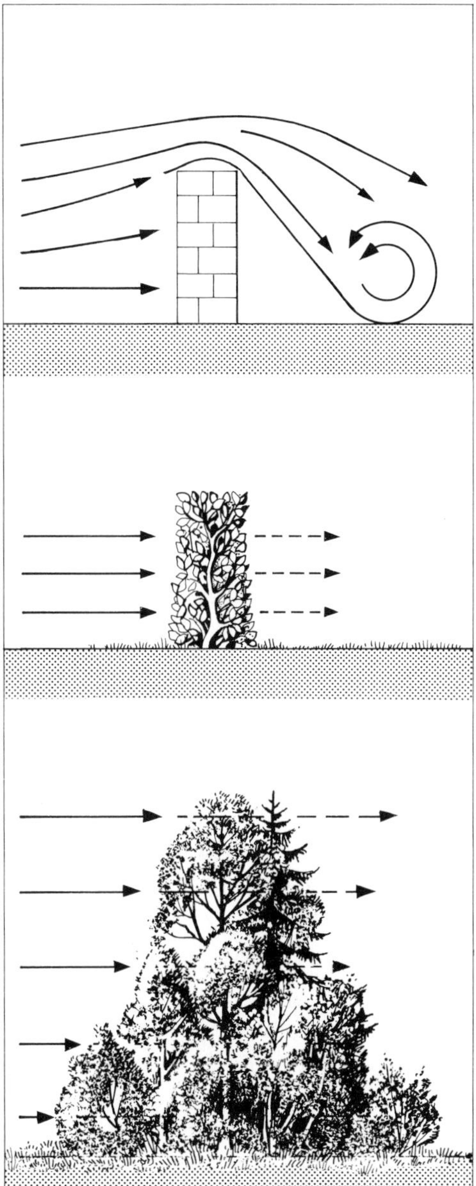

Eine Mauer ist ein schlechter Windschutz. An der windabgewandten Seite bildet sich ein Sog. Der Wind muß durch die Windschutzeinrichtung hindurchstreichen können, wobei seine Geschwindigkeit erheblich gemindert wird. Besser und ebenso platzsparend sind geschnittene Hecken. Sie halten den Wind nicht auf, sondern mindern seine Geschwindigkeit erheblich. Eine 1,50 m hohe Hecke bietet auf 7,50 m Länge Windschutz. Ideal ist eine Windschutzpflanzung aus aufeinander abgestuften hohen und niedrigen Gehölzen nach dem Vorbild eines Waldrands.

Laub- und Nadelgehölze in lockerer Anordnung schirmen diesen Hausgarten am besten ab.

bung wieder abgeben. Natürlich wäre es falsch und naiv zu glauben, man könne die Verschmutzung unserer Atmosphäre wieder wettmachen, indem man reichlich Bäume pflanzt.

Dicht bepflanzter Erdwall schützt vor Abgasen.

Das Baumsterben in unseren Wäldern und Städten beweist das Gegenteil. Es ist zwar nicht nur durch den »sauren Regen« verursacht, sondern auch durch eine nur auf Holzgewinn ausgerichtete Forstwirtschaft und eine Stadtplanung verursacht, die auch den robustesten Bäumen auf Dauer den Lebensfaden abschneidet. Aber selbst wenn man die Anzahl der Bäume und Sträucher in den Wäldern, an Feldrainen, in Dörfern und Städten verdoppeln würde, wäre damit die Luftverschmutzung nicht beseitigt. Hier muß an den Ursachen angesetzt werden: Kraftwerke, Industrieschlote, Ölheizungen und nicht zuletzt des Bundesbürgers Statussymbol Nr. 1, das Auto. »Die Erde bebauen und bewahren«. Eine Aufgabe an der wir alle mitwirken können.

Wenn wir schon zusehen müssen, wie unser Wald stirbt, ein Baum nach dem anderen aus unseren Städten verschwindet und die neugepflanzten nur schlecht anwachsen, wie ganze Landstriche einfach zuasphaltiert werden, für Autobahnen und Flugzeugpisten, von denen aus das Waldsterben noch mehr beschleunigt wird und kein Verantwortlicher auf die Proteste zahlreicher Naturschützer hört, bleibt uns nur eins: Das Leben in unserem intimen Bereich zu fördern und zu bewahren, in unserem eigenen Garten. Diese Chance sollte jeder, auf seinem eigenen Grund und Boden so gut es geht wahrnehmen.

Jede Pflanze kann auf andere Weise nützlich sein. Ein Apfelbaum trägt jedes Jahr saftige, vitaminreiche Früchte, von denen wir uns ernähren und unsere Gesundheit erhalten. Der Schmetterlingsstrauch hat seinen Namen von den Schmetterlingen bekommen, die seine langen Blütenrispen besonders gern besuchen. Die Bienen lieben die Blüten der Linde, aller Obstbäume, die von Phacelia und Raps und mancher Staude. Viele Singvögel bauen sich ein Nest im Schutz der Schlehen, Wildrosen und Weißdorn. Amseln, dies weiß wohl jeder, lieben alle Früchte, die in ihren Schnabel passen und rot sind. Auch die Samen mancher Gehölze sind Nahrung für unsere Vögel. Und neben den vielen Eigenschaften, die wir Menschen an den Pflanzen zu schätzen wissen, erfreuen wir uns an ihrer Schönheit. Denn nicht nur unser Körper braucht Nahrung, sondern auch unsere Seele. – Alles steht mit dem Ganzen in Verbindung. Wer sich an dem Duft einer Rose, dem zarten Austrieb einer Lärche, der eindrucksvollen wie erhabenen Schönheit einer blühenden Magnolie, der farbenfrohen Pracht eines Amberbaums im herbstlichen Blätterkleid und der unerschütterlichen, Wind und Wetter trutzenden, knorrigen Persönlichkeit einer alten Eiche erfreuen kann, lernt Pflanzen lieben. Und wer Bäume und Sträucher, Stauden, Farne und Gräser liebt, möchte alles über die Eigenschaften, die Art zu leben, und vor allem ihre Bedürfnisse wissen, um diesen schönen und geheimnisvollen Lebewesen alles bieten zu können, was sie zum Gedeihen brauchen. Aus dieser Geisteshaltung entstehen die schönsten Gartenpläne.

Bäume und Sträucher im Garten

Wie kombiniert man nun Bäume und Sträucher im Garten so, daß ihre jeweils individuelle Schönheit voll zur Geltung kommt, sich jedes Gehölz an dem ihm zugedachten Standort bestens entwickeln kann und außerdem auch noch die Tiere Nahrung und Unterschlupf darin finden? Zunächst einmal untersucht man den Boden und bereitet ihn in der Weise auf, wie es im vorigen Kapitel beschrieben wurde. Dann werden die Lichtverhältnisse geprüft. Wie weit und wie viele Stunden am Tag fällt Schatten auf diesen oder jenen Teil des Gartens? Manche Ecken liegen im sogenannten Regenschatten. Der Boden ist dort sehr trocken. Welcher Baum oder Strauch könnte hier wachsen? Oder sollte man an dieser Stelle Kies auffüllen und erst weiter vorn einen Strauch pflanzen, wo der Boden normal feucht ist?

Höhere Bäume und Sträucher können den Standort für benachbarte niedrigere verändern. Sie werfen ihren Schatten auf die kleineren Pflanzen, die man ihnen zuordnet. Diesen Schatten kann man absichtlich schaffen, um zum Beispiel Farne am Fuß der hohen Bäume anzusiedeln. Oder die hohen Bäume müssen anders angeordnet werden.

Was sind Gehölze?

Endlich kommen wir zu den Lebewesen in unserem Garten, zu den Pflanzen, die ja die Hauptrolle spielen sollen. Von ihnen werden die größten und langlebigsten zuerst gepflanzt, denn zum einen bilden sie das pflanzliche Gerüst des Gartens und den Hintergrund für kleinere Gewächse, zum anderen müssen für sie große Pflanzlöcher ausgehoben werden, was einen schon vorhandenen niedrigen Pflanzenbestand empfindlich stören würde.

Gehölze sind Pflanzen mit einem oberirdischen, verholzenden Teil, dessen Triebe jedes Jahr ein wenig weiterwachsen. Wenn sie einen

durchgehenden Stamm vom Boden bis zur Spitze oder Krone haben, nennt man sie Baum, wenn sie mit mehreren Trieben gleichzeitig aus dem Boden wachsen oder sich dicht über dem Erdreich sofort reichlich verzweigen, spricht man von einem Strauch. In der Fachsprache der Baumschulgärtner gibt es darüber hinaus noch einen anderen Begriff: Heister. Dabei handelt es sich um einen Baum mit einem oder mehreren Stämmen, die von ihrem Fuß bis in die Spitze beastet sind. Ansonsten haben Laubbäume einen kahlen Stamm, der sich erst in einer bestimmten Höhe verzweigt und eine Krone bildet.
Auch in der Natur sind Bäume und Sträucher die langlebigsten Gewächse, die viele Jahre, Jahrzehnte und manchmal Jahrhunderte überdauern. Sie bestimmen deshalb das Landschaftsbild wesentlich mit.

Lebendige Blütensträucher

Manche Bäume und Sträucher, die das ganze Jahr hindurch kaum auffallen, sind im Frühjahr am schönsten. Es ist ein Erlebnis, die Blattknospen der japanischen Ahorne oder des Spitzahorns aufspringen zu sehen, die der Felsenbirne oder des sibirischen Hartriegel. Von den Blüten der Gehölze ganz zu schweigen. Man braucht noch nicht einmal einen sehr großen Garten, um sich jeden Monat an einem blühenden Baum oder Strauch erfreuen zu können, wenn auch die Blüte des einen oder anderen gelegentlich und je nach Witterung auf sich warten läßt. Die Kornelkirsche (*Cornus mas*) und die Zaubernuß entfalten schon gegen Ende Januar ihre ersten Blüten. Auch einige Sorten der Schneeheide (*Erica carnea*) blühen um diese Zeit. Im Februar folgt der Winterjasmin mit seinen goldgelben Blüten an den immergrünen Trieben und gegen Ende des Monats bereits der erste Rhododendron, nämlich *Rhododendron praecox*. Hinzu gesellt sich ein Schneeball (*Viburnum fragans*), der seine kleinen zartrosa bis weißen Blütenbälle den ganzen März hindurch behält.
Im März sind aber schon eine ganze Menge anderer Gehölze mit ihrem Blütenschmuck dazugekommen, wie zum Beispiel die Sternmagnolie, die Scheinquitte oder die vielen Kätzchenweiden.
Daß die hohe Zeit der Blütengehölze in den Monaten April bis Juni stattfindet, braucht fast nicht ausdrücklich erwähnt zu werden. Im April verkünden allerorts die goldgelben For-

Blühende Gehölze, wie dieser herrliche Goldregen, beleben jeden Garten.

Baum-, Strauch- und Krautschicht gehen in diesem Garten harmonisch ineinander über.

sythien den Frühling. Die Ahorne blühen, wie auch die Felsenbirne und die zahlreichen Zierkirschen. In den Monaten April und Mai blühen auch die meisten Rhododendren und Azaleen. Im Mai gesellen sich unter anderem Berberitzen, *Cotoneaster*-Arten, Weiß- und Rotdorn, Ginster, Deutzien, der Ranunkelstrauch, Goldregen, Falscher Jasmin, Spiereen und die meisten Schneeballarten hinzu. Im Juni blühen außerdem die ersten Eibische, Kolkwitzien und nicht zuletzt Rosen. Die Rosen halten den Blütenflor bis in den späten Herbst hinein aufrecht. Natürlich gibt es außer den Rosen auch andere Gehölze, die in den Monaten Juli, August und September blühen, wie zum Beispiel Hortensien, Eibisch, *Clematis*, Spiereen, Sommerflieder, Johanniskraut, Fingerstrauch und nicht zuletzt die Besenheide (*Calluna vulgaris*), die typische Pflanze der Lüneburger Heide, die auch noch im Oktober blüht. Auch der Fingerstrauch (*Potentilla*) zeigt noch einige Blüten. Aber am bemerkenswertesten sind die Rosen mit sich ständig erneuernden Blüten, die es auch im November noch gibt. Dies gilt allerdings nicht für Wildrosen. Sie zeigen ihre schlichten aber dafür sehr zarten und nicht minder schönen Blüten nur einmal im Frühsommer und bilden anschließend ihre Früchte, die Hagebutten aus. Am bekanntesten von allen ist die Hundsrose (*Rosa canina*) mit ihren zahlreichen ellyptischen Hagebutten. Häufig sieht man auch die Apfelrose (*Rosa rugosa*), deren Früchte, wie der Name schonsagt, an kleine Äpfel erinnern. Weniger bekannt sind die Wildrosen *Rosa rubrifolia, Rosa multiflora, Rosa virginiana* oder *Rosa nitida*. Wer die interessanten Hagebuttenformen dieser verschiedenen Wildrosen bewundern will, um sich vielleicht diese oder jene aus einer Baumschule in den eigenen Garten zu holen, sollte ab September einmal die Straße der Rosen auf der Insel Mainau besichtigen.

Besonderheiten der Laubgehölze

Zierende Früchte

Schöne Früchte, wie die Hagebutten, sind eine ebenso eindrucksvolle Zierde, wie Blüten. Wohl jedermann kennt die roten, orangefarbenen oder gelben Beeren des Feuerdorns oder der Ebereschen. Dunkelrot sind die kleinen Zieräpfel. Den Äpfeln ähnlich, aber sehr klein, sind die leuchtend orangeroten Früchte des Cotoneasters oder des Weißdorns. Blau färben sich die reifen Früchte der Mahonien und der Felsenbirne. Und wer kennt nicht die weißen Schneebeeren. Die Liste ließe sich fortsetzen. Die farbenfrohen Früchte sind eine Zierde des Spätsommers und Herbstes. Bei vielen Gehölzen haften sie bis in den Winter hinein und bieten dann den Vögeln Nahrung. Hierzu gehört zum Beispiel das Pfaffenhütchen (*Euonymus europaeus*), ein schlichtes Gehölz, das sowohl in der Landschaft als auch im Garten seine Berechtigung hat. Seine hübschen roten Samenstände haften bis Dezember am Strauch und locken vor allem Rotkehlchen an. Das Gleiche gilt für den Schneeball (*Viburnum opulus*).

Die Herbstfärbung

Kürzer ist die Zeit der bunten Blätter. Sie ist aber auch eine der schönsten Zeiten des Gartenjahres. Angefangen von den vielen Ahornarten, von denen es welche mit goldgelbem, leuchtendorangem und karminroten Herbstblättern gibt, über die Birken mit ihren kleinen braungelben Blättern, den im Herbst ebenfalls goldgelben Katsurabaum, die Zaubernuß, den goldgelben Ginkgobaum, wie den ebenso goldenen Tulpenbaum bis zu den Linden. Besonders farbenprächtig sind die Blätter des Essigbaumes sowie des Amberbaumes. Diese bei-

Feuerdorn voller leuchtender Beeren.

Japanischer Ahorn im feuerroten Herbstkleid.

den Bäume verdienen es, allein ihrer Herbstfärbung wegen, an einen besonderen Ort gepflanzt zu werden.

Schönheiten des Winters

Im November fallen die letzten bunten Blätter. Dies mag dazu beitragen, daß man den November als einen traurigen Monat bezeichnet. Aber auch die kahle Gestalt einer mächtigen alten Eiche, einer Linde oder einer zierlichen Birke im Nebel kann sehr schön sein. Zierlich und bizarr zugleich ist die unbelaubte Gestalt einer Südbuche. Aber außer der nackten Gestalt mancher Bäume und Sträucher gibt es noch andere Schönheitsmerkmale der Gehölze, die uns wintertags in den Garten oder einen öffentlichen Park locken. Haben Sie schon mal gesehen, welche interessanten schwarzen Zapfen die sonst unscheinbaren Roterlen haben? Besonders kommt die weiße Rinde der Birken zur tristen Jahreszeit zur Geltung. Auffälliger als bei unserer heimischen Sandbirke ist das Weiß der Rinde von der aus China stammenden *Betula utilis*. Schwarzbraun ist dagegen die Rinde der *Betula nigra*, graurötlich die von *Betula ermanii*. Auffallend sind die rote und gelbe Rinde der beiden Hartriegelarten *Cornus alba* 'Sibirica' und *Cornus stolonifera* 'Flaviramea'.

Andere Gehölze haben eine schöne Korkausbildung der Rinde oder interessant geformte Dornen und Stacheln. Auffallend sind die Korkleisten an den Trieben des *Euonymus alatus*. Auch Baumhasel und Amberbaum haben eine schöne korkige Rinde. Auffallende Dornen haben Berberitzen, vor allem *Berberis julianae,* Weißdorn, Gleditien, und besonders schön sind die Stacheln der Stacheldrahtrose (*Rosa omeiensis pteracantha*), die glutrot leuchten, wenn die Sonne durch sie hindurchscheint.

Aber auch andere sommergrüne Laubgehölze ohne derartige »Zierwerte« sind im Winter schön und in unbelaubtem Zustand keineswegs trostlos. Auch die Zweige eines einfachen Spierstrauches sind es wert, sie zu betrachten und sich an ihnen zu erfreuen, wenn sie voller Rauhreif hängen, vom Schnee voll eingekleidet sind oder voller Eiszapfen hängen.

Und nach dem Tauwetter gibt es schon wieder Blüten und die ersten Bäume und Sträucher, die wunderbar zart austreiben. Sommergrüne Laubgehölze sind also rund ums ganze Jahr schön. Wer redet da noch von Nadelgehölzen, die einen Garten angeblich lebendig machen.

Die größte Zierde der Birke ist ihre Rinde.

Leuchtendrote Früchte des Schneeballs im Schnee.

Die Nadelbäume

Doch, um nicht mißverstanden zu werden: Fichten, Tannen, Kiefern, Douglasien, Hemlockstannen (*Tsuga*), Eiben, Wacholder und Scheinzypressen – auch sie haben ihre Berechtigung im Hausgarten. Der Fehler liegt nicht bei den immergrünen Nadelgehölzen, sondern bei den Menschen, die sie so oft falsch in den Hausgarten integrieren. Saubermannsgärtner schaffen Nadelholzwüsten aus ihnen, die dann oft trostloser sind als jede Trümmerwildnis.

Säulenwacholder passen zum Heidegarten.

Als Hintergrund zu Rosen oder Azaleen haben die so häufig gepflanzten Serbischen Fichten ihre Berechtigung. Einzeln oder zu dritt in den Rasen gepflanzt wirken sie langweilig. Da ist die Atlaszeder als Einzelexemplar schon interessanter. Man muß ihr aber viel Platz einräumen. Sie gehört deshalb in einen großen Garten, ebenso wie die so vielgeliebte Blaufichte oder (auch die gibt es) Blautanne. Bergkiefern passen zu größeren, Zwergkiefern zu kleineren Rhododendron-Heidegärten oder zum Alpinum. Für große Rhododendrongärten ist die Österreichische Schwarzkiefer der passende Baum. Ein schönes Einzelexemplar ist dagegen die Tränenkiefer. Und wäre ein Heidegarten ohne Wacholder. Ein großer Pfitzerwacholder auf dem Rasen eines Vorgartens wirkt langweilig. Eiben sind wegen ihrer dunklen, von weitem fast schwarz wirkenden Benadlung nicht jedermanns Sache. Auf manche Menschen wirken sie zu schwerfällig. Wer kleine Kinder hat, pflanzt Eiben nicht in seinen Garten, weil ihre Triebe und Früchte sehr giftig sind. Unter den Nadelgehölzen gibt es aber kein anderes, das sich so gut als Heckengehölz eignet, wie die Eibe. Denn nur sie verträgt einen kräftigen Schnitt, notfalls sogar ins bereits verkahlte Holz. Wenn eine Rasenfläche an die Eibenhecke anschließt, wirkt diese allerdings trist und schwerfällig. Leuchtendgelbe Narzissen im Frühjahr, Goldfelberich, Polyantharosen und blaue Rittersporne im Sommer, braungelbe Rudbeckien oder Anemonen im Herbst wirken vor dem Hintergrund der dunkelgrünen Hecke umso mehr in den Garten hinein. Ähnliche Kontrastwirkung können auch einzeln gepflanzte Säuleneiben oder Nesteiben im Garten haben. Nadelgehölze pflanzt man also entweder als Einzelexemplare, um ihre besondere Gestalt zu Geltung kommen zu lassen, oder in Verbindung mit sommergrünen Laubgehölzen oder Stauden, weil sie zu der betreffenden Pflanzengesellschaft gehören oder einen Kontrast zu farbenfrohen Blütenpflanzen bilden. So verwendet, können sie ein wichtiger Teil der Gehölzpflanzung sein. Ohne Nadelgehölze ist ein Garten aber keineswegs häßlicher.

Lebensraum für Tiere

Bäume und Sträucher, ob benadelt, immergrün oder sommergrün, sie alle sollen uns rund ums ganze Jahr in unserem Garten erfreuen. Diese Freude ist Nahrung für unseren Geist und unsere Seele und somit auch ein Nutzen. Es ist deshalb unsinnig, vom Nutzgarten nur im Zusammenhang mit Eßbarem zu sprechen. Über den Nutzen der Gehölze als Sicht- und Windschutz wurde schon im ersten Kapitel gesprochen. Aber, auch das wurde schon im ersten Kapitel dieses Buches angedeutet, wir sollten auch an die vielen Insekten, Frösche, Kröten, Eidechsen, Blindschleichen und nicht zuletzt die Vögel denken, die unsere Lebensgemeinschaft »Garten« erst komplett machen. Die Bäume und Sträucher tragen dazu bei. Dichtes Gebüsch mit einer dicken Schicht Laub darunter bietet den kleinen Tieren am Boden, bis hin zum Igel, eine Heimstatt. Blütenpflanzen sind vor allem bei den Insekten sehr beliebt, nicht zuletzt bei Bienen und Hummeln. Als Bienenweide eignen sich besonders einige Ahornarten, wie zum Beispiel *Acer saccharinum* und *Acer negundo*, die Kornelkirsche, Zierjohannisbeere und vor allem eine ganze Anzahl von Weiden. Auch Felsenbirne, Weißdorn, viele Berberitzen, Zieräpfel, Falscher Jasmin, Schneeball und Weigelien gehören dazu. Vor allem können wir aber für unsere gefiederten Freunde etwas tun, um ihnen Gelegenheit zu bieten, ihre Nester zu bauen. Von den Früchten und Samen einiger Bäume und Sträucher können sie sich ernähren. Als sogenannte Nistgehölze eignen sich alle Bäume und Sträucher, deren Triebe dicht stehen und Dornen oder Stacheln haben. Zu den Vogelnährgehölzen gehören Erlen, Felsenbirnen, alle *Cotoneaster*-Arten, Sanddorn, Stechpalme, Liguster, Zierapfel, Kreuzdorn, Wildrosen, Holunder, Eberesche, Wacholder, Lärche, Kiefer und Eibe. Gehölze also, von denen man dieses oder jenes ohnehin in den Garten pflanzen würde. Schönheit und Nutzen schließen einander nicht aus. Oft kommt es nur auf die richtige Auswahl der Bäume und Sträucher an.

Lärche und Zeder: zwei Bäume für große Gärten.

Waldrand auf kleinstem Raum

Wie Sie sehen, kann man Gehölze also unter vielen Gesichtspunkten im Garten verwenden, wobei ein Aspekt den anderen nicht auszuschließen braucht und nicht sollte. Alles muß zueinander passen. Man sollte den Garten aber auch nicht mit Gehölzen »zupflastern«. Freiraum ist ebenso wichtig, wie die geschlossene Pflanzung. Daß man sich bei der Anlage eines Gehölzstreifens am Beispiel eines natürlichen Waldrandes orientiert, wurde schon zu Beginn dieses Kapitels gesagt. Oft fehlt dazu jedoch der Platz. Selbstbetrug wäre es, die gleiche Anzahl von Gehölzen, die, um sich voll entfalten zu können, einen Streifen von 3 m Breite braucht, auf 1,50 m Breite unterzubringen. Denn die Bäume und Sträucher behindern sich beim Wachsen, wenn sie größer werden. Wo es am Platz fehlt, kann dieses Waldrandsystem andeutungsweise verwirklicht werden. Ein einziger, etwas höherer Baum kann schon für den Wald stehen, zum Beispiel

Bäume und Sträucher müssen im Garten soviel Platz haben, daß sie groß und alt werden können.

in einer Ecke des Gartens. Um ihn herum wachsen vielleicht drei größere und mehrere kleinere Sträucher. Auch eine Hecke kann stellvertretend für die höhere Strauchschicht stehen, an die dann Rosen oder höhere Stauden anschließen. Wichtig und entscheidend ist nicht, um welche Anzahl von Gehölzen es sich handelt, sondern daß es sich um möglichst viele zueinander passende Arten handelt.

Gärtnerische Fachleute machen, ebenso wie Laien, häufig den Fehler, zu viele noch kleine Gehölze auf engem Raum zu pflanzen. Sie bilden zwar sofort einen geschlossenen Gehölzstreifen, werden aber in 2–3 Jahren schon zu dicht. Verständlicherweise tut es dem Gartenfreund dann leid um die Bäume und Sträucher, die er eigentlich ausholzen müßte. Doch bald wachsen manche Arten so üppig, daß sie andere sehr schnell unterdrücken. Dann kommt man nicht mehr drum herum, dieses oder jenes Gehölz herauszunehmen. Danach sieht die Pflanzung meistens nur noch wenig attraktiv und unbefriedigend aus. Die verbleibenden Bäume und Sträucher haben schon durch den dichten Stand Schaden erlitten und sind von unten und den Seiten verkahlt. Meistens kommt man nicht drum herum, einige neue Gehölze zu kaufen und die gesamte Pflanzung neu zu gruppieren. Der bessere, von den meisten Fachleuten empfohlene Weg ist, gleich größere Bäume und Sträucher zu pflanzen und dafür nur so viele, wie auch auf der Pflanzfläche verbleiben können. Dennoch ist es für den Laien schwierig, abzuschätzen, welches die richtigen Abstände von einer Strauchart zur anderen sind. Gartenarchitekten nehmen die Größe der Gehölze, die sie in 10 Jahren erreicht haben, an und planen sie danach in den Garten ein. Das ist eine Faustregel, mit der man ohne Gehölzkenntnisse nur wenig anfangen kann. Manche Sträucher haben ihre endgültige Größe schon nach 3 Jahren erreicht, andere Bäume wachsen auch nach 10 Jahren noch lustig weiter. Man muß sich also informieren. Ausgewachsene Gehölze kann man in öffentlichen und privaten Gärten, die einem zugänglich sind, besichtigen. Auch gute Baumschulkataloge geben über die endgültige Wuchshöhe sowie über den Platz, den die Bäume und Sträucher aufgrund ihres Breitenwachstums beanspruchen, Auskunft. Es lohnt sich also, wenn man sich vorher eingehend mit der Materie befaßt, um später eine Pflanzung anzulegen, die keiner Korrektur mehr bedarf.

Der Hausbaum im Vorgarten

Beginnen wir im Vorgarten. Ein großer Laubbaum sollte hier dominieren: der Hausbaum. Je nach Beschaffenheit der Hauswand, Lage der Haustür und Anordnung der Fenster sowie der ganzen Vorgarten- und Straßensituation pflanzt man ihn links oder rechts neben den Eingangsweg oder seitlich neben das Haus. In ausgewachsenem Zustand sollte dieser Baum das Haus ein wenig überragen und abschirmen. Seine Größe richtet sich nach der Vorgartenfläche sowie der Höhe des Hauses. Der Baustil des Hauses, die städtische und landschaftliche Umgebung spielen bei der Wahl der Baumart eine Rolle. Wer einen Flachbungalow in einem Neubaugebiet am Stadtrand gebaut hat, kann zum Beispiel eine Kugelakazie als Hausbaum pflanzen. Der bereits erwähnte Kugelahorn paßt sowohl ins städtische, wie auch ins ländliche Neubaugebiet. Ein zweigeschossiges Haus braucht auch einen entsprechend hohen Hausbaum. Wenn die Vorgartenfläche groß genug ist, sollte man sich nicht scheuen, einen Silberahorn, eine Linde oder eine Sumpfeiche zu pflanzen. Diese Eiche ist in ihrem Wuchs bei weitem nicht so wuchtig, wie die in unseren Wäldern wachsenden Rot-, Stiel- oder Traubeneichen. Sie braucht auch keineswegs im Sumpf oder auf besonders feuchtem Boden zu stehen. Schön ist ihre aufrechte pyramidale Krone mit den waagerecht abstehenden Zweigen und tiefgebuchteten zierlichen Blättern, die sich im Herbst leuchtend scharlachrot färben. Auch ein Tulpenbaum ist ein viel zu wenig gepflanzter und noch viel zu wenig bekannter Baum, der sich auf großer Gartenfläche vor einem mehrgeschossigem Haus sehr hübsch machen würde. Es handelt sich bei diesem Baum übrigens nicht um die Magnolie, die fälschlicherweise in den Katalogen billiganbietender Gartenversandhäuser als solcher bezeichnet wird. In seinem Habitus ähnelt er ein wenig der Linde. Die Blätter sehen aus wie eine Tulpenblüte im Querschnitt und färben sich im Herbst goldgelb. Am schönsten sind jedoch die zart orange-grün gezeichneten Blüten, die ebenfalls in Größe und Gestalt denen der Tulpen ähneln und sich im Mai und Juni öffnen. Nicht minder interessant ist der Ginkgobaum mit seinen in zwei gleiche Hälften geteilten Blättern, von dem kaum jemand vermutet, daß er zu den Nadelbäumen gezählt wird. Genau genommen handelt es sich bei diesem Baum um ein Mittelding zwischen Nadel- und Laubgehölz. Die eigentümlichen Blätter färben sich, wie die des Tulpenbaumes, im Herbst goldgelb. Außerdem bleibt die Krone des Ginkgos sehr lange schlank, so daß man diesen Baum auch in kleinere Vorgärten pflanzen kann.

Viele Bäume eignen sich als Hausbäume. Es sollte sich dabei auf jeden Fall um einen Laubbaum handeln (der Ginkgo ausgenommen), mit einem durchgehenden Stamm und einer Krone, die einen Teil der Vorgartenfläche überragt. Ein solcher Baum gibt dem Hauseingang, dem Haus und natürlich auch dem Vorgarten eine ganz persönliche Atmosphäre. Haus und Baum sind zwei Dinge, die einfach zusammengehören. Denken Sie außerdem ein wenig an die Menschen, die an Ihrem Haus vorübergehen. Mit einem Hausbaum können Sie zur Schönheit und Lebendigkeit der gesamten Straßenfront beitragen. Meistens wir-

ken die Siedlungsgebiete unserer Städte und Dörfer trist und langweilig. Straßenbäume werden noch viel zu wenig gepflanzt. Wenn jeder Anwohner einen großen Laubbaum vors Haus pflanzen würde, wären auch die langweiligsten Siedlungen wieder grün und lebendig.
In ländlichen Gebieten Süddeutschlands pflanzt man gern eine Süßkirsche als Hausbaum. Dies hatte auch unser Gartenarchitekt vorgesehen. Wir entschieden uns dann aber für eine Edelkastanie, von der viele Exemplare im nahegelegenen Schwarzwald wachsen. Und warum sollte man die »Maronen« im Herbst nicht im eigenen Vorgarten sammeln können? Der Hausbaum dominiert im Vorgarten. Meistens ist er überhaupt der größte Baum im ganzen Garten. Je nach Größe des Vorgartens kann man ihm noch weitere Bäume und Sträucher zuordnen.
In unserem Redaktionsgarten steht der Hausbaum links neben dem Eingangsweg auf einem niedrig modellierten Hügel. Auf der anderen Seite, rechts vom Weg, etwas näher am Haus steht eine Baumhasel, die die vorspringende kahle Wand des Nachbarhauses ein wenig verdeckt. Drei *Ilex crenata* bilden mit ihrem immergrünen dunklen Laub einen Kontrast zu den leuchtenden Blütenstauden im Vorgarten. *Ilex crenata* ist eine Verwandte der Stechpalme, hat jedoch keine stacheligen Blätter. Die Blätter sind klein, ein wenig denen des Buchsbaums ähnlich. Diese Sträucher wachsen lang-

Hartriegel als Hausbaum. Der lockere Habitus dieses Baumes paßt zum modernen Haus.

sam und passen als immergrüne Komponente überall hin. Drei verschiedene Fliedersträucher haben wir in den östlichen Bereich des Vorgartens gepflanzt. Es handelt sich bei allen dreien nicht um den gewöhnlichen Flieder (*Syringa vulgaris*), sondern um den Chinesischen Flieder (*Syringa chinensis*), dessen zierlichen, lilafarbenen Rispen sich im Mai entfalten und wunderbar duften, den im Juni blühenden *Syringa reflexa*, dessen Knospen zunächst karminrot und Blüten später weinrot und innen weiß blühen, sowie *Syringa × swegiflexa*, mit seinen zunächst dunkelweinroten, später zartrosa gefärbten, bis zu 30 cm langen Blütenständen. Im April und Mai entfalten sich die weißen, duftenden Trugdolden eines Schneeballstrauches, nämlich *Viburnum carlesii*.

An der Abzweigung des Seitenweges vom Eingangsweg steht eine nestförmig gewachsene Eibe, *Taxus baccata* 'Corona'. Diese Eibe ist das einzige Nadelgehölz in unserem Garten. Sein Gehölzsortiment unterscheidet sich deshalb auffallend von dem der benachbarten und überhaupt der meisten bundesdeutschen Gärten. Deshalb wurden wir auch oft von Nachbarn und Passanten gefragt, warum wir denn keine »Tännle« gepflanzt hätten.

Ja, warum wohl nicht? Nadelgehölze sind grün, manche von ihnen blau oder gelblich gefärbt. Einige bekommen gelbe Blütenstände, andere schöne Zapfen. Ansonsten bleiben sie wie sie sind und wachsen jedes Jahr ein wenig. Das ist alles. Eine der wenigen Ausnahmen unter den Nadelbäumen ist die Lärche. Sie färbt sich im Herbst wunderbar goldgelb, um ihre Nadeln dann zu verlieren. Aber man trifft sie selten im Hausgarten an. Nicht nur, weil sie mit den Jahren sehr groß und ausladend wird. In den Augen der Saubermannsgärtner sind die alljährlich abfallenden Nadeln Dreck (!). Blaufichten, Serbische Fichten und Tannen (»Edeltannen«) machen dagegen keinen Dreck.

Gartenfreunde, die sich mit Pflanzen in dem zuvor beschriebenen Sinne verbunden fühlen, nehmen die herabfallenden Nadeln gern in Kauf, auch wenn sie ihnen mal wieder das Regenrohr der Dachrinne verstopft haben.

Die Baumhasel in unserem Vorgarten ein Jahr nach der Pflanzung.

War aber die Freude über das goldgelbe Herbstkleid dieses Baumes nicht umso größer? Läßt sie unseren Baumfreund die halbe Stunde Mehrarbeit nicht schnell vergessen? Auch die Vorfreude auf das nächste Frühjahr spielt schon ein wenig mit. Wie wunderbar zart und frischgrün die weichen Pinselchen der austreibenden Nadeln an den grazilen Trieben der Lärchen doch sind. Lärchen sind übrigens auch als Heckengehölz geeignet, eine Möglichkeit, die leider viel zu wenig genutzt wird.

Die Gehölze in unserem Redaktionsgarten

Unser Gartenarchitekt ist auf einem Pflanzstreifen von 33 m Länge und einer unterschiedlichen Breite von 2–4 m, der sich über die Westseite und halbe Südseite unseres Gartens erstreckt, mit nur 26 Gehölzen ausgekommen. Davon bereichert zu jeder Jahreszeit mindestens ein Baum oder Strauch den Garten mit seinen Blüten, Früchten, bunten Blättern oder interessanten Knospen. Diese Pflanzung ist auf zwei eigens dafür modellierten kleinen Hügeln angelegt, was ihre Wirkung verstärkt. Zusammen mit den dezenten Erdkörpern schirmen sie den Gartenraum nach Westen und Süden ab und tragen zu einer Atmosphäre der Geborgenheit im Gartenraum bei. Weil sie aber auf den Hügeln in unterschiedlicher Höhe gepflanzt wurden, kommt jeder einzelne Baum und Strauch viel besser zur Geltung als in einer ebenen Pflanzung. Die vorderen Gehölze verdecken die hinteren nur geringfügig. So kommt jeder Baum und Strauch voll zur Geltung. Als erster blüht der Schneeball neben der Terrasse, vor dem braunen Hintergrund der Sichtschutzwand zum Nachbarn. Es handelt sich dabei um *Viburnum fragans*, dessen kleinen, zartrosa Blütenbälle bereits im Februar erscheinen. Man kann diesen hübschen Strauch vom Wohnzimmer aus durch die Glastür zur Terrasse betrachten. An den unterschiedlich hohen Schwellen dahinter klettert eine Verwandte der Kiwi, nämlich *Actinidia arguta*, empor. Die Zierde dieses Kletterstrauches sind hauptsächlich seine dünnen großen dunkelgrünen Blätter. Die duftenden Blüten erscheinen im Mai, sind jedoch ziemlich unscheinbar. Wenn man eine männliche und eine weibliche Pflanze nebeneinandersetzt, gibt es nach einigen Jahren auch Früchte, die man essen kann. Etwas tiefer an der Böschung steht eine Zimthimbeere (*Rubus odoratus*), deren Blüten sich im Juni öffnen. Sie sind groß, purpurn und duften. Vom Mai bis in den Juni hinein ist die Kolkwitzie (*Kolkwitzia amabilis*) voller rosaroter Blüten. Die Zierde der Parrotie (*Parrotia persica*), die wir an den Fuß des westlichen Hügels pflanzten, ist ihre zunächst leuchtend gelbe, später scharlachrote Herbstfärbung.

Neben dieser Parrotie steht einer der schönsten Zieräpfel, der sich im März mit seinen zartweißen Blüten hervortut. Aus diesen Blüten wachsen zahlreiche rote kleine Äpfel, die den Strauch bis in den Winter hinein zieren. Dieser Zierapfel heißt *Malus sargentii*.

Der Bepflanzungsplan für unsere Zier- und Obstgehölze.

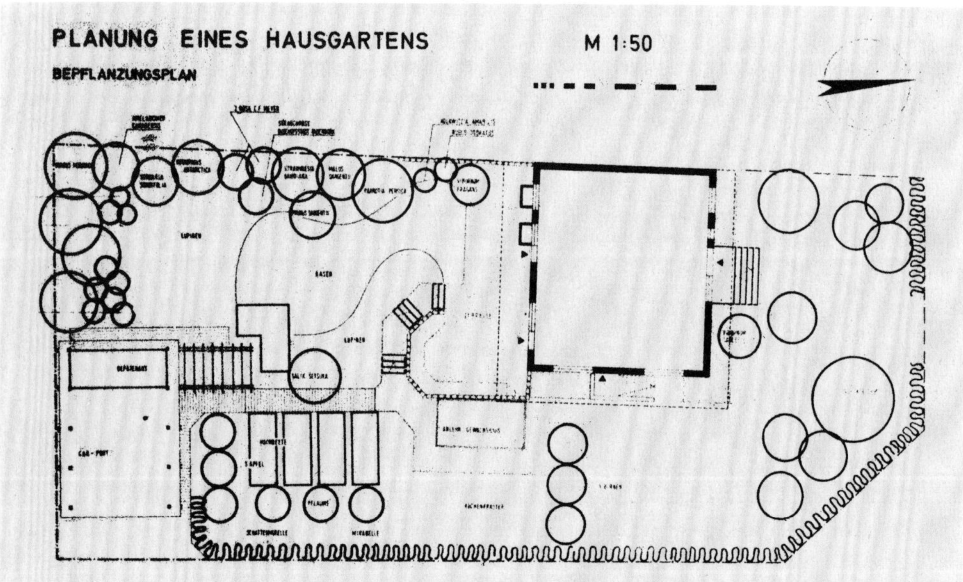

Schlank aufrecht reckt sich die Zierkirsche am Rande unserer Rasenfläche empor, deren zartrosa Blüten den Garten im April schmükken. Weiß blüht die Stranvesie (*Stranvesia davidiana*). Ihre Früchte färben sich rot, wie auch die Blätter dieses hübschen Strauches, die übrigens den ganzen Winter hindurch an den Zweigen haften.

Den Sommerflor unter unseren Gehölzen bestreiten drei Strauchrosen, nämlich 'Bischofsstadt Paderborn' mit ihren einfachen zinnober- bis scharlachroten Blüten und zwei 'Cornad Ferdinand Meyer', deren gefüllte, rosa Blüten den Rosenstrauch von Juni bis in den Herbst hinein schmücken.

Die Zierde der Südbuche (*Nothofagus antarctica*) ist allein ihre zierlich bizarre Gestalt und die winzigen dunkelgrünen Blättchen. Im Herbst färben sie sich goldgelb, und im unbelaubten Zustand dominiert der Habitus dieses Baumes im Garten.

Im Juni und Juli leuchten die weißen Rispen der Fiederspieree in den Garten. Die drei Apfelrosen (*Rosa rugosa*) sind dann schon verblüht. Ihre Früchte, die apfelförmigen Hagebutten, sind zu dieser Zeit noch grün. Im September färben sie sich dunkelrot. Im Frühjahr blüht die Kanadische Felsenbirne (*Amelanchier canadensis*) in weißen Rispen. Die kleinen dunkelroten, später fast schwarzen Früchte sind sogar eßbar.

Mit ihren großen weißen Dolden tut sich die Eberesche an der Südwestecke unseres Gartens im Mai hervor. Im August hängt dieser Baum (*Sorbus aucuparia* var. *moravica*) voller roter Beeren.

Orangerot leuchten auch die Beeren der sieben Feuerdornsträucher, deren weiße Blüten zuvor im Juni erscheinen. Nicht zu übersehen sind die drei Zuckerahorne (*Acer saccharinum*), die den Gartenraum nach Süden schließen und für diesen kleinen Garten eigentlich ein wenig zu groß sind. Dennoch wollten wir auf diese locker wachsenden Bäume mit ihren geschlitzten Blättern nicht verzichten.

Diese Bäume und Sträucher frieden den Garten von zwei Seiten ein. Ein Blickfang ist die Drachenweide (*Salix* 'Setsuka'), deren Eigenart in ihren vielen zusammengewachsenen und oft gebogenen flachen Triebspitzen besteht. Der Gehölzfachmann nennt dieses Erscheinungsbild »Verbänderungen«, die durch einen Virus hervorgerufen werden und bei anderen Gehölzen (z. B. Forsythien) ebenfalls auftreten können, dort aber als Krankheit angesehen werden. Schön sind die langen, silbrigweißen Kätzchen der Drachenweide im Frühjahr. Im Sommer hängen die dicht belaubten Triebe leicht über. Dieser Strauch am Ufer unseres Gartenteiches schirmt den Gartenraum mit der kleinen Rasenfläche in seiner Mitte nach Osten hin ab. Der Treppenaufgang zur Terrasse wird mit dunkelrot blühenden Polyantharosen gesäumt, die in der Gesellschaft verschiedener Stauden stehen. Die Spindelobstbäume im östlichen Bereich des Gartens sind nicht nur um des Ertrags Willen gepflanzt, sondern gleichzeitig ein lebendes raumbildendes Element. Wie ein weißes Blütenband sieht die Spiereenhecke (*Spiraea arguta*) im April aus, die den Gartenraum von Osten und Norden einfaßt.

Herrlich orangerote Früchte des Feuerdorns.

Bäume und Sträucher

Einkauf von Gehölzen

In jeder Stadt und in nahezu jedem größeren Dorf gibt es eine Baumschule, Gärtnerei oder ein Gartencenter, wo man Bäume und Sträucher kaufen kann. Neuerdings bieten sogar Supermärkte und Versandhäuser Gehölze an, die dann meistens billiger sind, als die in Baumschulen. Doch Vorsicht! Die Geschäfte, die keine gärtnerischen Fachbetriebe sind, können ihre Pflanzenware oft nur deshalb so billig verkaufen, weil sie auch billige Ware einkaufen. Darunter können durchaus gesunde und kräftige Pflanzen sein. In der Regel können Baumschulen aber Gehölze, die garantiert anwachsen und einen gesunden und schönen Wuchs haben und außerdem frei von Krankheiten und Schädlingen sind, nicht zu einem derart niedrigen Preis heranziehen und an die Verkaufsstellen abgeben. Ein Baum oder Strauch wächst in der Baumschule aus einem Sämling, Steckling, Steckholz oder anderem Pflanzenteil heran und wird dort im Laufe einiger Jahre mehrmals verpflanzt. Nachdem die Pflanzen gerodet wurden, sichert der Baumschulgärtner jeden Wurzelballen mit einem Ballentuch und setzt die Gehölze an einen anderen Ort, wo sich ihre Wurzeln aufs neue verzweigen. Die Wurzelballen werden dadurch gefestigt, überstehen später den Transport und wachsen im Hausgarten und auf anderem Boden sicher an. Nicht ohne Grund nennen die Baumschulgärtner diese Kulturarbeit »Verschulen«. Manche Bäume und Sträucher werden bis zu zehnmal verschult. Außerdem werden die Kronen der Laubbäume und das Astwerk der Sträucher regelmäßig geschnitten, damit sich Zweige und Äste optimal entwickeln und dem natürlichen Wuchs eines solchen Gehölzes entsprechen. Alle diese Arbeiten werden von Hand durch den Fachmann vorgenommen und kosten deshalb viel Geld. Die im Bund deutscher Baumschulen (BdB) zusammengeschlossenen Betriebe haben die Qualität der Gehölze in bestimmten Richtlinien festgelegt und ihre Mitglieder zum Einhalten dieser Qualität verpflichtet. Außerdem halten die Baumschulen des BdB ein bestimmtes Sortiment bereit.

Leider gibt es aber auch Geschäftemacher auf dem grünen Markt, die Bäume und Sträucher auf viel zu engem Raum heranziehen und mit Kunstdünger aufpäppeln, um sie möglichst schnell zu verkaufen. Solche Ware hat lange, schwächliche und kaum verzweigte Triebe, ist alles andere als schön und kann nur über den Nichtfachhandel verkauft werden. Also Augen auf beim Kauf von Gehölzen!

Gelbblühende Rose im Container.

Aber auch in vielen Fachbetrieben sehen Sie oft immer nur dieselben Gehölze, wenn auch in besserer Qualität als anderswo. Blaufichten, Serbische Fichten, Forsythien, Zierjohannisbeeren, Fingerstrauch und die vielen *Cotoneaster*-Arten gehören dazu. Wenn Sie mal irgendwo einen nicht alltäglichen hübschen Baum oder Strauch gesehen haben und fragen nach ihm in einer Baumschule, kann es Ihnen passieren, daß man Ihnen auch dort mit Kopfschütteln antwortet. Doch dann sollten Sie nicht resignieren. Das Angebot des Bundes deutscher Baumschulen ist groß, größer als Sie es in vielen Betrieben zu sehen bekommen. Und in einem guten Fachbetrieb wird man Ihnen das gewünschte Gehölz in den meisten Fällen besorgen können. Sie sollten sich nur nicht scheuen, nachzufragen.
Was ihr Wurzelwerk betrifft, werden Gehölze auf dreierlei Weise angeboten: als Containerpflanze, als sogenannte Ballenware (Wurzelballen mit Ballentuch befestigt) und mit freiliegenden Wurzeln. Die sogenannte Ballenware ist immer noch am beliebtesten, weil sie nicht zu teuer und ziemlich anwachssicher ist. Containerpflanzen sind Gehölze, die in großen Plastiktöpfen herangezogen wurden. Sie haben einen gut durchwurzelten und gefestigten Topfballen und können deshalb sogar mitten im Sommer gepflanzt werden. Sie sind jedoch am teuersten. Für Gärten mit schlechtem Boden und extremen Umweltverhältnissen lohnt sich diese Mehrausgabe aber auf jeden Fall. Bei Containerpflanzen sollten Sie darauf achten, daß der Topfballen zwar gut durchwurzelt ist, die Wurzeln jedoch nicht aus dem Topfboden herausgewachsen sind. Wenn man nämlich den Container zum Pflanzen entfernt, werden nicht nur diese Wurzeln beschädigt, sondern oft auch der ganze Wurzelballen auseinandergerissen.
Mit freiliegenden Wurzeln werden im Allgemeinen nur noch Rosen, Obstbäume oder Gehölze für geschnittene Hecken verkauft. Wenn die Wurzeln reichlich und kräftig ausgebildet sind, wachsen auch diese Gehölze bei sorgfältiger Pflanzung garantiert an. Gehölze mit freiliegenden Wurzeln sind am billigsten.

Die Pflanzpraxis

Bis auf Rosen, die Spiraeen für die Hecke und die Obstbäume pflanzten wir Ballenware und hatten bis auf die Südbuche, die am Rotpustelpilz zugrunde ging, keinen Ausfall. Daß hier und dort mal ein Gehölz nicht anwächst oder an einer Krankheit stirbt, kann auch bei guter Ware und sorgfältiger Pflanzung passieren. Die Südbuche haben wir schnell durch eine andere ersetzt. Wir stellten die Gehölze zunächst nach Plan auf, rückten sie ein wenig hin und her und drehten sie vor allem mit dem »Gesicht« nach vorn, wie die Landschaftsgärtner sagen. Gemeint ist, daß die schönste Seite dorthin gedreht wird, von wo man das Gehölz normalerweise betrachtet.
Nachdem wir diese Gehölzgalerie nochmal von weitem betrachtet und hier und dort ein wenig korrigiert hatten, konnten wir beginnen zu pflanzen.

Große Ballen sind zusätzlich durch Maschendraht geschützt.

Der Knoten des Ballentuchs wird im Pflanzloch geöffnet.

Rund um den Wurzelballen zeichnet man im Abstand von einem halben bis ganzen Spatenstich Breite einen Kreis an, stellt den Baum oder Strauch zur Seite und hebt das Pflanzloch aus. Das Gehölz darf dabei nicht tiefer gepflanzt werden, als es vorher im Boden stand. Der Wurzelhals, der Übergang vom Ballen zum Stamm, darf nur dünn mit Erde bedeckt sein. Kleinere Sträucher kann man notfalls noch einmal herausnehmen, wenn sie zu tief geraten sind, um etwas Erde ins Pflanzloch zu füllen. Bei großen Bäumen ist man froh, wenn man den schweren Ballen endlich ins Pflanzloch gewälzt hat. Sicherheitshalber kann man aber vorher mit Hilfe des Spaten- oder Schaufelstiels die Tiefe des Pflanzloches abmessen und mit der Höhe des Ballens vergleichen. Bei einem Boden mit festem, schwer durchlässigem Untergrund sollte man die Sohle des Pflanzloches lockern und gründlich mit feuchtem Torf oder Humus vermischen. Auch der Aushub des Pflanzloches wird gründlich mit Torf, Kompost oder Rindenhumus vermischt.

Die Wurzelballen großer Bäume sind außer mit Ballentuch noch mit einem Geflecht aus Maschendraht umgeben. Dies muß restlos entfernt werden, bevor man das Gehölz ins Pflanzloch hebt. Im Pflanzloch löst man dann den Knoten des Ballentuchs. Der Wurzelhals muß ganz freiliegen, damit er später nicht vom Ballentuch eingeschnürt wird. Dieses Tuch verrottet mit den Jahren im Boden. Man sollte den Ballen dennoch möglichst freilegen, damit die Wurzeln ungehindert in das sie umgebende Erdreich wachsen können. Bei einem sehr festen, gut durchwurzelten Ballen kann man es sogar ganz entfernen.

Schließlich wird die mit Humus vermischte Erde rund um den Ballen eingefüllt, der Baum oder Strauch noch mal gerade gerückt und mit dem Schuhabsatz rundherum festgetreten.

Von oben nach unten:

Das Pflanzloch wird zugeschaufelt. Anschließend mit dem Schuhabsatz die Erde fest antreten und wässern.

Containerpflanzen werden in gleicher Weise gepflanzt. Man stellt sie jedoch mitsamt Container in einen Kübel Wasser, bis sich die Topfballen gründlich vollgesaugt haben. Erst dann werden die Container entfernt und die Bäume gepflanzt.

Der Baumpfahl

Frisch gepflanzte Bäume und größere Sträucher brauchen einen Baumpfahl. Man schlägt ihn an der Seite des Baumes ein, von der am meisten Wind zu erwarten ist, meistens ist dies die Westseite. Denn der Wind bewegt den frisch gepflanzten Baum wie einen Hebel, so daß die jungen Wurzeln im Boden immer wieder losgerissen werden und keinen Halt finden. Um dies zu verhindern, bindet man den Baum an einem Pfahl an, bis sein Wurzelwerk im Boden Fuß gefaßt hat. Den Baumpfahl kann man senkrecht neben dem Stamm oder schräg am Baumstamm vorbei in den Boden schlagen. Der schräg eingeschlagene Baumpfahl hat vor allem den Vorteil, daß man ihn dicht am Stamm vorbeiführen kann, ohne dabei den Wurzelballen zu beschädigen. Außerdem braucht man nicht auf eine hohe Leiter zu steigen, um ihn einzuschlagen. Senkrecht schlägt man den Baumpfahl vor allem bei Obstbäumen ein, die mit freiliegenden Wurzeln gepflanzt werden. Oft kommt der Pfahl dann an die Südseite des Stammes, um gleichzeitig etwas Schatten zu spenden. Dies ist vor allem bei Steinobstbäumen sinnvoll, die im Winter an sonnigen Tagen und frostigen Nächten leicht Frostrisse bekommen können. Ein beschatteter Stamm wird nicht so stark von der Sonne erwärmt, so daß sich seine Rinde nicht so stark ausdehnt und nachts zusammenzieht. Ein senkrechter Baumpfahl wird immer ins offene Pflanzloch geschlagen, noch bevor man

Von oben nach unten:
Schräger Baumpfahl, am Wurzelballen vorbeigeschlagen.
Senkrechter Pfahl bis zur Krone.
Achterknoten.

den Baum hineinsetzt. Andernfalls würde man die Wurzeln des Baumes beschädigen. Den Obstbaum pflanzt man dann möglichst dicht am Pfahl. Mit einem Kokosstrick bindet man schließlich den Baum im Achterknoten am Baumpfahl fest. Dabei sollte der Baumstamm vom Strick nicht eingeschnürt werden. Der Knoten wird immer an der Rückseite des Pfahls angebracht.

Schließlich wird der frischgepflanzte Baum gründlich gewässert. Man kann dies durchaus mit einem Gartenschlauch tun, von dem alle Düsen oder sonstige Aufsätze zuvor entfernt wurden. Am besten schüttet man rund um das zugeschüttete Pflanzloch einen kleinen Erdwall auf, legt das Schlauchende in diesen Kreis und läßt Wasser rieseln. Währenddessen kann man sich dem nächsten Gehölz zuwenden.

Rosen und Hecke

Auch Rosen und Heckensträucher, die mit freiliegenden Wurzeln geliefert werden, sollte man zunächst einige Stunden lang gründlich wässern. Unmittelbar vor dem Pflanzen werden die Wurzeln um ungefähr ein Drittel gekürzt. Damit entfernt man vertrocknete Wurzelteile und regt das Wachstum junger Faserwurzeln an, die in die obere Bodenschicht eindringen und dort Nährstoffe aufnehmen können. Der Umfang der oberirdischen Triebe sollte ungefähr dem der Wurzeln entsprechen. Bei Rosen kürzt man starke Triebe auf fünf, schwache auf drei Augen ein.

Die Triebe der Heckensträucher können nach dem Pflanzen mit der Heckenschere auf eine einheitliche Höhe zurückschneiden, die ganz dicht über dem Erdboden liegen kann. Bei Rosen muß die Veredlungsstelle übrigens drei Finger dick mit Erde bedeckt sein, während sie bei Obstbäumen unbedingt aus dem Boden herausschauen sollte.

Von oben nach unten:

Heckensträucher werden gründlich gewässert, Grabenaushub und -sohle mit Torf vermischt und die Sträucher gepflanzt.

Der Einschlag

Bäume und Sträucher sollten möglichst bald gepflanzt werden, nachdem sie im Garten eingetroffen sind. Manchmal kann jedoch etwas dazwischen kommen, so daß sich die Pflanzung um ein oder mehrere Tage verschiebt. Mit Containerpflanzen gibt es keine Probleme. Man stellt sie am besten an einen etwas schattigen, windgeschützten Ort und wässert sie von Zeit zu Zeit. Alle anderen Gehölze sollte man niemals unbedeckt im Garten herumliegen lassen. Sie werden eingeschlagen, so wie es in den Baumschulen üblich ist. Dazu hebt man in Breite der Ballen einen Graben aus, legt die Wurzelteile der Gehölze dort hinein und schaufelt den Graben wieder zu. Dabei dürfen auch ruhig die Stämme und Triebe der Bäume und Sträucher ein Stück weit mit Erde bedeckt sein. Dies mindert ihre Verdunstung. Bei immergrünen Gehölzen empfiehlt es sich, die Äste und Zweige mit Tüchern, Rohrmatten oder ähnlichem vor Sonne zu schützen. Anschließend wird gründlich gewässert. Zum Pflanzen kann man die Bäume und Sträucher ganz einfach aus der lockeren Erde herausziehen.

Vorübergehender Einschlag von Ballenpflanzen.

Von oben nach unten:

Pflanzschnitt bei Rosen. Rückschnitt der Rosentriebe auf 5 Augen. Die Veredlungsstelle, 3 Finger breit im Boden.

Blühende Stauden

Stauden und ihre Verwendung

Nicht jedem gärtnerischen Laien ist klar, was eine Staude ist. Im Volksmund bezeichnet man oft auch einen Strauch, also ein Gehölz, als Staude, ebenso wie eine Sommerblume oder eine Salatpflanze. Gärtner und Botaniker haben den Begriff Staude jedoch klar definiert.
Der Rittersporn ist zum Beispiel eine bekannte Staude. Irgendwann im Frühjahr durchbrechen die Triebe des Rittersporns die Beetkrume und entfalten bald darauf ihre zierlichen, frischgrünen Blätter. Nach einigen Wochen sind auch schon die ersten Knospen zu erkennen, und dann dauert es nicht mehr lange, bis die inzwischen auf 2 m Höhe herangewachsene Staude in voller Blüte steht. Von Mitte Mai bis in den Juni hinein erfreut uns der Rittersporn mit seinen langen blauen oder weißen Blütenrispen. Dann fangen sie an zu welken. Sie werden braun, ebenso die gesamten Triebe, und nach weiteren 2–3 Wochen kann man den ganzen oberirdischen Teil der Pflanze abschneiden. Er ist abgestorben. Nur der Wurzelteil in der Erde lebt weiter, um im nächsten Frühjahr aufs neue auszutreiben. Der Rittersporn gehört übrigens zu den wenigen Stauden, die zweimal im Jahr blühen, wenn man seine Blütenstände rechtzeitig, also gerade wenn sie zu welken beginnen, abschneidet. Gegen Ende August sind neue blühende Rispen nachgewachsen, die den Staudengarten bis weit in den September hinein mit ihrem Blau und Weiß bereichern.
Stauden sind also langlebige Pflanzen, die jedes Jahr zur Blüte kommen, wo man sie einmal gepflanzt hat. Voraussetzung ist, daß sie in einen guten Boden gepflanzt wurden, aus dem sie einigen Jahre lang Kraft schöpfen können. Ihr oberirdischer Teil, ihre Triebe verholzen jedoch nicht, sondern bleiben krautig und sterben jeweils nach der Blüte ab. Das Wurzelgeflecht im Boden wächst jedoch von Jahr zu Jahr und bringt jedes Jahr immer mehr Triebe hervor. Eine Ausnahme bilden die immergrünen Stauden, deren oberirdische Triebe nach der Blüte nicht absterben, jedoch auch nicht verholzen, sondern auch im Winter grün bleiben. Dazu gehören die meisten Steingartengewächse.

Vorfahren aus Feld, Wald und Wiese

Viele Stauden sind die unmittelbaren Nachfahren oder Verwandten unserer Kräuter und Blumen an Waldrändern, Feldrainen und auf Wiesen. Namen wie Wolfsmilch, Schafgarbe, Storchschnabel, Bärenklau oder Salbei erinnern daran. Auch Trollblume, Märzbecher, Enzian und Edelweiß, Stauden, die also draußen unter Naturschutz stehen, sind längst schon in unseren Gärten heimisch geworden. Diese und viele andere Wildstauden sind in unserer ausgeräumten und ausverkauften Natur vom Aussterben bedroht und stehen deshalb auf der Roten Liste.
Wer sich ein wenig mit dem Leben dieser Pflanzen beschäftigt hat und gärtnerisch soweit fortgeschritten ist, daß er sie selber vermehren kann, hat Gelegenheit, in seinem Garten einen wertvollen Beitrag zum Artenschutz zu leisten.

Vom Statischen zur lebendigen Staudenflora

Von allen Pflanzen bringen Stauden am meisten Leben in den Garten. Sie dürfen jedoch nicht für sich allein stehen, sondern müssen immer an einen baulichen Hintergrund oder an Gehölze angeschlossen sein. So wie in der Natur, wo die Vegetation im Schutz einer Felswand oder am Waldrand am üppigsten und reichhaltigsten ist. Nicht zuletzt deshalb dient die Waldrandflora der Gartengestaltung als beliebtestes Vorbild. Stauden allein im Rasen wirken dagegen verloren, ebenso riesige Flächen von ein und derselben Art. Große ornamentale Farborgien kann man nur mit Einjährigen, mit Sommerblumen, gestalten, die dann

Margeriten sind auf Wiesen und in unseren Gärten heimisch.

auch einen ganzen Sommer hindurch unermüdlich blühen. Die Blüte der einzelnen Staudenart ist viel kurzlebiger und muß durch die einer anderen abgelöst werden. Aber gerade dieser Wechsel von Durchbrechen der Erdoberfläche, Heranwachsen, Blühen, Vergehen und immer wieder neu in Erscheinung tretender Pflanzen macht ein Staudenbeet interessant und lebendig.
Dabei ist die Staudenflora so reichhaltig, daß es für jeden Standort eine Vielzahl gibt, für sandigen Boden in voller Sonne wie für humose Erde im lichten Schatten, für eine Geröllhalde wie für lehmigen Boden an sonnigem Platz. Mit ein wenig Geschick kann man ein Staudenbeet so anlegen, daß zu fast jeder Jahreszeit etwas blüht. Allerdings sollte dies nicht das einzige Gestaltungskriterium bei der Anlage einer Staudenrabatte sein. Wer nur Blütezeiten und -farben beachtet, gerät allzuleicht in Gefahr, Effekthascherei zu betreiben.

Informationen aus dem botanischen Garten

Es kommt bei der Anlage einer Staudenrabatte vielmehr darauf an, daß Wachsen, Blühen und Vergehen nahtlos ineinander übergreifen, daß Welkendes von Blühendem abgelöst und verdeckt wird. Eine Staudenrabatte muß mit den benachbarten Baulichkeiten sowie den Gehölzen harmonieren und ganz auf sie abgestimmt werden. Und nicht zuletzt müssen die Stauden selber nicht nur in ihren Blütenfarben und -zeiten, sondern auch in ihrer Gestalt zueinander passen.
Das alles macht es uns nicht leicht, eine Staudenrabatte zu planen und zu gestalten. Hinzu kommen die Wuchseigenschaften der verschiedenen Staudenarten. Manche erreichen eine Höhe von nahezu 3 m, andere bleiben winzig klein. Die einen nehmen innerhalb we-

niger Jahre ein ganzes Beet für sich in Anspruch, andere müssen davor bewahrt werden, von den Starkwachsenden überwuchert zu werden. Schließlich gibt es Stauden, die auch nach 10 Jahren noch recht ansehnlich sind und andere, die bereits nach 3 Jahren vergehen oder geteilt werden müssen.

Dies heißt jedoch nicht, daß man ständig an seinem Staudenbeet etwas verändern müßte. Im Gegenteil: Eine Staudenrabatte sollte möglichst so angelegt werden, daß sich die Pflanzen in den nächsten 4–6 Jahren unverändert und ungehindert darauf entfalten können. In der Regel entfalten sie erst im dritten Jahr nach dem Pflanzen ihre volle Schönheit. Man muß ihnen nur den Platz einräumen, den sie dazu brauchen.

»Nur!« höre ich Sie sagen. Als wenn das so einfach wäre. Es ist in der Tat nicht einfach. Mancher Gartenfachmann beherrscht die Kunst, eine schöne, harmonisch aufeinander abgestimmte Staudenrabatte anzulegen auch nach jahrelanger Praxis noch nicht. Deshalb sollten Sie jedoch nicht den Mut verlieren. Denn andererseits gibt es Laien, die schon die herrlichsten Staudenkompositionen hinbekommen haben.

Fangen Sie klein an. Versuchen Sie nicht von vornherein, die kompliziertesten Dinge zu planen. In Ihrer ersten kleinen Staudenrabatte

Staudenpflanzung zur Information.

muß es nicht zu jeder Jahreszeit in verschiedenen Farben blühen. Beschränken Sie sich zunächst auf einige schöne große Stauden und kombinieren Sie diese mit kleinen Gehölzen, zum Beispiel Polyantharosen, oder mit Sommerblumen. Später lassen Sie die Sommerblumen weg und gesellen die eine oder andere kleinere Staudenart dazu. Oder legen Sie ein Versuchsbeet an, auf dem Sie einige Stauden, die Ihnen gefallen, einfach anpflanzen, ohne zunächst auf gestalterische Prinzipien zu achten. Dort können Sie die Gewächse einige Jahre beobachten und kommen so von selber dahinter, wie Sie eigentlich richtig miteinander kombiniert werden müßten. Wenn Sie in dieser Weise erst einmal einige Erfahrung gesammelt haben, fällt es Ihnen auch leichter, eine Staudenrabatte von Grund auf zu planen.

Um eines kommen Sie allerdings nie herum: Sie müssen sich über die Arten und ihre Standortansprüche, sowie ihre Wuchseigenschaften informieren. Dazu besorgen Sie sich am besten ein paar gute, bebilderte Kataloge von Staudengärtnereien. Dies wird schon nicht ganz einfach sein, denn solche gärtnerischen Spezialbetriebe sind leider dünn gesät. Vorsicht mit den Katalogen billiganbietender Gartenversandhäuser. Die Farben auf den Fotos sind meistens maßlos übertrieben und schwindeln dem unwissenden Laien Dinge vor, die es in der Natur niemals gibt. Außerdem sind diese Kataloge meistens wenig informativ. Die Pflanzen haben dort oft verkaufsträchtige Fantasienamen bekommen, mit denen in der Praxis niemand etwas anfangen kann. Zum Glück sind die Staudengärtnereien organisiert, zum Beispiel in der »Gesellschaft der Staudenfreunde«, Gießener Straße 47, 6310 Grünberg (Hessen). Von dort können Sie Informationen und Adressen von Staudengärtnereien bekommen.

Dennoch sollten Sie die Pflanzen außerdem in natura gesehen haben, um sich ein Bild von ihnen machen zu können. Nehmen Sie am besten einen Katalog zur Hand und kreuzen Sie an, was Ihnen gefällt und was nach Ihren bisherigen Informationen auf Ihrem Gartenboden gedeihen würde. Machen Sie sich Noti-

zen über die Blütezeiten der ausgewählten Stauden. Mit dieser Liste besuchen Sie nun zu den jeweiligen Blütezeiten einen botanischen Garten in Ihrer Nähe. Dort können Sie die Stauden betrachten und in ihrem Wachsen, Blühen und Vergehen hautnah erleben.
Manche Stauden sind auch noch schön, wenn ihr oberirdischer Teil längst abgestorben ist und nur noch das braune Gerippe dasteht. Reizvoll kann eine trockene Stauden- und Gräsergestalt auch noch im Winter sein, wenn die trockenen Triebe und Halme von Rauhreif und Schnee überzogen sind.

Der Nutzen für den eigenen Garten
Lassen Sie sich durch Ihren Besuch öffentlicher Gartenanlagen jedoch nicht dazu verleiten, Ihr Staudenbeet im kleinen Garten ebenso großzügig zu gestalten. Dazu fehlt im Hausgarten fast immer der Platz. Eine Staudenanlage im Botanischen Garten kann so groß sein, wie ein ganzer Hausgarten. Die Informationen aus dem botanischen Garten auf der begrenzten Fläche in einem Hausgarten umzusetzen, ist nicht ganz einfach. Wenn in einer öffentlichen Anlage 10 oder 20 Rittersporne, Rudbeckien oder Herbstastern auf einem Fleck stehen, muß man sich im Hausgarten auf 3 oder 5 Exemplare beschränken. Manchmal kann sogar eine einzige Staude, die in einem Park Platz genug hat, zu wachsen und sich zu entfalten, für einen Hausgarten viel zu groß sein, so daß Sie auf dieses Gewächs verzichten müssen. Dies alles aus der Beobachtung heraus abzuschätzen, ist für den gärtnerischen Anfänger nicht ganz einfach. Deshalb sollten Sie nicht den Ehrgeiz haben, von vornherein ein perfektes Staudenbeet zu planen, sondern zunächst das bereits angesprochene Versuchsbeet anlegen. Dies bedeutet keinesfalls eine Mehrausgabe und auch nicht doppelte Arbeit. Denn die wenigen Stauden, die Sie zur Beobachtung in Ihren Garten holen, können Sie meistens selber vermehren, indem Sie sie ganz einfach teilen. Mehrarbeit bedeutet es deswegen nicht, weil es viel mühevoller wäre, eine unüberlegt gestaltete Rabatte jedes Jahr auszulichten und neu zu gruppieren. Auf dem Versuchsbeet können Sie vielleicht diese oder jene Staude stehenlassen und einige andere passende dazugesellen. Haben Sie auch nicht den Ehrgeiz, gleich große Flächen mit Stauden zu bepflanzen. Für den Anfang reicht ein schmaler Streifen von 1–1,50 m Breite, den Sie viel leichter übersehen und pflegen können, als ein großes Staudenbeet mit unregelmäßigem Grundriß.
Manche große dekorative Stauden können Sie in gehörigem Abstand auch ohne weiteres allein auf ein Beet pflanzen. Hierzu gehören zum Beispiel die Sonnenbraut (*Helenium*), Goldrute oder Rudbeckie. Auch Pfingstrosen sind solche Pflanzenpersönlichkeiten, daß sie als Einzelexemplare durchaus ihre Wirkung haben. Mit etwas Augenmaß und Geschick kann man auch ein- oder zweijährige Sommerblumen zwischen ihnen pflanzen. Dabei sollte man allerdings keine zu auffälligen oder gar überzüchteten Sorten wählen. Die typischen Beetpflanzen, wie man sie allerorts im öffentlichen Grün oder auf Gräbern sieht, scheiden auf jeden Fall aus. Stattdessen wählt man Arten und Sorten mit schlichten, meistens ungefüllten Blüten. Auch einjährige Gräser sind oft hübsche Partner für manche Stauden.

Sommerblumen, die zu Stauden passen

Dahlien wären zum Beispiel ein guter Staudenpartner. Man sollte aber auf jeden Fall Sorten mit einfachen, also ungefüllten Blüten wählen: Mignondahlien. Wunderschön sind auch Ringelblumen (*Calendula*), die man einfach nur zwischen den hohen Stauden auszusäen braucht. Oder wie wär's mit der Jungfer im Grünen, Strohblumen, Malven, Levkojen, Reseda, Löwenmäulchen oder Zinnien? Auch die vielgeliebten Tagetes lassen sich mit Stauden kombinieren, wenn man die kleinen einfachblühenden, die Studentenblumen, wählt. Die Kapuzinerkresse sollte man nur zwischen entsprechend hohen und kräftigen Stauden aussäen, weil sie kleinere sehr schnell überwuchern würde. In einem bäuerlichen Garten ist

Stauden, wie Phlox und Staudensonnenblumen, mit einjährigen Sommerblumen *(Tagetes)* kombiniert.

Rosen harmonieren mit Ritterspornen. Bei rechtzeitigem Rückschnitt blüht Rittersporn ein zweites Mal.

es sogar denkbar, Sonnenblumen zwischen die Stauden zu pflanzen.
Andere Stauden, wie zum Beispiel Rittersporn, Schafgarbe oder Rudbeckie, lassen sich sehr schön mit Polyantharosen kombinieren, ebenso viele ausdauernde Gräser.

Beet- oder Prachtstauden

Bisher wurde nur das Beobachten, Kennenlernen und Experimentieren mit Stauden beschrieben. Wer ein wenig fortgeschritten ist und nun richtig mit Stauden gestalten will, sollte diese Gewächse nun nach ihrer Herkunft und der Verwendung im Garten unterscheiden lernen.
Eine Gruppe von Stauden wird von den Staudengärtnern als Beet- oder Prachtstauden bezeichnet. Es handelt sich dabei um Stauden, die von den Züchtern über Jahrzehnte, manchmal über Jahrhunderte weiterentwickelt wurden und besonders reich und farbenfroh blühen. Zu den Beet- oder Prachtstauden werden aber auch manche Wildstauden mit den gleichen Eigenschaften gezählt, wie zum Beispiel das Tränende Herz, das eine beliebte Staude in Bauerngärten ist.
Zu den Beetstauden gehören eigentlich die bekanntesten Stauden, von denen die meisten auch gärtnerisch unvorbelasteten Lesern bekannt sein dürften: Rittersporn, Pfingstrose, Eisenhut, Phlox, Sonnenbraut, Rudbeckie, Türkischer Mohn, Gartenlupine, verschiedene Arten von Margeriten und nicht zuletzt die Schwertlilien.
Die Bezeichnung Beetstauden weist darauf hin, daß man diese Gewächse auf eigens dafür geschaffenen Beeten ansiedelt. Diese Beete können an Gebäuden liegen oder vor einer Hecke. Empfehlenswert ist es auch, auf ein solches Beet ein oder zwei Blütensträucher zu pflanzen, denen die Stauden zugeordnet werden und die das Beet im Winter, wenn alle vertrockneten Triebe abgeschnitten sind, nicht ganz so kahl erscheinen lassen. Beet-, Pracht- oder Rabattenstauden, wie sie auch genannt werden, müssen intensiv gepflegt werden. Deshalb empfiehlt es sich, diese Beete nicht zu breit anzulegen, so daß man sie gut bearbeiten kann.

Wildstauden

Bei diesen Pflanzen handelt es sich um züchterisch unveränderte heimische oder fremdländische Stauden. Der Name »Wildstauden«

sagt schon, daß man sie möglichst ungehindert an ihrem Standort wachsen lassen sollte. Sie müssen sich also an dem ihnen zugedachten Standort entfalten können. Der Lebensbereich dieser Stauden liegt vor allem an dem zuvor schon öfter beschriebenen, nachgestalteten Waldrand. Natürlich können sie auch auf freien Flächen wachsen, wenn man sie dort mit den passenden Gehölzen kombiniert. Wildstauden sind nicht nur durch ihre Blüte schön, sondern oft durch ihre ganze Pflanzengestalt.
Der frischgrüne Austrieb, die Blätter und nicht selten das trockene Staudenkraut tragen vom zeitigen Frühjahr bis in den Winter hinein zur Schönheit einer Wildstaudenpflanzung bei. Zu diesem Staudentyp gehören, wie schon zu Anfang erwähnt, viele Pflanzen, die wir auch schon von unseren Wiesen, Feldrainen und Waldrändern kennen: Bärenklau, Akelei, verschiedene Astern, Margeriten, Anemonen, die Trollblume, Gemswurz, Hellerkraut, Schafgarbe und viele andere.
Während die Beetstauden sich vor allem an vollsonnigen Standorten wohlfühlen, müssen Wildstauden sehr sorgfältig für den Standort ausgewählt werden, der ihrem natürlichen nahekommt. Farne gedeihen am besten am lichten oder tiefen Schatten auf humusreichem, feuchtem Boden. Teilweise besonnt, frisch bis feucht und nährstoffreich sollte der Boden für die Trollblume, den kriechenden Günsel oder die Frühlingstaglilie sein. Auch der Storchschnabel liebt einen nährstoffreichen Boden, der jedoch von der Sonne erwärmt sein sollte. Dennoch zieht diese Staude einige Stunden Schatten einer vollen Besonnung vor. Auf sonnigem, nährstoffarmem Boden gedeihen die Strandnelke, der Mauerpfeffer, der kriechende Thymian oder die Rundblättrige Glockenblume. Die aufgeführten Standorte und einige Stauden sollen nur als Beispiel gelten.

Ein Steingarten für die Stauden

Ein Steingarten ist eine Staudenanlage besonderer Art. Er bietet sich vor allem in bergigem oder hügeligem Gelände an. Aber auch im

Stachys grandiflora gedeiht im lichten Schatten und paßt gut zum Wasser.

Dachwurz *(Sempervivum)* hebt sich aus dieser Steingartenpflanzung besonders hervor.

norddeutschen Flachland ist es denkbar, alpine Flora anzusiedeln, wenn man die Umweltbedingungen schafft, die diese Pflanzen zum Leben brauchen. Hinzu kommt, daß die alpine Gebirgswelt und das norddeutsche Flachland zwei gegensätzliche Landschaftstypen sind, die nur schwer miteinander harmonieren. Es erfordert also sehr viel Geschick, beides miteinander zu kombinieren. Am besten schirmt man die landschaftliche Umgebung mit einer dichten Gehölzpflanzung ab, an die man dann seinen Steingarten ohne weiteres anlehnen kann. Steingartenstauden brauchen auch sehr viel Luftfeuchtigkeit. Allein dies ist schon ein Grund, den Garten mit einer dichten Gehölzpflanzung zu umgeben, wobei auch reichlich Laubgehölze gepflanzt werden sollten. Viele Steingartenfreunde legen zu Füßen ihres Steingartens auch einen kleinen Teich oder künstlichen Bach an, aus dem verdunstendes Wasser emporsteigt und die Pflanzen benetzt.

Die Grundlage eines Steingartens bilden die Steine. Sie werden an einer Böschung oder auf einem Hügel mit ihrer breiten Seite und leichtem Gefälle gegen den Hang eingebaut, wobei man sie so aufschichtet, daß ein Stein mit einer Ecke oder Kante auf dem anderen aufliegt und diesem Halt gibt. Der Wasserhaushalt im Boden muß ausgewogen sein. Deshalb muß zunächst einmal für guten Wasserabzug gesorgt werden. Der Unterbau eines Steingartens besteht also aus aufgeschüttetem Schotter oder Geröllkies. Die Erde muß wiederum Wasser halten können. Sie sollte leicht alkalisch, lehmig und dabei humusreich sein.

Der Reiz einer Steingartengesellschaft besteht unter anderem darin, daß man auf kleinstem Raum einen ganzen Garten gestalten kann. Ein Blumenkasten, ein alter Futtertrog, ein Kalktuffstein oder Lavastein reichen schon aus. Der Steingarten ist also auch für einen Balkon geeignet.

Reizvoll ist auch eine Trockenmauer, in deren Fugen man eine Vielzahl von Polster bildenden Gewächsen vereinigen kann. Als Mörtel dient bei dieser Mauer gute Erde. Natursteine gibt es fast in jedem Landstrich. Die klassischen Steine fürs Alpinum sind Kalksteine, weil Kalk viel Wasser speichert und nach Bedarf auch abgibt. Man kann aber ebenso aus Schiefer, Sandstein, Granit oder Basaltsteinen einen Steingarten bauen. Die unterste Steinschicht einer Trockenmauer wird waagerecht auf gestampftem Kies verlegt, und zwar mit 2–5 cm breiten, senkrechten Fugen. Darüber kommt eine ebenfalls 5 cm dicke Schicht Oberboden, auf die dann die Steine der nächsten Reihe, mit leichtem Gefälle gegen den Hang und etwas nach hinten versetzt, geschichtet wird.

Dieses schräg gegen den Hang aufgeschichtete Mauerwerk hat zweierlei Gründe. Erstens hält eine solche Mauer dem Erddruck des Hanges besser Stand als eine genau senkrecht aufgeschichtete, zweitens kann das Regenwasser über die Oberflächen der Steine fließen, in die Fugen eindringen und somit an die Wurzeln der dort eingepflanzten Steingartenstauden gelangen.

Damit überschüssiges Wasser leicht abfließen kann, wird die Trockenmauer mit einer Schicht Gesteinssplitt oder Grobkries hinterfüllt.

Aus zwei, sich gegenüberliegenden und zueinander geneigten Trockenmauern kann man einen sogenannten Trockenmauerwall errichten, dessen Oberfläche dann ebenfalls mit alpinen Gewächsen bepflanzt werden kann. Ebenso kann man einen Talweg schaffen, der von Ost nach West verläuft und an dessen Nord- und Südseite sich je eine Trockenmauer erhebt.

Auf diese Weise kann man sonnen- und schattenliebende Stauden einander gegenüberstellen. Im Steingarten sind also viele Variationen möglich.

Der Staudenplan

Wenn Sie sich mit alldem, was bisher in diesem Kapitel gesagt wurde, ein wenig befaßt und erste Erfahrungen mit Stauden auf einem Versuchsbeet gesammelt haben, können Sie sich daranwagen, einen ersten Staudenplan zu ent-

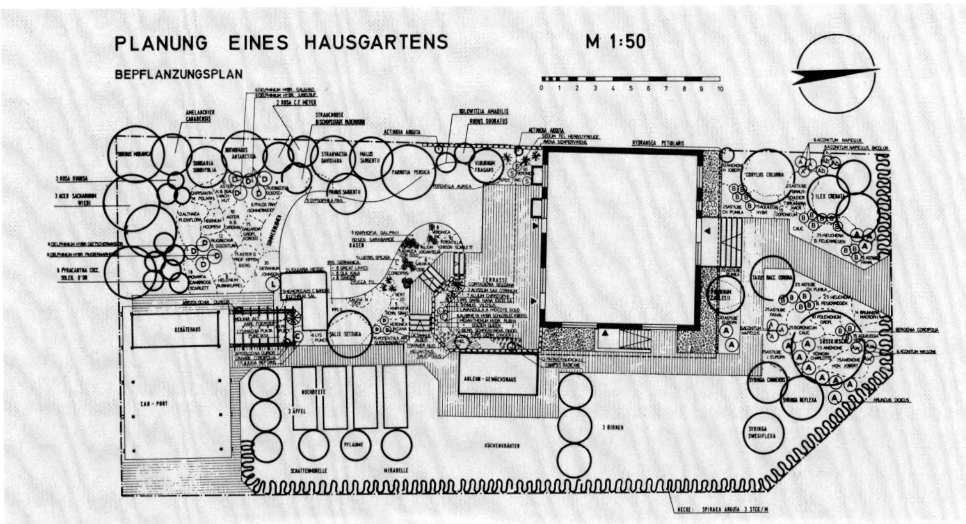

Der Plan für unsere Staudenpflanzung. Die Leitstauden sind mit ihren Anfangsbuchstaben in Kreisen gekennzeichnet.

werfen. Ohne sorgfältige Planung geht es bei einem Staudenbeet nicht. Blütenfarben, Blütezeiten, schöner Austrieb müssen aufeinander abgestimmt, die Abstände von einer Pflanze zur anderen müssen eingehalten werden. Anhand des Planes können Sie überhaupt erst eine Pflanzenliste aufstellen, mit der Sie dann zur nächstgelegenen Staudengärtnerei fahren.

Heften Sie am besten einen Bogen Millimeterpapier von unten an den Bogen Transparentpapier oder zeichnen Sie ein Raster mit Quadraten von 1 × 1 m nach dem von Ihnen gewählten Maßstab und drehen Sie das Papier anschließend um. Denn Sie müssen bei dem Entwurf Ihres ersten Staudenplans bestimmt radieren. Natürlich dürfen Sie sich durch dieses Raster nicht verleiten lassen, die Stauden nach Reih und Glied einzuzeichnen. Es dient nur zur Orientierung, um die richtigen Abstände einzuhalten.

Zuerst zeichnen Sie die Gehölze ein, die sich bereits auf der Pflanzenfläche befinden oder die Sie mit einplanen wollen. Es sollten Blütengehölze sein, die im zeitigen Frühjahr blühen, wenn die Staudenrabatte noch ziemlich leer aussieht.

Besonders große, eindrucksvolle Stauden mit reichen Blüten bezeichnet der Staudengärtner als Leitstauden. Sie werden nach den Gehölzen eingeplant. Rittersporn, Phlox, Ligularie, Schafgarbe, die große weiße Sommermargarite, Eisenhut oder Herbstaster sind zum Beispiel Leitstauden. Je nach Größe des Staudenbeetes sollten Sie sich als Anfänger auf höchstens drei Arten von Leitstauden beschränken. Es kann sich dabei durchaus um Species derselben Gattung mit unterschiedlichen Blütenfarben handeln. Am einfachsten läßt sich mit klaren Farben, wie Rot, Gelb, Blau oder Orange, gestalten. Sie müssen jedoch zusammenpassen. Gelb läßt sich gut mit Blau kombinieren. Und wo sich zwei Blütenfarben zu »beißen« drohen, kann man eine weißblühende Staude dazwischenpflanzen. Schon bei der Anordnung der Leitstauden sollte jede Art von Symmetrie vermieden werden. Pflanzen Sie also nie je eine Gruppe Leitstauden in gleicher Anzahl an beide Enden des Beetes. Besser ist es, eine etwas kleinere Gruppe am Rand, eine größere etwas zurück und mehr zur Mitte anzuordnen. Dieselbe Staudenart sollte in einem bestimmten Rhythmus wiederkehren, jedoch unregelmäßig angeordnet sein.

In etwas größeren Gruppen werden die nächsten, etwas niedrigeren Stauden eingeplant. Sie müssen nicht unbedingt an die Hohen anschließen. Oft ist es sogar besser, wenn die Leitstauden bis zu ihrem Fuß freibleiben, damit ihre ganze pflanzliche Gestalt so richtig zur Geltung kommt. Außerdem wirkt eine derart locker aufgebaute Pflanzung gefälliger und natürlicher. Die halbhohen Stauden werden also ebenso unregelmäßig in Gruppen auf dem Staudenbeet zwischen den Leitstauden verteilt. Je nach Größe der Anlage und Art der Stauden können hier schon 10 oder 15 Exemplare zusammengepflanzt werden. Schließlich werden die verbleibenden freien Räume flächendeckend von den niedrigen Stauden ausgefüllt. Rein optisch sollten sie jedoch nicht überwiegen, sondern mit den größeren Stauden harmonieren. Die Pflanzabstände der unterschiedlichen Stauden zueinander können Sie übrigens aus guten Staudenkatalogen entnehmen. Eine Faustregel lautet: Hohe Stauden, zum Beispiel Rittersporn, verlangen einen Abstand von 60–80 cm, halbhohe, zum Beispiel Phlox und Margariten, 40–60 cm und niedrige Stauden 15–20 cm.

Hornspandünger wird vor dem Pflanzen ausgestreut.

Einkauf und Pflanzung von Stauden

Stauden sind, wenn man sie kauft, oft unscheinbar und wenig belaubt, so daß es für den Laien sehr schwer ist, sich ein Bild von ihrer Qualität zu machen. Man sollte sich deshalb guten Staudengärtnereien anvertrauen, die das Gütezeichen »Deutsche Qualitätsstauden« führen. Man braucht sich dort die Pflanzen noch nicht einmal selber auszusuchen, sondern kann sie bestellen, am besten mit Hilfe einer vorgefertigten Liste, die man von einem solchen Betrieb bekommen kann. Natürlich kann es vorkommen, daß diese oder jene Sorte ausverkauft ist. Man kann dann auf der Liste vermerken, welche ähnlich blühende Sorte man haben will, sich aber auch eine Ersatzlieferung verbeten.

Eine gründliche Bodenvorbereitung ist für Stauden besonders wichtig. Denn auf einer Staudenrabatte soll es ja viele Jahre lang wachsen und blühen, ohne daß man sie wesentlich verändern und beeinflussen muß. Man sollte auch daran denken, daß man sie später mit Blumenzwiebeln ergänzen will. Deshalb sollte das Staudenbeet so vorbereitet werden, daß jegliches Hacken später weitgehend unterbleiben kann.

Unkräuter mit Pfahlwurzeln oder langen Rhizomen, wie Löwenzahn, Quecke, Ackerwinde oder Hahnenfuß müssen sorgfältig gejätet werden. Sogenannte Sommerunkräuter lassen sich dagegen auch später leicht mit der Hand herausziehen.

Je weniger man später hackt und den Boden des Staudenbeets stattdessen mit Humus anreichert, desto ungestörter kann sich der Staudenflor entwickeln.

Wir hatten den Boden unseres Gartens ja ohnehin schon von einem Bagger tiefgründig lokkern lassen. Anschließend säten wir Gründüngung, die den Boden weiterhin locker hielt, beschattete, somit vor Austrocknung schützte und mit Nährstoffen anreicherte. Wer eine Rasenfläche in eine Staudenrabatte verwandeln will, sollte den Boden zuvor 2–3 Spatenstich tief umgraben.

Wir arbeiteten mit der Kultivatorhacke noch einmal reichlich Torf und eine kräftige Gabe Hornspandünger in den Boden ein. Grundsätzlich ist das Frühjahr die beste Pflanzzeit für Stauden. Um diese Jahreszeit ist der Boden noch feucht und erwärmt sich zusehends. Die Pflanzen haben also optimale Wachstumsbedingungen. Da aber die meisten Stauden in Containern angeboten werden, kann man sie auch bis in den Sommer hinein und im Herbst pflanzen.

Auslegen nach Quadratraster

Wie eine Staudenpflanzung aufgebaut ist, wurde zuvor bereits erläutert. Unser Gartenarchitekt hat nur die Leitstauden und andere markante größere Stauden auf dem Plan durch Kreise gekennzeichnet und ihre Anfangsbuchstaben darin eingetragen. Die Flächen, die die anderen Stauden einnehmen, hat er durch ge-

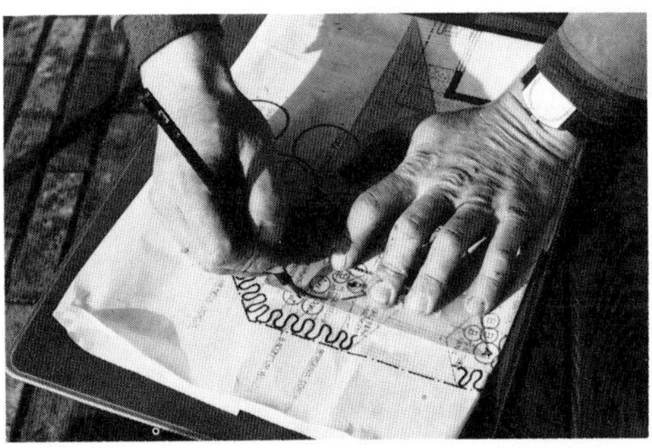

Quadratraster als Orientierungshilfe: auf dem Plan (oben) und dem Beet (unten). Stauden im Container wässern (oben rechts), austopfen und auslegen (unten rechts).

strichelte Linien umrissen, so daß die Pflanzfläche in viele unregelmäßige Felder eingeteilt ist. Die jeweilige Art und die Anzahl der Pflanzen sind auf diesen Feldern eingetragen. So war es nicht einfach, mit bloßem Auge auszumachen, wo denn dort in der Mitte die 25 Gemswurz, die 15 Anemonen oder die 22 Astilben gepflanzt werden sollten. Wir schafften uns eine Orientierungshilfe, indem wir auf unserem Plan mit Hilfe eines rechtwinkligen Dreiecks und eines Bleistifts ein maßstabsgerechtes Raster mit Quadraten von 1 m über die Pflanzflächen legten. Diese Ra-

Von links nach rechts: Pflanzung einer Staude: Austopfen, Pflanzloch schaufeln, fest andrücken.

ster übertrugen wir anschließend mit Zollstock, Schnur und Rechenstiel auf unsere fertig vorbereitete Pflanzfläche im Garten. So konnten wir aus dem Plan ablesen: Die 25 Gemswurz kommen in die zweite Reihe ins dritte und vierte Quadrat und in die dritte Reihe ins dritte Quadrat. So konnten wir uns Quadrat für Quadrat vortasten und die Stauden genau nach Plan auslegen. Natürlich achteten wir dabei auf die unregelmäßige Anordnung der Gruppen. Das Raster diente nur unserer Orientierung.
Bevor wir die Stauden auslegten, stellten wir sie alle in eine mit Wasser gefüllte Schubkarre. Erst nachdem sich ihre Wurzelballen voll Wasser gesaugt hatten, wurden die Container entfernt und die Pflanzen ausgelegt.
Sorgfältig sollte beim Auslegen wie beim Pflanzen darauf geachtet werden, daß der zuvor so gründlich gelockerte Boden nicht wieder festgetreten wird. Bei schmalen Beeten kann man von beiden Seiten arbeiten. Bei großen Pflanzflächen, wie wir sie auch zum großen Teil in unserem Garten haben, sollte man möglichst auf Zehenspitzen und in großen Schritten über die Pflanzfläche gehen. Von einem Standort wird dann soviel wie möglich ausgelegt und gepflanzt. Noch besser ist es, Bretter über das Beet zu legen, auf denen man dann entlanggehen und stehen kann, ohne den Boden wesentlich zu verdichten.
Als einziges Werkzeug braucht man eine Pflanzschaufel. Eingefleischte Gärtner machen die Pflanzlöcher sogar mit der Hand. Dazu muß der Boden natürlich sehr locker sein. Die Stauden dürfen beim Pflanzen auf keinen Fall zu tief in den Boden kommen. Die Oberfläche des Topfballens muß mit der Erdoberfläche abschließen. Das Pflanzloch wird von allen Seiten gründlich mit Erde gefüllt und die Staude mit beiden Händen kräftig angedrückt.
Nachdem alle Stauden gepflanzt sind, hackt man den Boden zwischen ihnen noch einmal vorsichtig durch und sprüht die gesamte frisch bepflanzte Fläche mit fein eingestellter Schlauchdüse ein.

Die Stauden in unserem Redaktionsgarten

Eigentlich ist unser Garten ganz von Stauden durchzogen. Im wesentlichen konzentrieren sich die Stauden aber auf die große Vorgartenfläche und den südlichen Bereich des Gartens. Aber auch die Terrasse und der Gartenteich

sind von Stauden umrahmt. Wir haben eine große Vielfalt an Stauden in unserem Garten, was jedoch nicht unbedingt als Vorbild für jeden anderen Hausgarten zu dienen braucht.
Andererseits macht aber diese relativ großzügige Gestaltung deutlich, wie viele Stauden man unter Berücksichtigung aller gestalterischen Regeln in einem kleinen Hausgarten ansiedeln kann. Es handelt sich in unserem Garten zwar nicht um eine Wildstaudenpflanzung, die Staudenbeete haben aber dennoch einen wildhaften Charakter, abgestimmt auf die Gehölze und die ländliche Umgebung.

Der Vorgarten

Unser Vorgarten liegt vor der Nordseite des Hauses und damit zum größten Teil in tiefem Schatten. Seine Fläche ist jedoch recht groß. Deshalb bekommt der am Straßenrand gelegene Teil des Vorgartens morgens und gegen Abend zumindest für einige Stunden Sonne. In einem solchen Vorgarten läßt sich einiges mit blühenden Stauden machen.
Als erste blühen in unserem Vorgarten die Bergenien (*Bergenia cordifolia*) in 35 cm hohen, violett und rosa gefärbten Blütenständen. Ihre fleischigen Blätter sind übrigens auch im Winter grün, und diese Staude gedeiht auf feuchtem Boden und sogar im tiefen Schatten. Fast zur selben Zeit blüht blau das Kaukasusvergißmeinnicht (*Brunnera macrophylla*). Dazu gesellt sich die Gelbe Frühlingsmargarite (*Doronicum caucasium*) mit ihren goldgelben Korbblüten. Rosa, Blau und Gelb sind also die Blütenfarben unseres Vorgartens im April und Mai. Im Mai gesellen sich die Akelei (*Aquilegia*-Hybriden) mit ihren lieblichen weißen, gelben, roten und blauen Blüten dazu. Auch der Himmelsreiter (*Polemonium coerulum* 'Grandiflorum') öffnet im Mai seine blauen Blüten, die er bis tief in den Sommer hinein behält.
Als Leitstauden bestimmen von Juni bis in den August hinein vor allem verschiedene Sorten des Eisenhut das Bild in unserem Vorgarten. Der Blaue Eisenhut (*Aconitum napellus*) wird manchmal mit Rittersporn verwechselt, erreicht jedoch nur eine Höhe von 1,60 m und wächst straff aufrecht. Hübsch ist auch der blau-weißblühende Eisenhut, den wir ebenfalls in unseren Garten pflanzten. Mit seinen mächtigen weißen Rispen schließt der Geißbart (*Aruncus dioicus*) unseren Vorgarten im Juli und August an der Ostseite, wo wir 10 dieser bis zu 1,60 m hoch wachsenden Stauden pflanzten. Feuerrot leuchten die zahlreichen kleinen Blüten des Purpurglöckchens über dem dunkelgrünen Laub dieser Staude. Das Purpurglöckchen (*Heuchera brizoides* 'Feuerregen') säumt im Juni und Juli ein Stück unseres Eingangsweges. Einen sommerlichen Höhepunkt erlebt unser Vorgarten von Juni bis September, wenn die vier verschiedenen Sorten der Prachtspiere darin blühen, die für diese halbschattige bis schattige Nordlage wie geschaffen sind. Hellrosa blüht als erstes *Astilbe japonica* 'Europa' von Juni bis Juli. Im Juli entfalten auch die beiden Sorten von *Astilbe* × *arendsii* ihre Blütenrispen. Es sind die Sorten 'Brautschleier', deren weiße Blütenstände

Die Herbstanemone 'Honorine Jobert'.

eine Höhe bis zu 70 cm und 'Fanal' mit granatroten Blüten, die 60 cm hoch werden. Klein bleibt dagegen *Astilbe chinensis* 'Pumila', deren 20–30 cm hohen Rispen lilarosa von August bis in den September hinein blühen.
Die Herbstanemonen (*Anemone japonica* 'Honorine Jobert' und *Anemone japonica* 'Königin Charlotte') schließen den Blütenreigen unserer Stauden im Vorgarten.
Beide blühen von August bis September, erreichen mit ihren Blütenständen eine Höhe von 60–80 cm und gedeihen ebenfalls sehr gut im Halbschatten und Schatten. Die weißen Blüten von 'Honorine Jobert' bringen Licht in die schattige bis dunkle Ecke unter der Baumhasel, während 'Königin Charlotte' lilarosa blüht.

Der Gehölzrand

Die große Staudenrabatte im südlichen Teil unseres Gartens ist an zwei Seiten von Gehölzen umschlossen. Mit den Strauchrosen, den Apfelrosen, der Südbuche, der Fiederspiere, der Felsenbirne, Eberesche, den drei Zuckerahornen und den sieben Feuerdornsträuchern bildet sie viele Monate im Jahr eine blühende Einheit. Es handelt sich hierbei vor allem um große, zum Teil ausladende Stauden, die den ihnen zur Verfügung stehenden großen Platz ausfüllen. Als Leitstauden dominieren in dieser Pflanzung vor allem die verschiedenen Sorten Rittersporn (*Delphinium* × *cultorum*). Diese 0,90–1,80 m hochwachsenden Stauden blühen in Juni und Juli und wenn man sie sofort nach der Blüte bis auf 10 cm über dem Boden zurückschneidet, ein zweites Mal von September bis Oktober. Leuchtend blau blüht die Sorte 'Jubelruf' mit bis zu 1,70 m hohen Blütenständen und daneben die weiße Sorte 'Galahad'.
Die dunkelviolette Ritterspornsorte 'Finsteraarhorn', sowie die ihr zugeordnete 'Gletscherwasser' lösen im Frühsommer die weißen Blüten der Feuerdornsträucher ab, während deren orangeroten Früchte die zweite Blüte dieser beiden Rittersporne überdauern.

Rudbeckien im südlichen Teil unseres Gartens.

Herbstaster (*Aster novi-belgii* 'Cardinal').

Blutweiderich an unserem Gartenteich.

Wie diese dominierenden Rittersporne bereits erkennen lassen, liegt der Blütenschwerpunkt dieser Rabatte im Sommer und Herbst. Der Sommerphlox (*Phlox paniculata* 'Sommerkleid') blüht gemeinsam mit den Ritterspornen ab Juni und bringt im September seine letzten warm-rosa Blüten hervor. Auch die 60 cm hoch wachsende Sonnenbraut (*Helenium hoopsii*) zeigt bereits im Juni ihre goldgelben Blüten, die sie bis in den Juli hinein behält. Ihre rotbraun blühende Schwester, die *Helenium*-Hybride 'Rubinkuppel' hat rotbraune Blüten von August bis September. Die 'Rubinkuppel' wird bis zu 1,20 m hoch.

In den Monaten Juli, August und September blühen überhaupt die meisten Stauden dieser Rabatte. Hierzu gehören weiter: die Große Weiße Sommermargarite (80–100 cm), Sonnenhut (*Rudbeckia sullevanti* 'Goldsturm') mit einer Höhe von 60–80 cm, goldgelben Blüten mit schwarzer Mitte, die Stockrose (*Althea rosea* 'Plenifolia') mit ihren bis zu 2 m hohen, gefüllt rot und rosa blühenden Blütenständen, der purpurviolett blühende, 30 cm hohe Storchschnabel (*Geranium grandiflorum* 'Johnson'), das weiße Staudenschleierkraut (*Gypsophila paniculata*), das bis zu 1,20 m hoch werden kann, sowie die Kokardenblume (*Gaillardia* × *grandiflorum* 'Kobold') mit seinen auffallend roten Korbblüten. Nicht zu vergessen die leuchtend lachsrot blühende Indianernessel (*Monarda* 'Cambridge Scarlet'), deren interessante Blüten sich bis zu 1,20 m über den Boden erheben.

Die Herbstastern lassen das Blütenjahr auf dieser Staudenrabatte ausklingen. Als erste blüht die Glattblattaster (*Aster novi-belgii* 'Cardinal') leuchtend rot an 80–100 cm langen Trieben ab August bis in den Oktober hinein. Bald darauf folgt die 'Blaue Nachhut' mit 1,50 m hohen Trieben, die von September bis Oktober blüht. Nur 40 cm hoch, aber nicht minder schön, ist *Aster dumosus* 'Professor Kippenberg' mit ihren leuchtend blauen Blüten, die ebenfalls von September bis Oktober Farbe in den Herbst bringen.

Rund ums Wasserbecken

In unserem Garten gibt es auch einen kleinen Teich mit Seerosen, Rohrkolben und einigen anderen Wasserpflanzen. Ein ganzes Kapitel ist dieser kleinen Welt mit ihrer Flora und Fauna in und ums Wasser in diesem Buch gewidmet. Hier soll es zunächst einmal um die Stauden gehen, die am Ufer unseres Gartenteichs wachsen, denn sie sind in die gesamte Staudenpflanzung unseres Gartens eingebunden.

Neben den rotblühenden *Geranium* erhebt sich eine meterhohe Ligularie (*Ligularia hessei*), die von Juli bis September goldgelb blüht. Ebenfalls gelb blüht die Taglilie (*Hemerocallis*) daneben von Juni bis August. Der Blutweiderich mit seinen 60–80 cm hohen, schlanken Blütenständen, die ihre Schönheit ebenfalls von Juli bis September entfalten, ist eine typische Uferstaude. Ein hohes dekoratives Gras, wie zum Beispiel das Riesenpfeifengras (*Molinia altissima* 'Karl Foerster'), macht sich allein wegen seines Spiegelbilds im Wasser am Teichufer immer besonders hüchsch. Im Herbst färben sich seine 1,40–1,60 m hohen Halme goldgelb. Goldgelb sind auch die zahlreichen Blüten des Felberichs (*Lysimachia punctata*) von Juni bis August. Wie ein dichter Teppich bedeckt der kriechende Günsel (*Ajuga reptans*) den schmalen Streifen zwischen dem Wasserbecken und dem Rasenpflasterweg. Von April bis Mai bringt er zahlreiche, 15–20 cm hohe, blaue Blütenstände hervor. Auf der anderen Seite des Teiches blühen drei verschiedene Sorten von Schwertlilien (*Iris germanica*-Hybriden) von Mai bis Juni. Es handelt sich dabei um die blaublühende 'Great Lakes', die dunkelgelbe 'Ola Kala' und die braune 'Ginger'.

Rund um die Terrasse

Die Pflanzung mit den drei Sorten der *Iris germanica*-Hybriden reicht bis an den Fuß der kleinen Böschung, welche die Terrassentreppe und die Terrasse mit dem Rasen in der Mitte des Gartens verbindet. Auf diese Böschung sowie die gesamte Terrasse scheint nahezu den ganzen Tag die Sonne. Es handelt sich also um eine ausgesprochene Südlage. Auf der Böschung hatten wir zuvor in Gruppen zu dritt oder fünft Polyantharosen 'Sarabande' gepflanzt, die von Ende Mai den ganzen Sommer hindurch bis spät in den Herbst hinein wunderbar leuchtend rot blühen. Ihnen sind Stauden zugeordnet, deren Blüte im gleichen Zeitraum liegt. Zum Beispiel Salbei (*Salvia nemerosa* 'Ostfriesland') deren schlanke, leuchtend dunkelviolette Blüten auf den silbriggrauen Blättern die Rosenblüte von Juli bis September begleiten. Fast exotisch muten die Palmlilien an, die mit ihren weißen Blütenständen eine Höhe von 1–1,50 m erreichen. Sie blühen mit dem Salbei zu gleicher Zeit. Leuchtend schwefelgelb und rot sind die aufrechten Blütenstände der 1 m hohen Fackellilien (*Kniphofia* 'Royal Standart'), die ebenfalls zu dieser Zeit blühen. Ein wenig von der Drachenweide wird der Flammende Busch (*Dictamnus albus*) beschattet. Die rosaweißen Blüten dieser 60 bis 80 cm hohen Stauden erscheinen von Juni bis Juli. Noch früher blüht leuchtendrot das Fingerkraut (*Potentilla atrosanguinea* 'Gibson Scarlet'), nämlich von Mai bis Juni. Mit seinem silbrigen Laub bedeckt es den Boden am Wegesrand. Die Silberblattveronica wird 20 bis 30 cm hoch und blüht dunkelblau von Juni bis Juli. Das Mädchenauge (*Coreopsis verticillata* 'Grandiflora') harmoniert mit seinen goldgelben Blüten von Juli bis September mit dem leuchtenden Rot der Polyantharosen. Interessant ist es, die hellpurpurvioletten Blüten an den kerzenartigen Schaften der Prachtscharte zu beobachten. Denn sie öffnen sich zuerst am Kopf und setzen dann ihr Aufblühen nach unten fort. Die Blütezeit dieser 60–80 cm hohen Staude liegt im August und September.

Zu den schönsten Stauden des Sommers gehört zweifellos die Schafgarbe (*Achillea fillipendulina* 'Coronation Gold'). Die goldgelben Dolden dieser 80 cm hohen Staude bilden einen hellen Kontrast zu den tiefrot leuchtenden Blüten der Polyantharosen. Unsere erste Aufmerksamkeit auf diese Staudengemeinschaft an der Böschung lenkt das imposante, 1,20 m hohe Riesenlauch mit seinen fast kinds-

Das Pampasgras ein Jahr nach der Pflanzung.

kopfgroßen lila Blütenbällen. Es handelt sich dabei um *Allium giganteum,* eine Verwandte der Küchenzwiebel.
Einen ganz besonderen Ehrenplatz hat das Pampasgras in unserem Garten bekommen. Mit seinen silbrigweißen Blütenähren, die sich ab Juli zeigen, erreicht *Cortaderia selloana* eine Höhe bis zu 2 m. Es steht fast wie ein Wahrzeichen dort, wo die oberste Stufe unserer Treppe die Terrasse erreicht. Um seinen Fuß bedeckt *Alyssum saxatile* 'Citrinum', das Steinkraut, den Boden, das von April bis Mai schwefelgelb blüht. Neben dieser 20–25 cm hoch werdenden Staude öffnet zu gleicher Zeit die Zwergschwertlilie (*Iris barbata nana* 'Excelsa') ihre blauen Blüten. Und im Juni blüht ein nur 5–7 cm hoch wachsender Thymian (*Thymus vilosus*) rosa auf zierlichen, filzig behaarten Blättern. Wo Thymian wächst, darf auch Lavendel nicht fehlen. *Lavandula angustifolia* 'Hidcote Blue' wird bis zu 60 cm hoch und blüht von Juli bis August. Mit ebenfalls blauen Blüten, jedoch bereits von April bis Mai, bedeckt die Aubretie (*Aubrieta*-Hybride 'Schloß Eckberg') den Boden. Davor, direkt am Kopf der Stützwand aus braunen Holzschwellen, blühen zwei Sorten des Sonnenröschens, nämlich ein rotes und ein gelbes (*Helianthemum*-Hybride 'Rubin', rot von Juni bis August und 'Golden Queen', gelb, von Juni bis September, beide 10–20 cm hoch).
Mächtig erhebt sich die Staudensonnenblume (*Helianthus salicifolius*) mit ihren bis zu 2,50 m hohen Trieben über der Rückwand des Anlehngewächshauses. Ihre schmalen Blätter ähneln denen einer Weide, und die goldgelben Blüten leuchten im September und Oktober in den Garten hinein. Die Schleifenblume (*Iberis sempervirens* 'Findel') wird von Fachleuten als Halbstrauch bezeichnet. Denn ihre 20 cm hohen Triebe bleiben im Winter grün. Die weißen Blüten heben sich im Mai und Juni von dem dunkelgrünen Laub ab. Auch Mohn wächst auf der schmalen Rabatte zwischen Terrassenpflaster und der Schwellenwand, es ist der Islandmohn (*Papaver nudicaule*), der von Mai bis September gelb, orange und rot blüht. An der Westseite unserer Terrasse gibt es eine Ecke zwischen der Hauswand und dem Schneeballstrauch, die im sogenannten Regenschatten liegt. Der Boden bleibt an dieser Stelle also meistens trocken, weil dort kaum ein Regentropfen hinfällt. Dennoch gibt es einige Stauden und Gräser, die dort wachsen, zum Beispiel die von September bis Oktober blühende, 30–40 cm hohe Fetthenne (*Sedum telephium* 'Herbstfreude') mit ihren karminroten Dolden. Der Blaustrahlhafer (*Avena sempervirens*) bringt von Juli bis August seine zarten Blütenähren hervor. Daneben wächst die bereits erwähnte *Veronica incana.* Das gelbe Fingerkraut (*Potentilla aurea*) bedeckt den Boden und blüht von Mai bis Juni.
Es ist schon eine große Vielfalt an blühenden Stauden, die unser Gartenarchitekt mit Sorgfalt und Bedacht für unseren Garten ausgesucht hat. Eigentlich sind nun immer noch nicht alle dieser Gewächse, die es in unserem Garten gibt, genannt worden. Denn streng genommen gehören auch die Blumen, die aus Zwiebeln und Knollen wachsen, dazu. Ebenso die Seerosen, der Rohrkolben, das Pfeilkraut, die Sumpfdotterblumen und anderen Wasserpflanzen in unserem Gartenteich. Diese beiden Gruppen von Stauden sind jedoch so interessant, daß ihnen die nächsten beiden Kapitel dieses Buches gewidmet wurden.

Die Fackellilie öffnet ihre Blüten von oben nach unten.

Vom Leben der Zwiebeln und Knollen

Blumen, die aus Zwiebeln und Knollen wachsen, haben einen ähnlichen Lebensrhythmus wie Stauden. Sie durchbrechen im Frühjahr mit ihren Trieben die Erde, entfalten bald darauf ihre Blätter, blühen und sterben über dem Erdboden ab, während ihr unterirdischer Teil, die Zwiebel oder Knolle, im Boden weiterlebt. Das unterirdische Leben dieser Gewächse unterscheidet sich jedoch ein wenig von dem anderer Stauden.
Dies macht sich bereits am oberirdischen Teil der Pflanzen bemerkbar. Während die meisten Stauden ihre volle Schönheit erst im zweiten und dritten Jahr nach der Pflanzung entfalten, blüht die im Herbst in den Boden gelegte Tulpen- oder Narzissenzwiebel im darauffolgenden Frühjahr am üppigsten. Auch im zweiten und dritten Jahr ist ihre Blüte noch groß und kräftig. Dann werden die Blüten aber immer kleiner und unscheinbarer, und bei manchen sind nach einigen Jahren nur noch einige spärliche Blätter zu sehen.
In der Erde haben sich die Blumenzwiebeln vermehrt. Ihre Anzahl hat zugenommen, sie sind jedoch bei weitem nicht so kräftig, wie die ursprünglich gepflanzten.
Blumen, die dagegen aus Knollen wachsen, sind den Stauden schon ähnlicher. Bei den meisten wächst die Knolle, so daß sie von Jahr zu Jahr kräftiger werden.

Was sind Zwiebeln, was sind Knollen?

Worin sich eine Zwiebel von einer Knolle unterscheidet, müßte eigentlich jede Hausfrau erklären können. Denn fast täglich schält und zerschneidet sie Kartoffeln (Knollen) und Küchenzwiebeln, um damit das Essen für die Familie zuzubereiten.
Wenn man eine Küchenzwiebel von der Spitze bis zur Basis genau in der Mitte durchschneidet, werden die vielen ineinandergelagerten Zwiebelschalen sichtbar, die aus dem Zwiebelboden, dem unteren, flachen und harten Teil der Zwiebel, wachsen. Dieser Zwiebelboden ist der stark verkürzte Stengel der Zwiebelpflanze, die Zwiebelschalen sind die späteren Blätter. Noch speichern die Zwiebelschalen Nährstoffe, die sie brauchen, um der Zwiebel den Start zur Blume zu ermöglichen. Ab September und Oktober sind sogar schon die Blütenknospen der späteren Tulpe oder Narzisse im Innern der Zwiebel voll ausgebildet. Tulpen-, Narzissen- und viele andere Zwiebeln sind von außen durch eine dünne Haut vor Verdunstung und Beschädigungen geschützt. Es gibt aber auch Zwiebeln ohne Schutzhaut, wie zum Beispiel die der Kaiserkronen und Lilien. Jede Zwiebel ist also eine voll ausgebildete, jedoch noch ruhende Pflanze. Nicht ohne Grund bezeichnen Botaniker eine Zwiebel als gestauchten Sproß. In dieser »zusammengefalteten«, vorgefertigten Pflanze sind alle Nährstoffe eingelagert, die sie zum Leben und Wachsen braucht. Im Sommer ruht die Blumenzwiebel in trockenem Boden. Erst wenn es im Herbst etwas kühler und die Erde feuchter wird, bilden sich am Zwiebelboden die ersten Wurzeln. Nach der winterlichen Kälteperiode durchbricht die noch gelbe Spitze die Zwiebelschale und schiebt sich an die Oberfläche des Beetes. Sobald sie das Tageslicht erreicht hat, setzt ihre Fotosynthese ein, sie färbt sich grün. Tag für Tag können wir beobachten, wie sie wächst, bis sie sich schließlich eines Tages

Unterschied zwischen Zwiebeln (links) und Knollen.

öffnet und die Blütenknospe zum Vorschein kommt. Wie schnell sie sich öffnet, hängt vom Wetter ab. Manchmal genügen ein paar sonnige Tage. Auch die Länge der Blütezeit ist ein wenig von dem Verlauf der Witterung abhängig. Beeinflussen kann man dies nicht.
Eines Tages beginnen die Blütenblätter zu welken. Bei den Tulpen fallen sie einzeln ab, bei Narzissen schrumpfen sie zusammen. Die Inhaltsstoffe ziehen aus den Blättern und dem Stengel zurück in die Zwiebel – eigentlich in mehrere Zwiebeln, denn auch in der Erde hat sich inzwischen einiges getan. Die ursprüngliche Zwiebel ist durch die blühende Pflanze aufgezehrt worden und nur noch als kümmerlicher Rest im Boden vorhanden. Statt dessen sind am Zwiebelboden mehrere Tochterzwiebeln gewachsen, denen nun die Inhaltsstoffe der welkenden Blume zugute kommen. Wie viele Tochterzwiebeln sich in jedem Frühjahr an der Basis der alten Zwiebel bilden, hängt ein wenig von Art und Sorte der Zwiebelblume ab. Mit der Zeit nehmen sich die vielen Tochterzwiebeln jedoch gegenseitig den Platz und damit auch die Nährstoffe im Boden. Das ist der Grund, warum die Blumen mit den Jahren immer kleiner werden.
Schneidet man eine Kartoffel in der Mitte durch, so wird ein gleichförmiges glattes Gewebe sichtbar, aus dem nach dem Schnitt Wasser austritt. Eine Knolle ist also ein reiner Nährstoffspeicher. Die Triebe der Knolle wachsen aus sogenannten Augen, die Wurzeln je nach Art aus der Unterseite oder rundum aus der Schale der Knolle. Bei vielen Knollen nimmt das Wachstum im Laufe der Jahre zu, wenngleich sie in ähnlicher Weise wie Zwiebeln durch immer neue Knollen abgelöst werden. Von den in diesem Kapitel abgehandelten Pflanzen gehören der Winterling, die Knollenbegonie, das Blumenrohr und die Dahlie zu den Knollengewächsen. Von den Botanikern umstritten ist der Begriff Zwiebelknolle. Es handelt sich dabei um Knollen, deren Entwicklung gewisse Ähnlichkeiten mit dem der Zwiebeln aufweist. Die Knollen von Krokus und Gladiole werden gelegentlich als Zwiebelknollen bezeichnet.

Die Verwendung der Blumenzwiebeln und Knollen

Blumen, die aus Zwiebeln und Knollen wachsen, hat unser Gartenarchitekt nicht in seine Pläne eingezeichnet. Dies ist kein Versäumnis von ihm, denn erstens ist unser Garten auch ohne diese Gewächse schon attraktiv genug und voller Leben, und zweitens wollten wir auch selber ein wenig in unserem Garten mit Blumen gestalten.
Natürlich sind wir der Meinung, daß diese Gewächse in jeden Garten gehören, auch wenn es darin ohnehin schon reichlich grünt und blüht.
Mit ihnen kann man den Blütenflor auf jeden Fall um einige Wochen verlängern, und die Frühjahrsblüher unter diesen Gewächsen können, wenn man sie geschickt einplant, eine hübsche Ergänzung zu den Stauden sein, die gleichzeitig blühen.

Tulpen und Narzissen im Kübel.

Wir wollten uns aber auch in die Situation unserer Leser versetzen, die ihre Blumenzwiebeln auch erst in einen bereits vorhandenen und fertig gestalteten Garten einbringen. In den seltensten Fällen werden nämlich Blumenzwiebeln und-knollen von vornherein mit eingeplant. Dies war auch einer der Gründe, war-

Blähton als Dränage für den Blumenzwiebelkübel.

Torf, Sand und Dünger werden mit Erde gemischt.

um wir uns auf dieses Abenteuer eingelassen haben.

Eine große Vielfalt an Blumenzwiebeln und Knollen in einen reich mit Gehölzen und Stauden bepflanzten Garten einzubringen, ist in der Tat kein leichtes Unterfangen.

Zunächst einmal flatterten uns, wie wohl den meisten Gartenfreunden, gegen Ende des Sommers einige Kataloge mit farbenfrohen Fotos von Tulpen, Narzissen, Schneeglöckchen und vielen anderen Frühlingsblumen ins Haus. Sie erinnerten uns an den Frühling, und wie so mancher Gartenfreund wollten auch wir diese Blütenpracht in unseren Garten holen. Noch war genug Zeit zum Überlegen und Planen. Denn Blumenzwiebeln können von September bis Ende Oktober gepflanzt werden, und selbst im November in den Boden gelegte Blumenzwiebeln und Knollen kommen meistens im nächsten Frühjahr zuverlässig zum Blühen.

Das Angebot an Frühlingsblumen, die aus Zwiebeln und Knollen wachsen, ist ungeheuer groß. Manchem Gartenneuling mag es naheliegend erscheinen, die großzügig gestalteten Blumenbeete, wie man sie in öffentlichen Parkanlagen sieht, im eigenen Garten nachzugestalten. Doch Vorsicht! Erstens steht für derartige Blütenorgien im Hausgarten meistens nicht soviel Platz zur Verfügung und zweitens ist dieser Frühlingsflor spätestens Anfang Juni zu Ende. Die Zwiebeln müssen herausgenommen, bis zum Herbst kühl und trocken gelagert werden. Das Beet verlangt eine neue Bepflanzung. In den öffentlichen Anlagen pflanzt man einjährige Sommerblumen anstelle der Blumenzwiebeln.

Manche Blumenzwiebeln und Knollen kann man auch in den Rasen pflanzen. Dann dürfen aber zumindest Teile der Rasenfläche weder betreten noch gemäht werden, bevor die grünen Blätter dieser Blumen verwelkt sind. Sogar Blumenkübel und Balkonkästen lassen sich farbenfroh mit Blumenzwiebeln und Knollen bepflanzen. Hier kommt es vor allem darauf an, daß die Erde in den Gefäßen nie austrocknet, aber auch nicht zu sehr vernäßt. Die Balkonkästen müssen vor starken Dauerfrösten geschützt werden.

In erster Linie will man aber die Blütezeit im Garten mit Blumenzwiebeln und Knollen verlängern. Immerhin blühen die ersten von ihnen bereits gegen Ende Februar. Dazu müssen die Frühlingsblumen in die vorhandene Bepflanzung mit Gehölzen und Stauden eingegliedert werden. Man sollte dabei wissen, daß es auch bei den Blumenzwiebeln gezüchtete Sorten und Wildarten gibt. Sie sollten also

So werden die Zwiebeln im Kübel ausgelegt.

Schließlich werden die Zwiebeln mit Erde bedeckt.

passend zur vorhandenen Bepflanzung im Garten ausgewählt werden. In ein Prachtstaudenbeet pflanzt man demzufolge großblumige Tulpen- und Narzissensorten. Die kleineren Wildtulpen, Wildnarzissen, Schneeglöckchen, Märzbecher, Traubenhyazinthen oder Winterlinge sind eher etwas für eine Wildstaudenpflanzung. Viele dieser kleinen Knollen- oder Zwiebelgewächse machen sich auch gut in der Gesellschaft alpiner Pflanzen.

Diese grobe Vorauswahl – große Blumenzwiebeln zu Prachtstauden und kleine zu Wildstauden oder unter Gehölze – hat auch einen praktischen Grund. Die tief im Boden liegenden großen Blumenzwiebeln können beim Durchhacken einer Prachtstaudenanlage keinen Schaden erleiden. Kleine Zwiebeln würden in einer solchen Anlage zu leicht aufgewühlt oder durch die Hacke beschädigt werden. Deshalb pflanzt man sie an Plätze, an denen nicht gehackt, sondern allenfalls vorsichtig gejätet wird: in Wildstaudenanlagen, Steingärten oder unter Bäume und Sträucher.

Natürlich sind auch für den Rasen nur kleine Blumenzwiebelarten geeignet, deren Laub schnell nach der Blüte einzieht. Große Zwiebelblumen sind eher etwas für die Blumenwiese, die dann frühestens gegen Ende Juni gemäht werden darf.

Richtige Planung für den Frühjahrsflor

Am besten zeichnet der Hausgärtner den Grundriß seines Gartens mit allen bepflanzbaren Flächen auf ein Blatt Papier, geht mit dieser Skizze anschließend durch den Garten und kennzeichnet alle Stellen, an denen er eine Bepflanzung mit Blumenzwiebeln für möglich, sinnvoll und schön hält, mit einem Kreis. Nun gilt es, für die unterschiedlichen Standorte die geeigneten Zwiebeln und Knollen auszusuchen. An sonnigen Plätzen gedeihen nahezu alle Frühjahrsblumen. Aber auch in schattigen Ecken des Gartens wünscht man sich ein paar helle, leuchtende Blüten, die etwas Licht ins Dunkel bringen.

Alle Arten und Sorten der bekannten Zwiebelblumen Tulpen, Narzissen, Hyazinthen, Schneeglöckchen, Traubenhyazinthen und *Scilla* gedeihen auch noch im lichten Schatten. Winterling, Hundszahn, Schachbrettblume und Märzbecher vertragen etwas mehr Schatten. An schattigen Plätzen blühen sie allerdings etwas später als in der Sonne.

Blumenzwiebeln gedeihen in lehmigen Böden ebensogut wie in sandigen. Allerdings vertragen sie weder stauende Nässe noch zu trockenen Boden. Wie bei den meisten Kulturpflanzen sollte der pH-Wert des Bodens im neutralen Bereich, also um pH 7 liegen. Meistens läßt sich der Boden ohne Schwierigkeiten mit Torfmull, Kompost oder Lauberde für Blumenzwiebeln herrichten. Weniger leicht ist es, Blumenzwiebeln in bereits vorhandene Pflanzengemeinschaften einzugliedern. Sie sollten mit gleichzeitig blühenden Stauden und Gehölzen harmonieren und dürfen von ihnen nicht überwachsen und verdeckt werden. Sie dürfen sich aber auch nicht gegenseitig Konkurrenz machen. Außerdem blühen auch die Frühjahrsblumen zu unterschiedlichen Zeiten.

Auswahl und Einkauf

Bei aller planerischer Sorgfalt, mit der man seinen Frühjahrsflor bestellen will, ist es schwer, die richtige Auswahl aus dem großen Sortiment für den eigenen kleinen Garten zu treffen. Der Anfänger sollte sich zunächst auf einige wenige bekannte Frühlingsblumen beschränken, wie Tulpen, Narzissen mit einfachen, also ungefüllten Blüten, sowie Hyazinthen, Schneeglöckchen und Krokusse. Am leichtesten läßt sich mit klaren Blütenfarben, wie Rot, Gelb, Blau und Weiß, gestalten. Aber auch der Gartenneuling braucht auf schöne Frühlingsblumen, die er vorher noch nicht kannte, nicht zu verzichten. Von denen, die ihm gefallen, kauft er jeweils nur einige wenige Zwiebeln und pflanzt sie an einen besonderen, nahe am Wege gelegenen Platz. Einfach so, ohne gestalterische Absicht, nur zum Kennenlernen. Später, wenn er ihre Blüte erlebt und ihre Wuchseigenschaften im eigenen Garten beobachtet hat, fällt es ihm leicht, sie in die vorhandene Pflanzung des Gartens einzugliedern.

Die Pflanzzeit von Blumenzwiebeln liegt normalerweise in den Monaten September und Oktober. Auch im November und sogar Anfang Dezember gepflanzte Zwiebeln kommen im nächsten Frühjahr noch zur Blüte. Besser ist es allerdings, sie so früh wie möglich, also im September, zu pflanzen.

Das bedeutet natürlich, daß man sie kauft oder bestellt, sobald sie in Fachgeschäften oder beim Blumenzwiebelimporteur zu haben sind. Außerdem hat man am Anfang immer die größte Auswahl. Am Ende der Blumenzwiebelsaison kann man manche Blumenzwiebelart und -sorte gar nicht mehr bekommen oder findet nur noch Restposten vor.

Blumenzwiebeln und Knollen kauft man am besten in Fachgeschäften (Samenfachhandel) oder direkt beim Blumenzwiebelimporteur. Dort kann man sicher sein, daß sie makellos, frei von Krankheiten sind und fachgerecht gelagert und behandelt wurden. Die Haut von Tulpen-, Narzissen- und Hyazinthenzwiebeln sollte die Zwiebel ganz umschließen, also unbeschädigt sein. Die eigentliche weiße Zwiebel darf also nicht an manchen Stellen freiliegen, und bläuliche Schimmelstellen dürfen schon gar nicht sichtbar sein. Vorsicht bei verpackten Zwiebeln. Sie sollten zumindest durch die Verpackung hindurch, zum Beispiel ein Netz, sichtbar sein. Kaufen Sie nicht die Katze im Sack!

Nach dem Kauf sollten die Zwiebeln sobald wie möglich in den Boden kommen. Falls dies nicht sofort möglich ist, öffnet man die Kartons und Tüten und lagert sie in einem kühlen Raum.

Blumenzwiebeln werden meistens in drei unterschiedlichen Größen gehandelt, die nach ihrem Umfang gemessen werden. Die größten Zwiebeln braucht man eigentlich nur, wenn man besonders schöne und große Schnittblumen gewinnen will. Ansonsten reicht auch die mittlere und geringste Zwiebelgröße für den Garten voll aus.

Denn man pflanzt ja ohnehin immer mehrere Zwiebeln von einer Sorte oder Art. Außerdem können zu große Tulpen- und Narzissenblüten im kleinen Hausgarten zu wuchtig, manchmal sogar erschlagend wirken. Bei Narzissenzwiebeln sollte man ruhig die »runden« wählen. Die »mehrnasigen« sind nur teurer, wobei die seitlichen Nasen im ersten Jahr meistens auch nur Blätter hervorbringen. Tochterzwiebeln bekommen die Narzissen später ohnehin im eigenen Garten, besonders, wenn sie auf gut vorbereitetem versorgtem Boden wachsen.

Eine Auswahl der Frühjahrsblüher

Als erster schiebt der Winterling *(Erantis hyemalis)* seine leuchtendgelben Blütenköpfe im Februar durch die Schneedecke. Bald darauf blühen Schneeglöckchen *(Galanthus nivalis)*, und erst dann wagen sich nach und nach auch die anderen Zwiebelblumen aus dem Boden hervor. Die ersten Tulpen blühen im März, die letzten sind erst im Juni verblüht. Wer sich also über die Blütezeiten genau informiert und die einzelnen Frühlingsblumen entsprechend aufeinander abstimmt, kann sich den ganzen Frühling hindurch an einem sich ständig wandelnden Blütenflor erfreuen.

Allein bei den Tulpen ist die Vielfalt ungeheuer groß. Die holländischen Blumenzwiebelzüchter haben sie nach 23 Hauptgruppen geordnet, innerhalb derer es eine Vielzahl von Sorten gibt. Diese 23 Hauptgruppen lassen sich wiederum nach ihrer Blütezeit in frühe, mittelfrühe und späte Tulpen aufgliedern. Zu den frühen gehören die Duc-van-Tol-Tulpen, die gleichzeitig die ältesten Tulpenarten sind. Sie sind niedrig und werden heute kaum noch im Garten verwendet. Ebenfalls niedrig, für den Garten jedoch durchaus empfehlenswert, sind die einfachen frühen Tulpen mit einigen wunderbaren Sorten. Zur gleichen Zeit blühen die gefüllten frühen Tulpen.

Zu den mittelfrühen Tulpen werden die Mendel-Tulpen und Triumph-Tulpen gezählt, die längere Stiele als die frühen Tulpen haben, und sich deshalb auch zum Schneiden für die Vase eignen.

Die größte Gruppe sind jedoch die späten Tulpen, von denen es Sorten gibt, deren Blüte bis in den Juni reicht. Zu den späten Tulpen

Von oben nach unten:

Trompetennarzissen; Blaustern *(Scilla sibirica)*; Goldgelbe Triumph-Tulpen.

Weiße Schalennarzissen *(Narcissus imcomparabilis).*

zählt man die Darwin-Tulpen mit ihren fast kugelrunden Blüten, die Darwin-Hybrid-Tulpen mit leuchtend roten und sehr großen (fast für den Garten zu großen) Blüten. Die weniger bekannten Breeder-Tulpen sind langstielig und haben meistens gelbe, orange, braune, purpur oder violette, einfache Blüten. Besonders schön sind die lilienblütigen Tulpen mit ihren langen, spitzen, nach außen gebogenen Blütenblättern. Schmal, hoch und eiförmig sind die Blüten der Cottage-Tulpen, von denen es viele Sorten mit unterschiedlichen Blütezeiten gibt.

Eine etwas verrückte Sache für Liebhaber sind die Sorten fünf verschiedener Gruppen, die aus viruskranken Tulpen weitergezüchtet wurden. Hierzu gehören die Rembrandt-Tulpen, bei denen es sich eigentlich um Darwin-Tulpen handelt, deren Blütenblätter aufgrund der Viruserkrankung bunt gestreift sind, ebenso wie die Blütenblätter der »Bizarren Tulpen«, die in gleicher Weise aus Breeder- oder Cottage-Tulpen entstanden sind, wie auch die Bijbloemen-Tulpen, die aus den gleichen Gruppen entstanden, jedoch anders gefärbt sind.

Die Papagei-Tulpen haben aufgrund einer Viruserkrankung gefranste Blätter und machen ihrem Namen alle Ehre (nur sprechen können sie noch nicht), und schließlich gibt es noch die gefüllten späten Tulpen, die man, wegen ihrer Ähnlichkeit mit Pfingstrosen, auch paeonienblütige Tulpen nennt. Diese letztgenannten, durch einen Virus entstandenen Sorten, sollte man mit Vorsicht in den Garten einbringen und eben wie einen Gag behandeln, also an einen besonderen Ort pflanzen.

Für den naturnahen Garten mit einem waldrandähnlichen Gehölzstreifen und einer Staudenpflanzung mit Wildcharakter eignen sich vor allem die sogenannten botanischen Arten, die man landläufig auch als Wildtulpen bezeichnet. Hierzu gehört *Tulipa batalinii,* deren breite Blüten auf kurzen Stielen sitzen. Eine besonders schöne Art ist *Tulipa eichleri,* aus deren leuchtendroter Blüte ein schwarzgelbes Auge leuchtet. Die welligen Blätter sind graugrün, und sogar die Außenseite der scharlachroten Blütenblätter ist von einem grauen Hauch überzogen. Eine bekannte botanische Tulpe ist *Tulipa fosteriana* mit leuchtendroten Blüten auf kurzen Stielen. Die Besonderheit der meistens in verschiedenen leuchtenden Rottönen blühenden *Tulipa greigii* sind ihre braun gestreiften Blätter. Im März blüht bereits *Tulipa kaufmanniana* mit ihren schmalen Blüten und spitzen Kronblättern. Weißgelb blüht *Tulipa tarda,* eine aus dem Kaukasus stammende Tulpe, die sich unter anderem für den Steingarten eignet.

Ebenso gibt es eine große Auswahl an Narzissenarten und -sorten. Sie unterscheiden sich weniger in ihren Blütenfarben, denn sie blühen alle gelb oder weiß, haben manchmal einen roten oder orangefarbenen Rand. Dafür sind die unterschiedlich geformten Blüten umso interessanter. Am bekanntesten sind die Osterglocken mit ihren großen Trompetenblüten. Nicht viel kleiner sind die Blüten der Schalen- und Tellernarzissen *(Narcissus incomparabilis),* deren Blütentrompete nur kurz ist, bei der dafür die schmalen- oder tellerförmig angeordneten Blütenblätter der Nebenkrone zur Geltung kommen.

Tellerförmig und rot umrandet ist auch die Krone der Dichternarzisse *(Narcissus poeticus),* die mit ihrer späten Blüte einen herrlichen Frühlingsduft im Garten verbreitet. Zier-

lich sind die Blüten der Tazetten, von denen jeweils mehrere an einem Stiel sitzen.
Schließlich gibt es die sogenannten Zwergnarzissen, wie zum Beispiel die Engelstränennarzisse *(Narcissus triandrus),* oder Jonquillen und *Narcissus cyclamineus.* Narzissen kann man ebenso wie Tulpen in Stauden- und Gehölzpflanzungen eingliedern. Auch für sie gilt dasselbe wie für die Tulpen. Die großblumigen Osterglocken pflanzt man auf besondere Beete oder in Gemeinschaft mit später blühenden Prachtstauden. Je kleiner der Garten ist, desto weniger sollte man von diesen großblumigen Sorten dort hineinpflanzen. Ihre großen, leuchtenden Blüten können dort erschlagend wirken. Für die Wildstaudengesellschaft eignen sich eher die kleinblumigen Sorten, ebenso für den Gehölzrand. Gruppenweise unter hohe sommergrüne Laubgehölze eingestreute Narzissen können im Frühjahr durch den ganzen Garten leuchten und harmonieren mit dem Grün der ersten Blätter. Natürlich können Narzissen auch in eine Blumenwiese gepflanzt werden. Mit ihren leuchtend gelben und weißen Blüten können sie Licht in manche dunkle Ecke des Gartens bringen, wenn man sie auch nicht zu tief in den Schatten pflanzen darf.

Bei Hyazinthen hat man es leichter, auszuwählen. Denn hier gibt es nur eine Blütenform und die Farben Blau, Weiß, Rot, Rosa und Gelb in verschiedenen Nuancen. Mit ihren wuchtigen Blütenständen wären sie zwischen Stauden, Gehölzen, oder gar in einer Blumenwiese, fehl am Platz. Man pflanzt sie am besten auf ein besonderes Beet, wenn möglich vor die Südwand des Hauses. Hervorragend eignen sie sich auch zur Bepflanzung von Blumenschalen, Kübeln oder Balkonkästen. Und wer hat sich nicht schon mal im Frühjahr eine blühende Hyazinthe im Topf aus dem Blumengeschäft geholt, die dann ihren intensiven Frühlingsduft im Wohnzimmer verbreitete? Bekannt ist auch, daß man Hyazinthen selber im Topf oder Wasserglas herantreiben kann.

Schneeglöckchen sollten in keinem Garten fehlen. Man kann sie gruppenweise in eine Staudenrabatte einstreuen oder unter Laubgehölzen verwildern lassen. Sie müssen in jedem Fall so angeordnet werden, daß sie gut sichtbar sind und nicht von anderen Pflanzen verdeckt werden. Vor allem die Ränder von Gehölz- und Wildstaudenpflanzungen eignen sich für Schneeglöckchen. Man kann sie auch zwischen Rosen pflanzen, die zur Schneeglöckchenblüte noch sehr unansehnlich aussehen. Allerdings müssen sie dann sehr tief gesetzt oder nach der Blüte herausgenommen werden, damit die Zwiebeln keinen Schaden erleiden, wenn zwischen den Rosen gehackt wird. Der Boden für Schneeglöckchen sollte nicht zu stark gedüngt sein, denn sonst bringen sie mitunter viele Blätter und wenig Blüten hervor.

Dies ist sicher auch der Grund dafür, warum in einschlägiger Gartenliteratur nie die Rede davon ist, Schneeglöckchen in den Rasen zu pflanzen. Dabei harmonieren die weißen Blüten mit dem Grün des Gartenteppichs. Ein Rasen ist aber nun mal eine Intensivkultur, die mehrmals im Jahr gedüngt wird. Reicher blühen die Schneeglöckchen in extensiv gepflegten Wiesen, zum Beispiel unter Obstbäumen.

Am wohlsten fühlen sich Schneeglöckchen dort, wo der Boden im Sommer leicht beschattet ist und nicht austrocknet. Dort halten sie sich viele Jahre und bringen mit ihren schneeweißen Blüten jedes Frühjahr Frische in den Garten. Wo man die Zwiebeln der Schneeglöckchen gepflanzt hat, sollte man auf Umgraben verzichten. Statt dessen sind sie für eine aufgebrachte Schicht Komposterde, Lauberde oder feuchten Torf dankbar.

Krokusse lieben dagegen volle Sonne. Nicht zuletzt deshalb kann man sie besonders gut in den Rasen einstreuen. Ebenso wohl fühlen sie sich in der Gesellschaft von Polsterstauden in einem Steingarten. Traubenhyazinthen *(Muscari)* und Blaustern *(Scilla sibirica)* gedeihen ebenfalls im Rasen, wobei man sich auf einer Rasenfläche für eine dieser beiden Arten entscheiden sollte. Sie würden sich sonst gegenseitig die Show stehlen. Traubenhyazinthen passen auch gut zu dem ruhigen Hintergrund immergrüner Laubgehölze oder bilden mit ihren blauen Blüten einen auffallenden Kontrast zu den gelben Narzissen.

Weniger bekannte Frühlingsblumen

Tulpen, Narzissen, Hyazinthen, Schneeglöckchen, Krokusse, Blaustern und Traubenhyazinthen sind die bekanntesten Frühlingsblumen, die aus Zwiebeln und Knollen wachsen. Noch viel zu wenig bekannt ist der Winterling, der mit seinen goldgelben Blüten den Flor der Frühlingsblumen bereits im Februar, noch vor den Schneeglöckchen einleitet. Der Winterling *(Eranthis hyemalis)* liebt volle Sonne. Man kann ihn aber auch unter Laubgehölze pflanzen, die ja im Winter kahl sind, sofern genug Sonne auf den Boden zu ihren Füßen scheint. Man sollte die Knollen des Winterlings nicht zu tief in den Boden legen, weil sie sonst nur Blätter hervorbringen, jedoch nicht blühen. Wo man sie nicht durch Hacken stört, breiten sie sich im Laufe der Jahre aus und bedecken den Boden einer spätwinterlichen Staudenrabatte oder Gehölzpflanzung mit einem leuchtend gelben Teppich.

Der bereits erwähnte Blaustern *(Scilla sibirica)* hat noch einige weniger bekannte, jedoch nicht minder reizvolle Verwandte, wie zum Beispiel die spanische Scilla *(Scilla hispanica)*, von der es auch blau, rosa und weiß blühende Sorten gibt, und nicht zuletzt die Glockenscilla *(Scilla non-scripta)* mit ihren blauen Blütenglocken, die in England besonders beliebt und verbreitet ist und dort »Blue Bells« (Blaue Glocken) genannt wird. Mit dem Blaustern werden oft zwei andere Zwiebelblumen verwechselt, die zur gleichen Zeit blühen, jedoch wenig bekannt sind: Schneeglanz *(Chionodoxa)* und Puschkinie *(Puschkinia)*. Die Blütenblätter des Blaustern sind jedoch, nicht wie die der Puschkinie und des Schneeglanz, miteinander verwachsen, sondern stehen frei. Bei Schneeglanz stehen nur die Spitzen der Blütenblätter frei und sind sternförmig nach außen gebogen. Das Blau der Blüten ist zarter als bei Scilla, und in ihrer Mitte haben die Schneeglanzblüten ein weißes Auge. Ein weiteres, besonderes Kennzeichen des Schneeglanz ist, daß aus jeder Zwiebel nur zwei Blätter wachsen.

Dem Blaustern wie dem Schneeglanz ähnlich ist die Puschkinie. Sie blüht hellblau in dicht aneinander angeordneten Blütenständen.

Alle diese drei einander ähnelnden Zwiebelblumen können in den Rasen, zwischen Stauden oder auch in den lichten Schatten von

Drei verschiedene Fritillarien: *Fritillaria imperialis* (links), *F. meleagris* (Mitte), *F. persica* (rechts).

Laubgehölzen gepflanzt werden. Man sollte sie jedoch nie zusammenpflanzen, weil der Blaustern mit seinen kräftigblauen Blüten dominieren und die anderen beiden Frühlingsblumen in den Schatten stellen würde.
Wer einen Beitrag zum Naturschutz leisten will, kauft sich die Zwiebeln des Märzbechers *(Leukojum vernum)*. Diese frühe Zwiebelblume ist in unserer Landschaft auf hochgelegenen Gebirgswiesen zu Hause und dort vom Aussterben bedroht. In der Roten Liste der gefährdeten Tiere und Pflanzen ist der Märzbecher unter der Rubrik »Gefährdet« aufgeführt. Wie Schneeglöckchen blühen auch Märzbecher manchmal bereits gegen Ende Februar und werden vielleicht deshalb oft miteinander verwechselt. Im Gegensatz zu Schneeglöckchen hat der Märzbecher jedoch gleichlange Blütenblätter mit einem jeweils gelben oder grünen Punkt an der Spitze. Das Schneeglöckchen hat dagegen reinweiße Blütenblätter, von denen drei kürzer und drei länger sind.
Märzbecher lieben feuchten, tiefen Humusboden. Im Garten gedeihen sie auch unter Bäumen und Sträuchern, die spät austreiben. Als Nachbarn eignen sich hellblaue Buschwindröschen, Blaustern und Winterling.
Wer den Milchstern *(Ornithogalum)* in den lichten Schatten von Bäumen und Sträuchern pflanzt, wird Jahr für Jahr einen größeren Blütenflor erwarten können. Von dieser Zwiebelblume gibt es zwei für den Garten bemerkenswerte Arten, nämlich *Ornithogalum nutans* und *Ornithogalum umbellatum.* Seine reinweißen Blüten erscheinen im Mai. Man kann ihn deshalb nur in Blumenwiesen pflanzen, die spät gemäht werden.
Der Hundszahn hat eigentlich einen schöneren Namen verdient. Zum Beispiel Forellenlilie, wie diese Zwiebelblume auch genannt wird. Die eigenartig geformte Zwiebel des Hundszahn *(Erythronium denis-canis),* der übrigens in den Pyrenäen heimisch ist, ähnelt in der Tat dem Zahn eines Hundes. Die aus Amerika stammenden Arten erinnern mit ihren grünbraun marmorierten Blättern an die Haut einer Forelle. Beide Arten gedeihen im Schatten unter Bäumen und Sträuchern auf kalkhaltigem oder humosem Boden, der ausreichend feucht aber durchlässig sein sollte. Staunässe vertragen die Zwiebeln des Hundszahn nicht. Sie dürfen aber auch nie austrocknen. Die Spitzen ihrer Zwiebeln dürfen beim Kauf nicht eingetrocknet sein. Die Forellenlilie alias Hundszahn blüht von April bis Mai. Anschließend schneidet man die Blütenstände – im Gegensatz zu anderen Zwiebelblumen – nicht ab, denn diese Frühlingsblume sät sich selber im Garten aus.
Wer kennt nicht die Kaiserkrone mit ihren

Gleichlange Blütenblätter: Märzbecher.

Gedeiht auch im Schatten: Hundszahn.

eindrucksvollen leuchtend roten, orangen oder gelben Blütenständen, die in der Tat einer Krone ähnlich sehen. Die Zwiebel hat einen unangenehm stechenden Geruch. Deshalb pflanzt man sie auch oft zur Abwehr von Wühlmäusen in den Garten. Mit unterschiedlichem Erfolg. An die Zwiebel der Kaiserkrone geht natürlich keine Wühlmaus heran. Inwieweit der Geruch der Kaiserkronenzwiebel jedoch andere Pflanzen vor Wühlmäusen zu schützen vermag, hängt nicht zuletzt von der Beschaffenheit des Bodens ab. In leichtem, sandigem oder humosem Boden ist der Erfolg sicherlich größer, als in stark lehmigem. Die Kaiserkrone *(Fritillaria imperialis)* hat zwei weniger bekannte Schwestern: die Schachbrettblume *(Fritillaria meleagris) und Fritillaria persica.* Die Schachbrettblume, auch Kiebitzei genannt, hat schachbrettähnlich gescheckte Blütenblätter. Sie liebt den lichten Schatten und ist die einzige Zwiebelblume, die bevorzugt auf feuchten Wiesen gedeiht. Deshalb eignet sie sich besonders für die Sumpfzone in unmittelbarer Nähe eines Gartenteiches.

Fritillaria persica liebt dagegen einen sonnigen Standort und einen geröllhaltigen, durchlässigen Boden. Die Blüten erscheinen an langen aufrechten Rispen im Mai. Die Einzelblüten sind klein und bräunlich bis violett.

Schließlich gibt es zwei aus Zwiebeln wachsende Iris, nämlich die blaue *(Iris reticulata)* und die gelbe Frühlingszwergiris *(Iris danfordiae).* Diese beiden Iris lieben einen windgeschützten Platz im Steingarten, wo von den benachbarten Steinen Sonnenwärme gespeichert wird. Der Boden sollte nahrhaft und durchlässig sein. An günstigen Standorten und bei entsprechendem Witterungsverlauf blühen sie mitunter schon im Februar, mit Sicherheit aber im März.

Zwiebelblumen zum Schneiden

Wer von seinen Blumenzwiebeln öfters einen Strauß für die Vase schneiden will, sollte dafür ein besonderes Beet anlegen. Allzu schnell hätte er sonst seine schön gestaltete Rabatte geplündert. Für den Schnitt eignen sich Märzbecher, Traubenhyazinthe, Tulpen und Narzissen. Man sollte zu diesem Zweck besonders große Blumenzwiebeln kaufen. Bei Narzissen, die zum Schnitt bestimmt sind, sollten Zwiebeln mit drei »Nasen« gewählt werden, um möglichst viele Blüten schneiden zu können. Narzissen eignen sich überhaupt am besten von allen Zwiebelblumen zum Schneiden, denn man erntet nur die Blüten ohne dabei die Blätter abzutrennen. Ein oder zwei abgeschnittene Blätter schaden jedoch nicht. Die verbleibenden Blätter welken im Laufe der nächsten Wochen, und ihre Inhaltsstoffe kommen der Zwiebel fürs nächste Jahr wieder zugute. Bei Tulpen läßt es sich dagegen nicht vermeiden, auch die Blätter mit abzuschneiden. Die Zwiebel im Boden wird damit geschwächt, denn sie bekommt ja die im Blatt befindlichen Nährstoffe nicht zurück. Man gräbt sie am besten aus, wenn das Beet abgeerntet ist, lagert sie im Keller und pflanzt sie im Herbst wieder auf ein gut gedüngtes Beet. Im folgenden Frühjahr sollte man ihnen allerdings Ruhe gönnen und nicht von ihnen schneiden, damit sie wieder zu Kräften kommen. Übrigens kann man Tulpen und Narzissen zusammen in die Vase stellen, wenn die Narzissen vorher mindestens zwölf Stunden gewässert wurden. Für alle anderen Zwiebel- und Knollenblumen, von denen man gelegentlich schneiden will, ist kein besonderes Beet erforderlich. Man siedelt am besten so viele von ihnen im Garten an, daß ein paar fehlende Blüten gar nicht auffallen.

Übersommerung im Keller

Wer eigens ein Blumenbeet für den Schnitt oder Beete anlegt, die ausschließlich mit Blumenzwiebeln bepflanzt sind, ist gezwungen, sie nach der Blüte aus dem Boden zu nehmen. Sie müssen den Sommer über richtig gelagert werden, bis man sie im Herbst wieder auspflanzt. Während dieser Zeit sind die Blumenzwiebeln ja nicht tot! Sie ruhen nur, dürfen aber weder austrocknen, noch zu viel Feuchtigkeit abbekommen. Zwiebeln, die im Som-

mer bei niedrigen Temperaturen feucht werden, können leicht faulen. Aber auch vertrocknete Zwiebeln sind nicht mehr lebensfähig.
Wer ein ornamentales Blumenbeet mit Zwiebeln angelegt hat, auf dem nun einjährige Sommerblumen wachsen sollen, und außerdem ein besonderes Schnittblumenbeet hatte, sollte die herausgenommenen Zwiebeln sorgfältig kennzeichnen. Das gilt übrigens auch für die einzelnen Sorten der Tulpen und Narzissen. Am besten versieht man sie schon beim Pflanzen mit Etiketten, die mit einem wasserfesten Stift beschriftet sind. Denn sonst hat man schon im nächsten Frühjahr ihren Sortennamen vergessen, und wenn man die welkenden Pflanzen herausnimmt auch ihre Blütenfarbe. Die Etiketten lassen sich meistens unauffällig anbringen, so daß der Hausgarten trotzdem nicht den Charakter einer Versuchsanstalt bekommen muß.
Die Blüten der Zwiebelblumen auf ornamentalen Beeten werden abgeschnitten, sobald sie zu welken beginnen. Stengel und Blätter bleiben so lange wie möglich stehen. Sollten sie bis Mitte Mai, wenn die neue Bepflanzung des Beetes mit Sommerblumen fällig wird, nicht eingezogen sein, nimmt man die Zwiebeln mitsamt Stielen und Blättern aus dem Boden und breitet sie, am besten auf Lattenrosten, aus. Sobald die Triebe und Blätter verwelkt sind, werden sie restlos entfernt. Die Zwiebeln lagert man, in Kisten ausgebreitet, in einem trockenen Keller, in dem es bis zu 20 °C warm sein darf. Man kann die Zwiebeln auch an einem anderen Ort im Garten einschlagen, wobei der Boden nicht zu feucht werden darf. Natürlich müssen sie dort gut gekennzeichnet und etikettiert werden.

Die Vermehrung von Blumenzwiebeln

Den Blumenzwiebeln, die fachgerecht im Keller übersommert werden, schadet diese Lagerung außerhalb des Bodens nicht. Sie sind reichlich mit den Inhaltsstoffen aus den Trieben und Blättern versorgt worden, die ihnen wiederum den Start nach der nächsten Pflanzung im Herbst ermöglichen. Sobald sich am Zwiebelboden die ersten Wurzeln gebildet haben, übernehmen diese die Nährstoffversorgung der Pflanze aus einem frischgedüngten Boden. Die Blühkraft dieser Zwiebeln läßt also bei weitem nicht so schnell nach, wie bei denen, die immer im Boden bleiben. Die Blumenzwiebeln herausnehmen und im darauffolgenden Herbst neu pflanzen ist übrigens auch ein altes Gärtnerrezept, um nachlassende Blumenzwiebeln wieder zu kräftigen und zur reichlichen Bildung großer Blüten zu veranlassen. Man muß also nicht immer gleich neue Blumenzwiebeln kaufen.

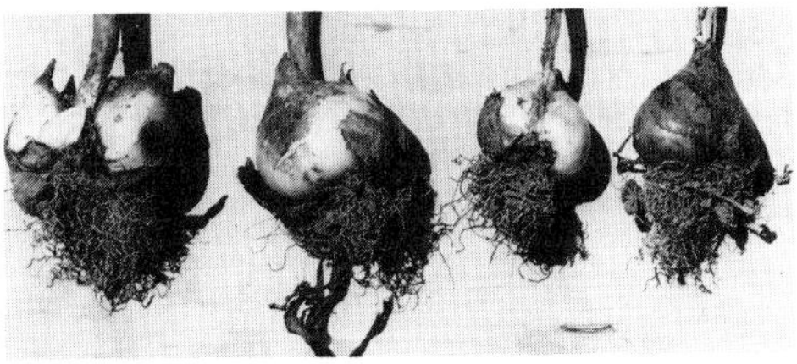

Tulpenzwiebeln mit Tochterzwiebeln.

Blumenzwiebeln, von denen für die Vase geschnitten wurde, erholen sich dagegen etwas langsamer. Vor allem die Tulpen, die ja beim Schneiden immer ihre Blätter verlieren. Man sollte die vielen kleinen Tochterzwiebeln im folgenden Herbst auf ein besonderes, gut gedüngtes Beet pflanzen. Im darauffolgenden Frühjahr schneidet man bereits ihre Knospen (wenn auch schweren Herzens) ab, läßt jedoch Stengel und Blätter stehen. Auf diese Weise investiert die Pflanze nicht unnötig viel Kraft in eine ohnehin nur schwächliche kleine Blüte. Wenn das Laub eingezogen ist und die Zwiebeln wieder ausgegraben werden, sollte man sich die kräftigsten Tochterzwiebeln aussuchen, den Sommer über lagern, im Herbst neu pflanzen und im darauffolgenden Frühjahr noch einmal in gleicher Weise behandeln. Die daraus erwachsenen Tochterzwiebeln dürften die Größe der ersten gekauften nahezu erreicht haben.

Frühjahrsblumen in unserem Redaktionsgarten

Ein Garten wie unserer ist geradezu ideal, ihn mit Blumenzwiebeln und Knollen zu bepflanzen. Gehölze und Stauden sind ein Jahr vorher gepflanzt worden, waren also noch nicht zusammengewachsen, so daß man die Freiräume zwischen ihnen lockern konnte, um Blumenzwiebeln hineinzulegen.

Natürlich wollten wir eine möglichst große Vielfalt an Blumenzwiebeln und Knollen in unseren Garten einbringen, die dann mit den gleichzeitig blühenden Stauden und Gehölzen harmonieren sollten. Dies war alles andere als leicht bei den vielen verschiedenen Staudenarten.

Zunächst lichteten wir den Staudenplan unseres Gartenarchitekten Bruno Leipacher ab und nahmen einige Blumenzwiebelkataloge zur Hand. Die Sträucher auf dem Hügel an der Westseite waren noch nicht zusammengewachsen. Etwas dünn sah es auch noch zwischen den Stauden aus, die wir in den südlichen Teil des Gartens vor die drei Zuckerahorne, den Feuerdorn und die Apfelrosen gepflanzt hatten. Für diese Fläche, die im Frühjahr fast kahl ist, weil die darauf wachsenden Stauden zum größten Teil im Sommer blühen, wählten wir großblumige Tulpen- und Narzissensorten aus und trugen ihre Namen auf dem Plan ein. Und zwar mit Buntstiften: jede Sorte in der Farbe ihrer Blüte. Für weißblühende Sorten nahmen wir den Bleistift, zweifarbige schrieben wir in der dominierenden Farbe und unterstrichen sie in der anderen. So zum Beispiel die Wildtulpe *Tulipa tarda,* deren Name wir gelb zu den Polstern aus Schleifenblumen und Blaukissen am Rande der Terrasse schrieben und mit Bleistift unterstrichen. Traubenhyazinthen sollen am Rande unseres Rasenpflasterweges wachsen. Unter der großen Baumhasel im Vorgarten siedelten wir gruppenweise weißblühende Narzissen an. Der Eingangsweg zur Haustür wurde im zeitigen Frühjahr auf der einen Seite von gelben Winterlingen, auf der anderen von Schneeglöckchen umsäumt. Wie blaue Bänder zogen sich die vielen *Scilla* durch unseren Vorgarten. Später, als die *Brunnera* ihren zarten himmelblauen Blütenflor entfaltet hatte, gesellten sich gelb- und weißblühende lilienblütige Tulpen dazu. Die goldgelben Blüten der Oster-

Lilienblütige Tulpen harmonieren mit den zartblauen Blüten des Kaukasusvergißmeinnicht.

glocken bildeten duftige Sträuße mit den frischgrün ausgetriebenen Blättern des *Aruncus.* Im Mai blühten die Milchsterne am Rande unserer Spireaenhecke. Die Krokusse sparten wir uns dagegen für den Rasen auf. Wilde Tulpen und Narzissen siedelten wir auch an der Westseite der Terrasse, rund um den frühblühenden Schneeball, an.
Noch stand dies alles im Spätsommer eines Jahres auf dem Papier, auf unserem selbstgefertigten Blumenzwiebelplan. Noch sahen wir all diese Frühlingsblütenpracht vor unserem geistigen Auge. Doch dann galt es, die richtigen Mengen für unseren Garten zu bestellen. Es gibt nämlich keine festen Regeln über die Abstände, in denen man Blumenzwiebeln zueinander pflanzen sollte. Wer sie auf ein gesondertes Beet setzt, kann gut und gern 100 Zwiebeln auf 1 m^2 unterbringen. Dies war jedoch nicht unsere Absicht. Es sollte ja, zumindest zwischen den Stauden, so aussehen, als seien sie von selber dort gewachsen. Andererseits sollten sie aber auch nicht zu dünn gesät sein, sondern im frühlingshaften Garten dominieren. Wir stellten fest, daß wir je nach Art und Größe der Blüten auch mit 25–50 Stück pro m^2 noch gut zurechtkamen. Die meisten Blumenzwiebeln ordneten wir jedoch nicht so kompakt an, sondern pflanzten sie in Gruppen von 7–10 Stück.

Die Pflanzarbeiten

Endlich war es soweit. Ein großer Karton mit den von uns bestellten Blumenzwiebeln traf ein. Wir öffneten ihn, holten die Tüten mit den Zwiebeln und Knollen heraus und schütteten sie in Kisten, Körbe, leere Blumenschalen oder Blumentöpfe aus. Dann streuten wir feuchten Torf und Hornspandünger zwischen die Stauden und Gehölze und hackten den Boden gründlich durch.
Blumenzwiebeln pflanzt man doppelt so tief, wie sie hoch sind. Das ist nur eine Faustregel. Sie kommen ebenso zur Blüte, wenn man sie etwas höher oder tiefer setzt. Das tiefere Pflanzen hat den Vorteil, daß die Zwiebeln im Sommer beim Unkrauthacken nicht so leicht beschädigt werden können. Nur die Knollen von Krokus und Winterling sollten nicht zu dick mit Erde bedeckt werden. Sie würden sonst in den nächsten Jahren nur Blätter, jedoch keine Blüten hervorbringen.
Blumenzwiebeln zu pflanzen ist einfach. Dafür gibt es ein spezielles Gerät, das diese Arbeit noch mehr erleichtert, den Blumenzwiebelpflanzer. Man sticht mit ihm in den Boden, hebt ein zylinderförmiges Stück Erde aus, legt die Zwiebel in das so entstandene Loch und läßt die ausgehobene Erde durch Betätigen

Weiße Narzissen, von der Sonne durchflutet.

eines Griffes wieder ins Pflanzloch fallen. Allerdings lassen sich mehrnasige Narzissenzwiebeln mit diesem Gerät nicht pflanzen. Ebensogut kann man Blumenzwiebeln aber auch mit einer Pflanzkelle pflanzen, indem man ein Loch schaufelt, die Zwiebel mit der Spitze nach oben hineinlegt und wieder mit Erde bedeckt. Wichtig ist dabei, daß der Zwiebelboden im Pflanzloch satt auf der Erde aufliegt, also kein Hohlraum unter der Zwiebel entsteht. Darin bekommen die Wurzeln der Zwiebeln nämlich keinen Anschluß an den Boden, und die Zwiebeln können von unten her faulen. Aus diesem Grund raten Blumenzwiebelexperten auch davon ab, ein Pflanzeisen, wie man es im Gemüsebau verwendet, bei Blumenzwiebeln zu nehmen. Wir pflanzten dennoch damit die kleinen Zwiebeln der Wildtulpen und Zwergnarzissen, wohl wissend, daß wir den Hohlraum unter den Zwiebeln vermei-

Praktischer Blumenzwiebelpflanzer: Loch ausstechen, Zwiebel legen und mit Erde bedecken.

Blumenzwiebelpflanzung im Rasen: Ausstechen, lockern, Zwiebeln legen und wieder zudecken.

den mußten. Die kleinen Knollen des Winterlings drückten wir ganz einfach mit zwei Fingern in den Boden und deckten sie anschließend dünn mit Erde zu. Etwas umständlicher war es, die Krokusse in den Rasen zu pflanzen. Dazu stachen wir an verschiedenen Stellen unregelmäßig über die Rasenfläche verteilt einige Grassoden aus und legten sie vorsichtig zur Seite. Der Boden darunter wurde ebenfalls gelockert und mit feuchtem Torf und Hornspandünger angereichert. Darauf legten wir die Krokusknollen aus, deckten die Grassoden darüber und traten sie fest.

Übrigens ein kleiner Tip, um bei kleinen Blumenzwiebeln und Knollen eine möglichst natürliche Anordnung zu erzielen: Man hält eine geöffnete Hand voll Zwiebeln oder Knollen über die Pflanzfläche und schlägt von unten

mit der anderen Hand dagegen. Die Zwiebeln fallen heraus, und wie sie sich auf dem Boden verteilen, werden sie gepflanzt.
Daß sich unsere Mühe gelohnt hatte, konnten wir im darauffolgenden Frühjahr feststellen. Von Februar bis in den Juni hinein konnten wir uns an der reichen Frühlingsblüte erfreuen.

Blumenzwiebeln und Knollen, die im Sommer blühen

Blumen, die aus Zwiebeln und Knollen wachsen, werden meistens nur mit dem Frühlingsflor in Verbindung gebracht. Tatsächlich sind die im Frühling zur Blüte kommenden Zwiebeln und Knollen die aufregendsten und farbenfrohesten Gewächse dieser Jahreszeit. Doch wenn im Juni die letzten Tulpen und Narzissen verblühen, ist der Flor der blühenden Zwiebeln und Knollen noch lange nicht zu Ende. Eine ganze Anzahl von ihnen blüht mitten im Sommer. Manche davon findet man in fast jedem Garten, andere sind nur wenig bekannt. Zu den bekannten gehören zum Beispiel Lilien, Gladiolen und Dahlien, die Knollenbegonie nicht zu vergessen. Weniger bekannt sind dagegen die Tigridie oder die Sterngladiole.
Knollenbegonien verwendet man besonders gern, um Blumenbeete, Blumenkübel und Balkonkästen im Schatten und Halbschatten zu bepflanzen. Die Knollen legt man schon im zeitigen Frühjahr in Kisten mit feuchtem Torf, stellt diese an einen warmen Ort, wo sie sehr bald austreiben und Wurzeln bilden. Dann pflanzt man sie in Töpfe mit nährstoffreicher Erde, wo sie zu kräftigen Pflanzen heranwachsen und schließlich im Mai nach den Eisheiligen ins Freie gepflanzt werden können. Dort blühen sie den Sommer hindurch und werden nach den ersten Herbstfrösten wieder hereingeholt. Am besten überwintert man die Knollen in einer Kiste Torf im trockenen aber kühlen Keller. Im nächsten Frühjahr lassen sie sich leicht vermehren, indem man mittelgroße Knollen einfach in der Mitte durchschneidet. Die beiden Teile läßt man einige Tage offen liegen, damit die Schnittflächen antrocknen, und bestreut sie gegen Fäulnis mit Holzkohlepulver. Schließlich werden sie wieder zum Antreiben in Kisten mit feuchtem Torf gelegt.
Im März können die Knollen des Indischen Blumenrohrs in große Töpfe gepflanzt werden. Es handelt sich dabei um dekorative Pflanzen, mit leuchtend roten oder gelben Blüten, mit denen man vor allem Blumenkübel hübsch bepflanzen kann. Auch die Knollen dieser Pflanzen kann man in mehrere Stücke schneiden, einige Tage liegenlassen, damit die Schnittstellen abtrocknen und die einzelnen Stücke schließlich in Töpfe mit einem Gemisch aus gut verrotteter Komposterde mit Sand vermischt pflanzen. Man pflanzt sie ebenfalls ab Mitte Mai ins Freie, wo sie die ersten Herbstfröste ohne weiteres überstehen. Die Triebe schneidet man zum Überwintern bis auf ein Drittel ihrer Länge zurück, bringt die Knollen in einen kühlen Keller und deckt sie dort mit Sand ab. Zu den bekanntesten Sommerknollen gehören zweifellos Dahlien. Sie dürften eigentlich in keinem Garten fehlen. Allerdings sollte man nicht unbedingt versuchen, sie in Staudenrabatten einzugliedern, sondern ihnen einen eigenen Platz bieten. Nur die Dahliensorten mit einfachen Blüten lassen sich gut mit Stauden kombinieren. Die Knollen der Dahlien können schon gegen Ende April gepflanzt werden. Man hebt dazu Löcher im Abstand von 80–100 cm aus und gibt eine Schaufel Komposterde und eine Handvoll Hornspandünger ins Pflanzloch. Die Knollen sollten nicht mehr als 5 cm mit Erde bedeckt sein. Dann wird reichlich gewässert. Die ersten Dahlienblüten erscheinen je nach Witterung gegen Ende Juli. Scheuen Sie sich nicht, reichlich Blüten für die Vase zu schneiden. Je mehr Blüten man von Dahlien schneidet, desto reichlicher blühen sie aufs neue. Die Knollen überstehen im Boden unbeschadet den ersten Herbstfrost, während sich die Triebe und Blätter sofort schwarz färben. Dann sollte man sie unbedingt aus dem Boden nehmen, die Triebe etwa 10 cm über der Knolle abschneiden, sorgfältig die Erde abschütteln und die Knollen in einem kühlen, trockenen und frostfreien Kel-

ler lagern. Auch Dahlienknollen kann man selber leicht vermehren, indem man einfach Teile von ihnen abschneidet. Nur wenig komplizierter ist die Vermehrung durch Stecklinge. Dazu setzt man die Dahlienknollen im zeitigen Frühjahr in große, mit feuchtem Torf gefüllte Töpfe und stellt sie an einen warmen und hellen Ort. Von den jungen Austrieben, die nach 2–3 Wochen aus der Knolle heranwachsen, schneidet man Kopfstecklinge mit 2–3 Blattpaaren und steckt sie in einen Topf oder in eine Blumenschale, die mit einem Gemisch aus Torf und Sand gefüllt ist. Dort bekommen sie bald Wurzeln. In den Garten sollte man diese Stecklingspflanzen erst im Mai, nach den Eisheiligen, pflanzen. Bis dahin haben sie schon kleine Knollen gebildet. Draußen holen diese kleinen Pflänzchen die großen schnell ein. Ihre Knollen sind im Herbst fast so groß, wie die der Mutterpflanzen.

Freesien werden den meisten Lesern als Schnittblumen bekannt sein. Ihre Knollen werden im Mai an leicht schattigen Stellen in gut gelockerten Boden gelegt, wo sie von Juli bis August blühen.

Kurz aber besonders schön ist die Gladiolenblüte im August. Die Knollen legt man gegen Ende April, Anfang Mai in den Boden und kann sich an ihren Blüten im August, manchmal noch im September erfreuen. Im Herbst holt man die Knollen aus dem Boden und überwintert sie wie die anderen, im Sommer blühenden Knollenpflanzen.

Lilien sind für manchen Gartenfreund zur Leidenschaft besonderer Art geworden. Sie gehören zu den wenigen Blumenzwiebeln, die ihre herrlichen Blüten im Sommer hervorbringen. Am besten pflanzt man die Zwiebeln im Spätsommer an einen nicht zu sonnigen und nicht zu trockenen Ort. Der Boden sollte sehr locker sein. Deshalb hebt man ein Pflanzloch aus, das wesentlich größer ist als die Zwiebel und füllt es mit einem Gemisch aus fein gesiebter, gut verrotteter Komposterde mit groben Bestandteilen, zum Beispiel zerhacktem, trockenen Staudenkraut. Manche Lilienarten bilden auch am Stengel noch Wurzeln. Deshalb pflanzt man die Zwiebel eineinhalb mal so tief, wie sie hoch ist. Wer sich eine kleine Sammlung in seinem Garten zulegt, kann sich von Ende Mai bis in den Oktober hinein an blühenden Lilien erfreuen. Am bekanntesten ist die Madonnenlilie *(Lilium candidum)*, die Türkenbundlilie *(Lilium calcedonicum)*, ebenso die holländische Hybride *(Lilium × hollandicum)*. Es gibt aber noch eine Vielzahl anderer Lilien.

Typisch für alle Lilienzwiebeln ist der schuppige Aufbau. Die Schuppen lassen sich leicht lösen und können zur Vermehrung verwendet werden. Man füllt eine Saatschale mit gut verrotteter und feingesiebter Komposterde und deckt eine dünne Schicht Sand darüber. Die leicht gebogenen Schuppen werden nun schräg, mit ihrer hohlen Seite nach oben, in dieses Substrat gesetzt. Man deckt sie soweit mit Sand ab, daß ihre Spitzen gerade noch herausschauen. Die Saatschale wird gleichmäßig feucht gehalten und bei einer Temperatur von etwa 10–12 °C an einem hellen Ort aufgestellt. Nach einigen Wochen wachsen an der Basis der Schuppen kleine Brutzwiebeln. Man läßt diese Brutzwiebeln nun ein ganzes Jahr lang in der Saatschale heranwachsen und pflanzt sie im Frühjahr in den Garten.

Lilien sind übrigens winterhart. Sie teilen sich im Laufe der Jahre, so daß sich die vielen Tochterzwiebeln (wie es bei allen Blumenzwiebeln der Fall ist) im Boden Platz und Nahrung nehmen. Die stark wachsenden Sorten sollte man deshalb alle 4 Jahre aus dem Boden nehmen und die Tochterzwiebeln neu pflanzen.

Neben diesen bekannten, im Sommer blühenden Zwiebel- und Knollenblumen gibt es noch einige weniger bekannte, die aber ebenfalls schön sind. Die Blütenstände der Montbretien *(Crocosmia)* erinnern an Gladiolen. Die Knollen sind nahezu winterhart. Wenn man sie mit Laub oder Fichtenreisig abdeckt, können sie durchaus den Winter über im Boden bleiben. Hübsch ist der Sauerklee mit seinen braungrünen Blättern und zarten rosa bis roten Blüten, ebenso wie die von August bis Oktober blühende *Sparaxis tricolor,* die Tigridie, die man im April pflanzt, um sich im Hochsommer an ihren Blüten zu erfreuen.

Das Leben am und im Wasser

Beobachten Sie mal eine Pfütze, die nach einem Wolkenbruch irgendwo im Gelände stehenbleibt. Bald finden sich die ersten Spatzen oder Amseln ein. Zunächst trippeln sie nur zaghaft an diese neue Wasserstelle heran. Dann werden sie etwas mutiger, nippen ein paarmal vorsichtig, nehmen dann größere Schlücke, bis sie sich schließlich ganz ins nasse Element stürzen und unter munterem Flügelschlagen ein ausgiebiges Bad nehmen.
Wenn der Boden unter dieser Pfütze stark verdichtet ist, so daß das Wasser stehenbleibt, wird es nach einigen Tagen klar. Manchmal kann man auf dem Boden einer solchen Pfütze einen grünlichen Algenbelag entdecken. Bei näherem Hinsehen tummeln sich einige Mükkenlarven dicht unter der Oberfläche, und hier und dort flitzt schon ein Wasserläufer über den blanken Wasserspiegel der Pfütze. Nicht nur die Vögel finden hier reichlich Nahrung. Manchmal stellen sich erstaunlich schnell Kröten, Frösche, Molche oder Unken ein, sofern diese Pfütze von Menschen unberührt bleibt. Naturschützer wissen ein Lied davon zu singen, daß sich Kröten und Frösche oft die mit Wasser gefüllten Spuren von Planierraupen oder Lastwagen in Steinbrüchen oder auf an-

Ein naturnaher Teich im ländlichen Garten bietet Lebensraum für Insekten und Amphibien.

deren Baustellen in der Landschaft aussuchen, um darin abzulaichen. Hunderte von ihnen werden ausgelöscht, wenn wieder ein Lastwagen oder eine Baumaschine durch diese Spuren fährt. Läßt man solche mit Wasser gefüllten Wagenspuren unbeeinflußt, so siedeln sich bald einige Wasserpflanzen darin an: Wasserlinse, Binsen, vielleicht sogar ein Sumpfvergißmeinnicht oder eine Sumpfdotterblume.
Wo Wasser ist, stellt sich nach kurzer Zeit Leben ein. Viele stillgelegte Kiesgruben werden von den Tieren als Lebensraum aus zweiter Hand angenommen. Auch wir Menschen haben uns seit eh und je bevorzugt in der Nähe des Wassers angesiedelt: wo sich zwei Flüsse zu einem Strom vereinigen, oder wo ein Strom seine Wassermassen ins Meer ergießt. Nicht ohne Grund tragen auch heute noch viele Städte den Namen »ihres« Flusses hinter dem eigenen. Wo ein Fluß durch eine Stadt fließt, gibt es auch eine Uferpromenade mit Bänken. Ein Teich oder zumindest ein Springbrunnen fehlt in keiner öffentlichen Parkanlage. Und nicht nur bei heißem Sommerwetter trifft man Menschen am See- oder Flußufer an. Wasser hat eine magische Anziehungskraft auf alle Lebewesen.
Menschen gingen nicht nur seit alters her zum Wasser, sondern holten sich das Wasser auch in ihre Behausungen, Höfe und Gärten: als Brunnen, künstlichen Wasserlauf oder Teich. Vor mehr als 2000 Jahren gab es schon Seerosenteiche in den Gärten wohlhabender Chinesen, Inder und Ägypter. Der Wassergarten ist im Laufe der Jahrtausende und Jahrhunderte nie altmodisch geworden. Es gab und gibt ihn in unzählig verschiedenen Formen und Größen und er paßt in jeden Garten, auch ins Atrium oder sogar auf den Balkon.
Die kleinste Form des Wassergartens mag eine Vogeltränke sein. Eine flache Schale aus Stein also, die wir für unsere gefiederten Freunde täglich mit frischem Wasser füllen. Sie nehmen diese Badestelle gern an, genau wie eine Pfütze nach dem Wolkenbruch. Natürlich kann man eine solche Vogeltränke nicht bepflanzen. Sie sollten aber von Stauden oder Gehölzen umgeben sein.

Die kleinste Form eines bepflanzten Wasserbeckens ist ein Glas mit einer einzigen Wasserhyazinthe oder ein alter rustikaler Gurkentopf, in dem ein Zyperngras gedeiht. Beide können im Sommer auf dem Balkon stehen, müssen jedoch im Herbst ins Wohnzimmer geholt werden, weil sie nicht winterhart sind. Auch ein Aquarium ist ein hübscher Wassergarten, ganz gleich, ob man ihn mit Fischen besetzt oder nur zu einem Drittel mit Wasser füllt und hübsch bepflanzt.
Draußen im Garten gibt es viele Möglichkeiten, mit ganz einfachen Mitteln eine kleine Wasserwelt zu schaffen und damit eine ganz spezielle Lebensgemeinschaft von Tieren und Pflanzen zu ermöglichen. Ein in den Boden eingegrabener Plastikeimer, ein Mörteltrog oder eine ausrangierte Badewanne können zu einem Miniteich umfunktioniert werden. Einfach haben es manche Gartenbesitzer im norddeutschen Flachland. Der Grundwasserspiegel liegt dort oft so hoch, daß sie nur ein Loch zu graben brauchen. Mit Wasser füllt es sich von selber, und eine zusätzliche Abdichtung erübrigt sich. Andere Teiche müssen abgedichtet werden: mit Ton, Lehm, Polyester oder Teichfolie.

Der Bau unseres Teiches

Der richtige Standort für einen Wassergarten

Das Wasser muß sich schnell erwärmen können, denn in warmem Wasser gedeihen die Pflanzen am besten. Deshalb gehört ein Wasserbecken grundsätzlich in die Sonne. Natürlich will man diese kleine Welt mit ihren weiß und rosa blühenden Seerosen, mit den braunen Rohrkolben, den zarten Dolden der Blumenbinse, dem frischen Grün der Wasserlinsen und all den Käfern, Wasserläufern und Libellen möglichst oft und bequem beobachten können. Deshalb gehören Sitzplatz und Teich immer zusammen. Man plant den Teich

also möglichst in der Nähe der Terrasse oder eines anderen Sitzplatzes ein, oder man schafft einen zusätzlichen Platz zum Verweilen am Ufer des Teiches.

Auch in der natürlichen oder naturhaften Landschaft grenzen Wasserflächen immer an einen Wald, an Gebüsch oder eine Wiese an. Unschön und unnatürlich wäre es deshalb, ein Wasserbecken mitten in den Rasen zu setzen, ganz ohne Anschluß an die Stauden und Gehölze, die den Garten umgeben. Unser Rasen, der pro Woche ein bis zwei Mal geschnitten wird, ist ja etwas unnatürliches, das es in der Landschaft draußen niemals gibt. Deshalb sollte auch der Gartenteich an Stauden angeschlossen werden und ein Gehölz in seiner Nähe stehen. Auch Wasserpflanzen sind ja Stauden. Sie stellen nur den besonderen Anspruch an den Standort, immer im Wasser zu stehen. Die Uferbepflanzung sollte deshalb auch auf die Wasserflora abgestimmt sein und umgekehrt.

Unser Teich liegt genau in der Mitte des Gartens. Wir können die Seerosen und Rohrkolben von der erhöhten Terrasse aus sehen. Außerdem führt der Rasenpflasterweg am Becken vorbei und ein gepflasterter, von der

Von links oben nach rechts unten:

Richtige Tiefe vom Schnurgerüst aus messen.
Mit der Wasserwaage die Ebenheit prüfen.
So leicht lassen sich Korrekturen durchführen.
Übergang vom tiefen zum flachen Teil gut mit Sand unterfüttern.

Pergola überdachter Sitzplatz ist ihm zugeordnet, von dem aus sich die Lebensgemeinschaft im und um das Wasser gut beobachten läßt. Von einer Seite grenzt die Rasenfläche an den Teich, so daß man ganz dicht ans Ufer treten kann.

Fertigbecken aus Polyester

Unser Gartenarchitekt hatte ein Becken aus glasfaserverstärktem Polyester vorgesehen. Dieses Becken hat zwei verschieden tiefe Teile, die rechtwinkelig zueinander angeordnet sind. Geometrisch geformte Becken fügen sich besser in einen kleinen Garten mit rechteckigem Grundriß ein, als zum Beispiel nierenförmige. Polyesterbecken sind besonders haltbar. Sie widerstehen auch den stärksten Frösten. Außerdem lassen sie sich mühelos in jeden Garten einbauen.

Wir bekamen das Becken und die Wasserpflanzen gleichzeitig mit einem Lastwagen geliefert. Zuerst öffneten wir die Verpackung mit den Pflanzen, übersprühten sie mit Wasser und stellten sie in den kühlen Keller. Wenn man sie in den nächsten 2 Tagen noch nicht pflanzen kann, sind sie am besten in einer mit Wasser gefüllten Wanne versorgt, die man in die Sonne stellt. Die Wasserpflanzen werden dann einfach mit ihren Containern in die Wanne gestellt.

Das Polyesterbecken ist so leicht, daß wir es mühelos zu dritt vom Lastwagen an den vorgesehenen Ort tragen konnten. Dort stellten wir es so auf den Boden, wie es später eingebaut werden soll, und steckten seine Umrisse mit Holzpflöcken ab. Außerdem spannten wir eine Schnur, richteten sie waagerecht aus, um

Von oben nach unten:

Körbe mit Ballentuch auslegen und mit Erde füllen. Die Wurzeln der Seerose zurückschneiden. Seerose pflanzen. Enden des Ballentuchs umschlagen und mit Kieselsteinen bedecken.

von dieser Schnur aus die Tiefe der Grube kontrollieren zu können. Diese Grube muß rundherum 20 cm breiter und 15 cm tiefer als das Becken sein, denn es wird ringsum in Sand gebettet. Deshalb schachteten wir für den flachen Teil 50 cm und für den tiefen Teil 90 cm tief aus und achteten darauf, daß auch genug Raum blieb, um den Übergang vom tiefen zum flachen Teil mit Sand zu verfüllen.
Der Untergrund für ein Wasserbecken muß stabil sein, denn mit Erde, Kieselsteinen, Pflanzkörben beladen und mit Wasser gefüllt, bekommt so ein Wasserbecken ein gewaltiges Gewicht. Es muß satt aufliegen und darf nicht absacken. Deshalb wird die geglättete Sohle der Grube sorgfältig gestampft, ebenso die anschließend aufgetragene Sandschicht. Der Sand verhindert, daß sich später spitze Steine in den Boden des Beckens drücken.
Nachdem wir das Sandbett geglättet hatten, konnten wir das Becken zur Probe in die Grube stellen. Zur Kontrolle legten wir anschließend an verschiedenen Stellen die Wasserwaage auf Beckenrand und Boden und stellten fest, daß das Becken noch nicht gerade stand. Wir konnten das Sandbett leicht korrigieren, indem einer das Becken hochkant abstützte, während der andere den Sand nochmals glättete.

Das Pflanzen in Gitterkörbe

Schließlich konnten wir mit der Bepflanzung unseres Wasserbeckens beginnen. Es war übrigens Mitte Mai. Dieser Monat ist die beste Pflanzzeit für einen Wassergarten. Das Wasser erwärmt sich schnell, und die Pflanzen haben einen ganzen Sommer lang Zeit, anzuwachsen. Bis zum Herbst hat sich auch die Lebensgemeinschaft im Teich eingependelt.
Für die Seerosen, den Rohrkolben und andere große Wasserpflanzen verwendeten wir große Plastikkörbe, wie man sie auch zur Kartoffelernte nimmt, für die kleinen spezielle Gittergefäße. Körbe und Gittertöpfe legten wir zunächst mit Ballentuch aus, mit dem man normalerweise die Wurzelballen der Gehölze in

Das Wasserpflanzenbecken unseres Redaktionsgartens, zwei Monate nach der Pflanzung.

der Baumschule befestigt. Nun füllten wir alle Gefäße mit Spezialerde für Wasserpflanzen.
Alle Wasserpflanzen, bis auf die beiden Seerosen, wurden uns in Containern geliefert. Wir brauchten sie also nur auszutopfen und in die mit Erde gefüllten Körbe zu pflanzen. Die Wurzeln der beiden Seerosen kürzten wir mit der Schere ein wenig ein und bestrichen die Schnittstellen anschließend mit zerriebener Holzkohle. Holzkohle hilft, Fäulnis zu verhindern.
Bevor wir nun die bepflanzten Körbe ins Wasser stellten, schlugen wir die Ballentücher nach innen um, so daß sie die Erde bedeckten, und beschwerten sie mit einer dünnen Schicht aus Kieselsteinen.
Und nun mußten wir schnell arbeiten, denn die Pflanzen waren lange genug der Trockenheit ausgesetzt. Sie mußten ins Wasser. Wir stellten die bepflanzten Körbe je nach Ansprüchen der darin befindlichen Pflanzen in den flachen oder tiefen Teil und ordneten sie nach unseren gestalterischen Vorstellungen. Die beiden Seerosen, den Rohrkolben und das Pfeilkraut erhielten ihren Platz im tiefen Teil des Beckens, während wir die Gefäße mit den Sumpfdotterblumen, den Sumpfvergißmeinnicht, der Blumenbinse und den Gauklerblumen in den flachen Teil stellten. Zwischen den Körben breiteten wir eine dünne Schicht Wasserpflanzenerde aus, die wir mit Kieselsteinen bedeckten.
Und dann hieß es »Wasser Marsch!«. Zunächst stellten wir die Düse unseres Gartenschlauches ganz fein ein und besprühten sachte die Pflanzen und den Boden des Beckens. Als sich das Wasser im tieferen Teil des Beckens zu sammeln begann, stellten wir einen mit Steinen beschwerten Eimer hinein, befestigten die Schlauchdüse zwischen den Steinen und dreh-

Von oben nach unten:
Pflanzkörbe werden ins Becken gestellt, der Boden mit Erde und Kies bedeckt. Während Wasser ins Becken läuft, füllen wir außen Sand auf.

ten den Wasserhahn voll auf. Das Wasser plätscherte über den Rand des Eimers hinweg, ohne daß im Becken eine starke Strömung entstand und die Wasserpflanzenerde vom Boden aufgewühlt wurde.
Eigentlich sollte man ein Wasserpflanzenbekken nicht auf einmal füllen. Das Leitungswasser ist doch recht kalt, und eine kleine Wassermenge erwärmt sich in der Sonne schneller als eine größere. Uns fehlte es jedoch an Zeit und Geduld. Deshalb ließen wir das Wasserbecken auf einmal vollaufen und hatten damit ebenfalls Erfolg. Fast hätten wir die beiden Schwimmpflanzen vergessen, nämlich den Froschbiß und die Wasseraloe, auch Krebsschere genannt, die wir nun einfach aufs Wasser legten.

Andere Pflanzmethoden

Wir hatten die einfachste und sicherste Methode gewählt, unseren Wassergarten zu bepflanzen. Man kann die Pflanzen natürlich auch ohne Körbe direkt in den Teichboden setzen. An diesen Stellen muß aber die Schicht Erde dick genug sein, und die Pflanzen müssen mit Steinen befestigt werden, damit sie nicht aufschwimmen. Allerdings besteht dann bei manchen Pflanzen die Gefahr, daß sie in kurzer Zeit das Becken durchwachsen und andere Pflanzen überwuchern und verdrängen. Rohrkolben und Binsen tun dies zum Beispiel besonders gern. Manche Wassergartenexperten empfehlen deshalb, derart stark wachsende Pflanzen in ihrem Container zu lassen oder in ein besonderes, nach allen Seiten geschlossenes Gefäß zu pflanzen. Es kommt immer darauf an, was man erreichen will. Wenn der Tannenwedel durch den Teich wandert, kann uns das sogar willkommen sein. Und auch gegen Seerosen, die sich im Laufe einiger Jahre auf dem Wasser ausbreiten, hat man sicher nichts.
Ein einzelner Rohrkolben ist aber schon imposant genug. Ein Wald von Rohrkolben, der den ganzen Gartenteich in Beschlag nimmt, ist nicht mehr schön.

Bepflanzte Körbe kann man auch noch ins Becken setzen, wenn es schon voll Wasser ist. Vorausgesetzt, der Teichboden, auf den man die Körbe absetzt, ist einigermaßen eben. Körbe, die in die Mitte eines größeren Teichs gesetzt werden sollen, befördert man zu zweit mit zwei Eisenhaken oder einem Seil von beiden Ufern aus ins Wasser. Eine Methode, die sich anbietet, wenn die eine oder andere Pflanze noch nachträglich in einen vorhandenen Teich gesetzt werden soll.
Trotz allem ist die Pflanzung in den noch trokkenen Teich am praktischsten. Solange das Becken noch nicht gefüllt ist, lassen sich am leichtesten Korrekturen in der Anordnung der Pflanzen durchführen. Allerdings muß bei dieser Pflanzung alles gut vorbereitet sein. Die Wasserpflanzen dürfen dabei nicht austrocknen.
Am besten setzt man sie an einem regnerischen Tag ein. Wenn dies nicht möglich ist, deckt man sie vorübergehend mit feuchten Tüchern ab und sprüht sie immer wieder ein, solange noch kein Wasser im Teich ist. Es sollte aber unbedingt noch am Tage der Pflanzung eingelassen werden.

Verschiedene Beckenformen

Manchem mag eine rechteckige oder quadratische Grundrißform eines Beckens zu streng für einen Garten vorkommen, bei dem es sich ja um ein nachgestaltetes Stück Natur handelt. Dies täuscht jedoch. Ein nierenförmiges Bekken, wie es so oft angeboten und im Garten verwendet wird, sieht noch viel unnatürlicher aus. Ein Garten mit einem streng geometrischen Grundriß läßt sich nicht durch derart skurrile Beckenformen auflockern. Das Naturhafte bringen die Pflanzen in den Garten. Wem quadratische, rechteckige oder rechtwinklige Wasserbecken nicht zusagen, der sollte doch ein kreisrundes Becken wählen. Dabei bleibt der Grundsatz der Geometrie weiterhin gewahrt, und die runde Form wirkt weicher und vielleicht auch gefälliger als die eckige.

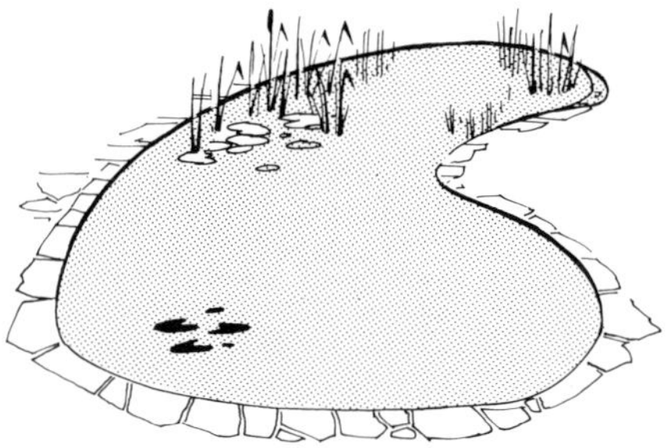

Naturnahe Teichform

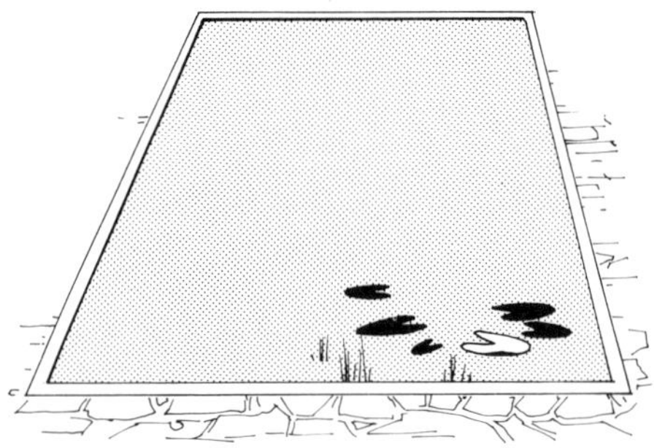

Rechteckiges Becken

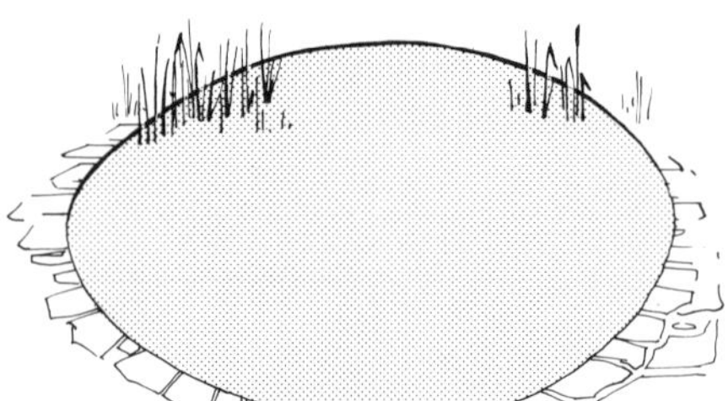

Kreisrundes Becken

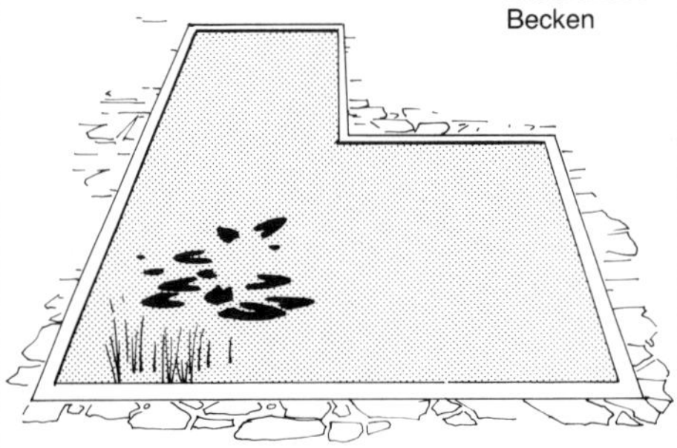

Rechtwinkliger Grundriß

Der große Vorteil der Fertigbecken aus glasfaserverstärktem Polyester ist ihr nahezu kinderleichter Einbau. Außerdem sind sie am haltbarsten. Sie halten sogar besser und länger als Beton. Ein Nachteil sind aber ihre steilen Seitenwände, die einen nahtlosen Übergang der Teichvegetation zur Uferbepflanzung erheblich erschweren. Tiere, die sich in den Teich verirrt haben, wie zum Beispiel ein Igel, können über die steilen Wände nicht mehr ans Ufer gelangen. Man kann aber den Teichboden oder einige dicke Kieselsteine so modellieren, daß es zumindest an einer Stelle einen nahtlosen Übergang vom Teichboden zum Ufer gibt. Ein weiterer Nachteil dieser Bekken: Sie sind nicht ganz billig.

Folienteiche

Etwas billiger sind Teichfolien aus PVC. Es gibt sie in Stärken von 0,5–1 mm. Ihr Hauptvorteil besteht darin, daß man mit ihnen einen Teich in jeder beliebigen Form und Größe gestalten kann. Man bekommt die Folien in Bahnen, die sich leicht im Kaltschweißverfahren miteinander verbinden lassen. Benötigt werden lediglich eine glatte Unterlage, zum Beispiel ein Brett, ein Flachpinsel, Kaltschweißmittel und ein paar Sandsäcke. Die Bahnen werden so übereinandergelegt, daß sie sich etwa 5 cm überlappen, dann fährt man mit einem Pinsel, den man vorher in das Kaltschweißmittel getaucht hat, zwischen die beiden Bahnen, drückt sie an und beschwert sie anschließend mit einem Sandsack.
Die Vorbereitungen für ein Folienbecken werden ähnlich getroffen wie beim Fertigbecken. Allerdings wählt man hier selber die Größe, Form und Tiefe des Teichs. Zunächst steckt man die Fläche, auf der ein Teich entstehen soll, ab und schachtet dann die Teichgrube aus. Die Böschungen sollten nicht zu steil sein. Man modelliert sie am besten in drei Absätzen, auf denen die Pflanzen ihren Ansprüchen an die Wassertiefe gemäß stehen sollen. Die Flachwasserzone am Rand des Teiches ist 0–30 cm tief, die mittlere Zone 30–50 cm und

die tiefe Zone 50–80 cm. Eine maximale Wassertiefe von 80 cm reicht im allgemeinen aus.
Natürlich muß man beim Ausschachten bedenken, daß die Folie in ein Sandbett von 20 cm Dicke verlegt wird. Außerdem empfiehlt es sich, das Teichufer mit Höhenpflökken abzustecken, von denen aus man die unterschiedlichen Tiefenzonen des Teichbodens nachmißt. Wenn der Teich erst einmal voll Wasser gelaufen ist, kann es sonst unangenehme Überraschungen geben. Während das Wasser an einer Stelle schon über das Ufer zu treten droht, kann dcr Wasserspiegel bei unterlassener Höhenmessung auf der gegenüberliegenden Seite noch 20 cm unter dem Rand des Teiches liegen.
Zunächst werden alle spitzen Steine aus der Teichgrube entfernt. Der Boden wird mit dem Rechen glattgezogen und gestampft. Dann wird der Sand darauf ausgebreitet und ebenfalls gestampft oder zumindest mit der Schaufel festgeklopft. Wo die Gefahr besteht, daß die Wurzeln benachbarter Bäume in die Folie wachsen, und diese somit undicht machen, sollte man ein wurzelabweisendes Vlies auf dem Teichboden ausbreiten. Besonders vorsichtige Wassergartenfreunde bringen auf dem Teichboden eine dünne Schicht Magerbeton auf, legen darauf das Vlies und breiten dann erst den Sand aus. Natürlich muß dann die Teichgrube entsprechend tiefer ausgeschachtet werden. Im Allgemeinen reicht aber eine 20 cm dicke, festgestampfte Schicht völlig aus.
Die Menge der Folie, die man für den Teich benötigt, errechnet man am besten erst, wenn das Sandbett fertig ist. Zeichnen Sie den Grundriß Ihres Teiches auf ein Blatt Papier. Dann legen Sie längs und quer im Abstand von jeweils 2 m ein Maßband über den Boden der Teichgrube und tragen die Messungslinien sowie alle gemessenen Abstände von einem Ufer

Naturnahe Teiche mit verschiedenen Tiefenzonen lassen sich am leichtesten mit Folie gestalten.

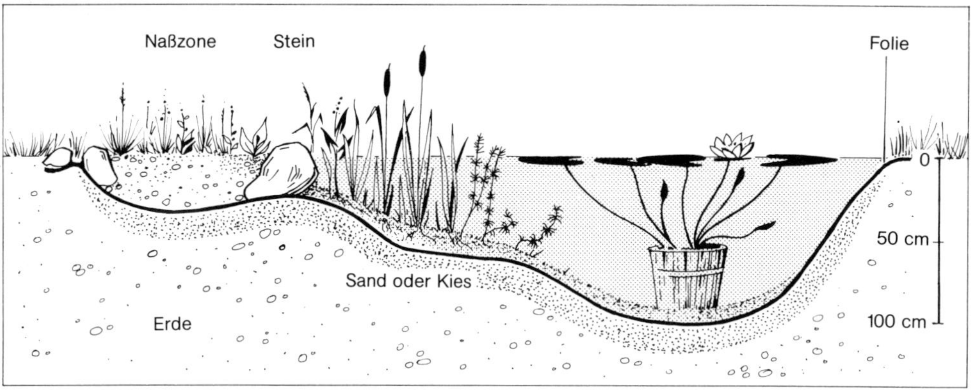

Querschnitt durch einen Folienteich: Die Böschungen der Teichgrube sollten nicht zu steil angelegt werden. Man sollte sie nach den Ansprüchen der Wasserpflanzen mit mehreren Absätzen modellieren. Links eine zeitweise überflutete Naßzone.

zum anderen auf der Skizze ein. Bedenken Sie dabei auch, daß die Folie am Rand befestigt werden muß. Rechnen Sie also rundum 30 cm dazu.

Man sollte übrigens für die Fertigbecken und für die Folie immer die Farbe Schwarz oder Dunkelgrau wählen. Blaugrüne Folien und Becken wirken unnatürlich und störend im Garten.

Die fertig verschweißte Folie wird nun einfach auf dem Sandbett ausgerollt. Ein wenig lassen sich die dabei entstehenden Falten glätten. Ganz wird man sie jedoch nie wegbekommen. Die Haltbarkeit der Folie wird jedoch durch die Falten nicht beeinträchtigt; man kann sie ein wenig mit Kieselsteinen kaschieren. Besonders vorsichtige Wassergartenfreunde füllen den mit Folie ausgelegten Teich erst einmal zur Probe, um zu sehen, ob sie auch wirklich dicht ist. Das Wasser drückt auch die Folie richtig ins Sandbett. Erst danach sollte man sie am Rand befestigen. Viele Wassergartenexperten empfehlen, die Teichfolie am Rand nach außen umzuschlagen, einzugraben und mit Kieselsteinen, Gartenplatten oder ähnlichem zu befestigen. Diese Methode hat Vor- und Nachteile. Der Teichboden ist bei dieser Verarbeitung der Folie am Rand mit dem angrenzenden Erdreich verbunden. Der Boden am Ufer wird also aus dem Teich ständig mit Feuchtigkeit versorgt. Für feuchtigkeitsliebende Stauden, die ja normalerweise auch am Teichufer wachsen, ist dies ein Vorteil. Dem Teich geht auf diese Weise aber auch eine Menge Wasser verloren. Es verdunstet am Ufer. Man muß von Zeit zu Zeit welches dazulaufen lassen, durch einen Schlauch, der an die Wasserleitung angeschlossen ist. Man kann auch das Wasser aus der Regenrinne in den Teich leiten. Die ständige Erneuerung des Wassers kann jedoch Probleme mit sich bringen.

Man kann die Teichfolie aber auch anders am Rand befestigen. Eine Flachwasserzone sollte ohnehin jeder Teich bekommen. Man braucht diese Zone nur ein wenig zu verbreitern, indem man die letzten Zentimeter der Folie etwa 10 cm unter dem künftigen Wasserspiegel waagerecht auslegt und dann am Ende senkrecht aufstellt, so daß ihr Rand mit der Oberfläche des sie umgebenden Erdreichs abschließt. Was von der Folie zu weit aus dem Boden herausschaut, wird abgeschnitten oder mit Steinen verdeckt. Auf diese Weise gibt es eine scharfe Trennung zwischen Wasserbecken und dem umliegenden Erdreich. Die Feuchtigkeit aus dem Teich wird nicht mehr an seine Umgebung abgegeben. Dies muß für die feuchtigkeitliebenden Pflanzen nicht unbedingt ein Nachteil sein. Viele dieser Pflanzen vertragen es auch, im seichten Wasser zu stehen, wobei der Wasserspiegel ruhig im heißen Sommer einmal absinken darf: Sumpfdotterblume, Sumpfvergißmeinnicht, Blutweiderich, Binsen und Gauklerblumen gehören dazu.

Bauweisen mit Ton oder Beton

Noch billiger und einfacher ist es, einen Teich mit Ton abzudichten. Man kann dazu entweder schadhafte ungebrannte Ziegelrohlinge aus einer Ziegelei verwenden oder den Ton aus den Gruben einer Ziegelei. Der modellierte Teichboden wird glattgezogen, gestampft und der Ton in Lagen von 10 cm darauf ausgebreitet, wobei jede Lage für sich gestampft wird. Insgesamt sollte diese Tonschicht etwa 30 cm dick sein. Nachteil der Tonabdichtung: Sie kann durch tiefwurzelnde Wasserpflanzen wie durch Baumwurzeln durchwachsen und damit undicht gemacht werden. Auch bei diesem Teich besteht die Gefahr erhöhter Verdunstung am Teichufer.
Früher wurden Wasserbecken überwiegend aus Beton gebaut. Heute, wo es haltbare Fertigbecken aus glasfaserverstärktem Polyester und PVC-Folien gibt, ist diese Methode nicht mehr interessant. Man müßte auf dem Teichboden erst einmal eine Baustahlmatte auslegen, die sich nur schlecht formen läßt, und eine große Menge wasserdichten Beton selber mischen oder vom Betonwagen zum Becken karren. Ein Wasserbecken aus Beton zu bauen ist viel schwieriger, als ein Fertigbecken einzubauen oder eine Teichgrube mit Folie auszulegen. Außerdem sind Betonbecken kaum haltbarer als andere Teiche. Nach einigen Jahren bekommen sie feine Haarrisse, die sich vergrößern, bis der Beton an manchen Stellen zu bröckeln beginnt. An diesen Stellen wird das Becken dann sehr leicht undicht. Wer ein altes Betonbecken hat, das schadhaft geworden ist, kann solche Löcher abdichten, indem er das Wasser soweit aus dem Becken abzieht, daß die Schadstelle freigelegt ist. Lockere Bestandteile werden mit dem Stemmeisen entfernt, und schließlich dichtet man das Loch mit einer Mischung aus 1 Teil wasserdichtem Zement und 2 Teilen Sand, mit Wasser angerührt, ab. Ein Becken mit vielen Rissen und undichten Stellen kleidet man am besten mit PVC-Folie aus.

Die Entwicklung vom Teich zum Biotop

In den ersten 2–3 Tagen, nachdem wir unseren Teich angelegt hatten, war das Wasser noch glasklar, so daß wir jeden Kieselstein auf dem Boden erkennen konnten. Doch, nachdem wir eine Woche lang nicht nach unserem Wasserbecken geschaut hatten, bekamen wir einen riesengroßen Schreck. Das Wasser war trübe, und an den Beckenwänden hatten sich dicke Algenteppiche gebildet. Besorgt fragte ich einen Wassergartenexperten um Rat. »Warten Sie ab«, lautete seine Antwort. »Das regelt sich alles von selber!« Er hatte recht. Im Laufe der darauffolgenden Wochen wurde das Wasser wieder klar. In dem dichten Algenteppich an der Beckenwand entdeckten wir zahlreiche Wasserschnecken, die schon ganze Straßen in diesen grünen Filz gefressen hatten. Bald waren die Algen verschwunden, das Wasser glasklar, und unsere Wasserpflanzen fingen merklich an zu wachsen.
Was war geschehen? Einiges an Nährstoffen hatten wir mit der Wasserpflanzenerde in den Teich gebracht. Der Nährstoffgehalt dieser Spezialerde ist jedoch auf die Situation im Wassergarten abgestimmt und reichert ihn nicht im Überfluß mit Nitraten und Phosphaten an. Aber auch das Wasser besteht ja nicht nur aus 2 Teilen Wasserstoff und 1 Teil Sauerstoff, wie es die Chemiker mit der Formel H_2O ausdrücken. Je nach Herkunft und Beschaffenheit enthält es auch einige Grundstoffe, von denen sich Pflanzen ernähren: Stickstoff, Phosphor, Kalium, Kalk, Magnesium, Eisen, manchmal auch Schwefel und nicht zuletzt Chlor.
In einem frisch angelegten Teich herrscht somit immer ein Überangebot an Nährstoffen. Die gerade eingesetzten Pflanzen können noch

Uferzonen mit vielfältiger Flora werden von vielen Tieren angenommen.

keine aufnehmen. Sie müssen erst einmal neue Wurzeln bilden, um im Teichboden Fuß zu fassen. Stattdessen siedeln sich andere Lebewesen an, die sich von den Stoffen im Wasser ernähren und sie verarbeiten: Algen. Es handelt sich dabei um einzellige Pflanzen, die sich in kurzer Zeit mit rasender Geschwindigkeit vermehren können. In einem Kubikzentimeter können bis zu einer Million Algen schweben. Ohne Mikroskop sind viele von ihnen nur noch als Wassertrübung zu erkennen. Andere leben in großen Verbänden als sogenannte Fadenalgen im Wasser.
Trübes Wasser in einem neu angelegten Teich ist also ganz normal, denn die Sporen der Algen befinden sich überall, auch in der Luft.

Libellenpärchen auf einem Rohrkolbenblatt.

Sobald sie ein wenig Wasser finden, lassen sie sich dort nieder, wachsen und vermehren sich. Man kann dies schon in einem mit Wasser gefüllten Glas beobachten, das man einige Tage auf der Fensterbank in der Sonne stehenläßt. Schon nach wenigen Tagen bildet sich ein grüner Algenbelag.
Algen in einem Teich sind aber auch Nahrung für zahlreiche kleine Tiere, die sich nach kurzer Zeit einstellen. Wir entdecken sie in unserem Teich, nachdem das Wasser wieder klar geworden war. Ganze Schwärme von Wasserflöhen tummelten sich im sonnendurchfluteten klaren Wasser. Hier und dort wechselte ein geheimnisvoller Käfer von einer Pflanze zur anderen über. Wasserläufer flitzten über die blanke Wasserfläche, und bald umschwirrten die ersten Libellen unseren Rohrkolben. Auch Mückenlarven gab's schon nach kurzer Zeit im Wasser. Doch vor denen brauchten wir uns nicht zu fürchten.
Sie verschwanden ebenso schnell, wie sie gekommen waren, mit den Algen, von denen sie sich ernährten.

Die Amphibien

Mückenlarven sind auch Nahrung für etwas größere Tiere, die sich ebenfalls bald von selber im Teich einstellen: Frösche, Kröten, Unken und Molche. Jeder Wassergartenfreund wartet auf diese liebenswerten nützlichen »Lurchis«, die man auch unter der Sammelbezeichnung »Amphibien« zusammenfaßt. Ob sie sich im Garten einstellen, und wie viele kommen werden, hängt unter anderem von der Lage des Grundstückes ab. Wenn es im ländlichen Raum liegt und an eine Wiese oder einen Wald grenzt, finden sie sich sicher schneller ein als im städtischen Bereich. Wer sich Klarheit darüber verschaffen möchte, ob Amphibien von selber in seinen Garten zuwandern können oder nicht, sollte sich an einen erfahrenen Naturschützer wenden. Dieser Experte wird dann den Garten und seine Umgebung in Augenschein nehmen und manch wertvollen Rat geben können. Alle diese Tiere brauchen nämlich nicht nur das Wasser, sondern auch einen Lebensraum auf dem Land. Und dieser Lebensraum bleibt bei vielen nicht auf den einen Garten, in dem sich der Teich befindet, beschränkt. Er kann sich auf einen Umkreis von mehreren Kilometern erstrekken. Grasfrösche wachsen aus dem Laich im Wasser zur Kaulquappe heran, entschlüpfen dem Teich eines Tages als Frosch und begeben sich auf Wanderschaft. Den Winter verbringen sie an Land und kommen manchmal erst nach 3 Jahren zu ihrem Laichgewässer zurück. Ebenso machen es die Kröten. Gefährlich wird es für sie, wenn sie eine Straße überqueren müssen. Das tun sie nämlich meistens im Dunkeln. Im Scheinwerferlicht der Autos bleiben sie wie hypnotisiert sitzen und werden überfahren, oft zu hunderten und tausenden. Zahlreiche Naturschützer haben vielen Amphibien in mühsamen Aktionen bei Tag und Nacht das Leben gerettet. Dennoch fallen immer noch viele von ihnen dem Straßenverkehr zum Opfer. Die Straßen, die ein Grundstück umgeben, verhindern oft die Zuwanderung von Fröschen und Kröten in den eigenen Garten. Man sollte sie aber auch nicht irgendwo draußen in einem Tümpel fangen und im eigenen Garten aussetzen. Denn auch sie würden wieder abwandern und auf der nächsten Straße überfahren werden. Besser ist es, rund um den Teich die richtigen Lebensbedingungen für diese Tiere zu schaffen. Besonnte sandige Uferpartien sind ebenso wichtig, wie dicht bepflanzte und leicht beschattete. Frösche sitzen gern in der Sonne auf einem großen Stein, Kröten verkriechen sich unter einem Holzhaufen. Irgendwo sollte es auch etwas höheres Gras geben, und unter den Gehölzen am Rand des Gartens sollte auf keinen Fall Laub geharkt werden. Je natürlicher der Garten um den Teich gestaltet ist, desto wohler fühlen sich die Amphibien darin.

Auch die Zauneidechse besucht gern den Teich.

Frösche stellen sich oft schon im ersten Jahr ein.

Das biologische Gleichgewicht

Wenn sich alle diese Wassertiere im und um den Gartenteich eingestellt haben und das Wasser nach wie vor klar ist, von vorübergehenden Trübungen abgesehen, kann man wohl sagen, daß es sich um ein intaktes Biotop handelt. Ein Biotop ist ein Lebensraum, in dem Pflanzen und Tiere miteinander, abhängig von den gegebenen chemischen und physikalischen Umweltbedingungen, leben. In einem infakten Biotop herrscht auch biologisches Gleichgewicht. Das heißt: Alle dazu gehörenden Lebewesen sind reichlich vertreten, wobei aber keine Art in irgendeiner Weise überwiegt, eine andere verdrängt oder ihr die Nahrung streitig macht. Das biologische Gleichgewicht wird durch das Angebot von Nahrung, das für bestimmte Lebewesen nicht zu groß sein darf, und durch stärkere Lebewesen, die natürlichen Feinde, aufrecht erhalten.
In einem Wassergarten kann man studieren, was die Begriffe »Biotop« und »biologisches Gleichgewicht« bedeuten. In einem gerade angelegten Teich ist noch kein biologisches Gleichgewicht vorhanden. Es herrscht ein Überangebot an Nährstoffen. Deshalb siedeln sich unzählig viele Algen an und vermehren sich im Übermaß. Wenn sie aber die Nährstoffe im Wasser verzehrt haben, können sie sich nicht weiter vermehren. Außerdem sind sie inzwischen schon von den kleinen Wassertieren verzehrt worden, die wiederum von größeren gefressen werden. Deren Kot fällt dann zu Boden, und die sich darin befindlichen Nährstoffe kommen den Seerosen, Rohrkolben, Tannenwedeln und anderen Wasserpflanzen zugute. Von diesen Pflanzen sterben gelegentlich Teile ab, Nährstoffe werden frei, so daß sich vorübergehend Algen darauf ansiedeln – der Kreislauf hat sich geschlossen.

Die Zierfische

In einem Gartenteich regelt sich vieles von selber. Ein im Mai bepflanztes Wasserbecken kann sich bis zum August desselben Jahres schon zu einer perfekten Lebengesgemeinschaft entwickelt haben, wenn man nicht zu früh Fische eingesetzt hat. Diesen Fehler begehen leider die meisten Gartenfreunde, die Freude am Wassergarten bekommen haben.
Fische kommen in der Natur in derart kleinen Gewässern wie unseren Gartenteichen nicht vor. Sie beanspruchen größere und tiefere Gewässer. Als Faustregel gilt: Ein fingerlanger Fisch braucht 50 Liter Wasser zum Leben. Klein in einen Teich eingesetzte Fische passen sich zwar mit ihrer Körpergröße der Größe des Gewässers an. Dies bedeutet jedoch nicht, daß sie nicht mehr wachsen. Sie können auch in einem kleinen Gewässer noch eine recht ansehnliche Größe erreichen.
Manche Wassergartenfreunde können es gar nicht erwarten, Fische in ihren Teich zu setzen. Zuerst müssen jedoch die Algen verschwunden, das Wasser wieder klar und voller kleiner Wasserasseln, Wasserflöhe und Schlammröhrenwürmer sein, von denen sich die Fische ernähren können. Sie sollen so gut wie möglich in die Lebensgemeinschaft eingegliedert werden und sich von dem ernähren können, was ihnen der Teich an Nahrung bietet, ohne die Beutetiere dabei auszurotten. Es muß also immer genug Nahrung nachwachsen. Wer zu viele Fische in den Teich einsetzt und diese jeden Tag füttert, reichert den Teich zusätzlich mit Nährstoffen an über den Kot der Fische und durch nicht gefressenes, auf den Boden gefallenes Fischfutter. So kann es wieder zu verstärktem Algenwuchs kommen.
Algen produzieren am Tage zwar viel Sauerstoff, verzehren aber dafür nachts umso mehr. Wenn das Wasser im Sommer außerdem ziemlich warm ist (warmes Wasser enthält weniger Sauerstoff als kaltes) kann der Teich eines Tages »umkippen«. Mit den Algen sterben dann alle Lebewesen im Teich.

Was tun gegen Algen?

Auch ohne Fische kann es in einem schon älteren Teich zu übermäßigem Algenbewuchs kommen. Die Ursache kann zu kalk-nitrat-

und phosphatreiches Wasser sein, von dem man zuviel auf einmal in den Teich nachlaufen ließ. Am besten zieht man zunächst einmal alle erreichbaren Fadenalgen aus dem Wasser. Ein paar mit Torf gefüllte Leinenbeutel, die man ins Wasser legt, können Abhilfe schaffen. Torf bindet nämlich den Kalk und senkt damit auch den pH-Wert des Wassers ab.
Vorbeugend mindern auch Schwimmblatt-, Schwimm- und Unterwasserpflanzen den Algenwuchs. Zu den Schwimmblattpflanzen gehören zum Beispiel Seerosen. Mit ihren großen Blättern beschatten sie die Wasserfläche und nehmen den Algen damit Licht. Schwimmpflanzen, wie zum Beispiel Wasserlinsen, Froschbiß oder die Wassernuß, die sich übrigens im Herbst wunderbar rot färbt, beschatten die Wasserfläche ebenfalls und ernähren sich aus den Nährstoffen des Wassers, die sie auf diese Weise den Algen entziehen. Unter Wasser lebende Pflanzen, wie zum Beispiel das Hornkraut, entziehen dem Wasser, wie auch dem Boden des Teiches Nitrate und erzeugen außerdem Sauerstoff. Sie bieten auch Fröschen, Molchen und Wasserkäfern Unterschlupf.
Doch, um nochmal auf die Fische zurückzukommen: Wer auf sie nicht verzichten will, sollte in seinem Wassergarten Bereiche schaffen, in die sie nicht gelangen können. Diese Zonen sollten als Refugien für Amphibien dienen. Denn viele Fische vernichten Amphibienlaich. Zweitens sollten die Fische nicht zu früh und nicht in zu großer Anzahl in den Teich gesetzt werden. Wer mehr Fische einsetzen will, als der Teich normalerweise verkraften kann, kommt nicht drum herum, diese Tiere auch zu füttern und kann dann das »Umkippen« des Teiches nur durch eine Umwälzpumpe verhindern. Dabei empfiehlt es sich, diese Pumpe mit einem kleinen Sprudelstein zu kombinieren. Das sieht nicht nur hübsch aus und plätschert stimmungsvoll. Das heraussprudelnde Wasser wird auch mit Sauerstoff angereichert. Im Fachhandel gibt es viele leicht zu installierende Unterwasser- und Außenpumpen in verschiedenen Größen und mit unterschiedlicher Leistung.

Die Teichpflege

Wir können also mit unserem kleinen, selbstgeschaffenen Biotop zufrieden sein. Schön, daß man, sobald es erst einmal angelegt ist, kaum Arbeit damit hat. Irgendwann, vielleicht in 3–5 Jahren, wird sich auf dem Teichboden soviel Schlick gesammelt haben, daß wir etwas unternehmen müssen. Das läßt sich bei keinem Teich vermeiden. Immer wieder sterben Pflanzenteile ab und sinken zu Boden, wo sie unter Luftabschluß faulen. Außerdem läßt sich auch nie ganz verhindern, daß manche Pflanzen stark wuchern und nach einigen Jahren einen großen Teil des Teiches für sich in Anspruch nehmen. Sie müssen ausgelichtet werden.
Wenn es bei uns mal soweit ist, werden wir den Teich nicht ganz ausräumen, sondern nur einen Teil der Pflanzen entfernen und den Bodenschlick abziehen. Somit ist der Eingriff in diese Lebensgemeinschaft nicht mehr so groß.
Im darauffolgenden Jahr nehmen wir uns dann die andere Hälfte des Teiches zur Reinigung vor. Auf diese Weise entstehen zwei Altersstufen mit den dazugehörigen Bakterien und anderen Kleinlebewesen auf dem Teichboden, die zur lebendigen Vielfalt im Gartenteich beitragen.

Unser Tip: klein anfangen

Ein Leser unserer Zeitschrift schickte uns einmal das Foto seines Wasserbeckens. Es war aus Ziegelsteinen gemauert und hatte eine äußerst kurvenreiche, um nicht zu sagen verworrene Grundrißform. In seinem Brief fragte uns dieser Leser, wie er denn dieses Becken dicht bekommen könne. Er habe es mit wasserdichtem Mörtel gemauert, das Wasser entweicht dennoch. Gleichzeitig beklagte er, daß wir nie etwas über gemauerte Becken in unserer Zeitschrift gebracht hätten. Natürlich sollten wir ihm nun zu einer Abdichtung raten, bei der das Mauerwerk immer noch sichtbar bleibt.

Leider wird durch die Klinker immer wieder Wasser nach außen dringen, denn sie sind nicht wasserdicht. Man kann sie allenfalls als zierende Verblendung vor die Wände eines Betonbeckens mauern.
Aber warum nimmt sich ein Wassergartenneuling so etwas kompliziertes vor, wo doch der Bau eines Gartenteiches so einfach sein kann? Eine schöne Mauer aus Klinkern kann er doch als Abgrenzung seines Gartens errichten. Ein Wasserbecken braucht doch nur haltbar und dicht zu sein. Die Schönheit bringen die Pflanzen in den Wassergarten!
Machen Sie es deshalb nicht wie dieser Leser. Fangen Sie klein an. Ein Mörteltrog aus Kunststoff kostet noch nicht einmal 20 Mark. Darin können sie einen ersten kleinen Wassergarten anlegen und Erfahrungen sammeln. Auch eine ausgediente Badewanne tut es. Sie sollte von innen mit wasserfester schwarzer Farbe gestrichen werden.
Und wenn sie etwas tiefer in die Tasche greifen wollen, legen Sie einen kleinen Folienteich an oder bauen Sie, wie wir, ein Fertigbecken aus glasfaserverstärktem Polyester in Ihren Garten ein. Wer erst einmal Freude an dieser wundervollen Wasserwelt gefunden hat, wird seinen Wassergarten ohnehin irgendwann einmal erweitern.
An ein Fertigbecken kann man übrigens leicht eine Sumpfzone aus Folie angliedern. Man hebt eine flache Grube aus, bedeckt den Boden mit Sand und breitet die Folie darauf aus. Am besten legt man die Folie auf den Rand des Beckens und bedeckt sie mit Kieselsteinen. Aber auch an einen Folienteich läßt sich noch ein weiterer angliedern. Es gibt Gartenfreunde, die schon ihren ganzen Garten »unter Wasser« gesetzt haben.

Zierfische im Teich des Redaktionsgartens

Wir konnten es kaum erwarten, Fische in unseren Gartenteich einzusetzen, nachdem wir ihn angelegt hatten. Allerdings waren wir dennoch geduldig genug, um abzuwarten, bis die Algen verschwunden und das Wasser wieder klar und voller Leben war. Dann kauften wir in einer Zoohandlung drei Goldfische und zwei Koikarpfen. Das war gerade die richtige Menge für diesen kleinen Teich. Zum Glück haben sie sich nicht vermehrt. Aber sie sind rapide gewachsen, auch ohne Fischfutter. Aber allzuviel Freude haben wir nicht an ihnen gehabt. Einen der beiden Koikarpfen fanden wir eines Morgens tot in der angrenzenden Staudenrabatte. Ihm war es wohl in dem Wasserbecken zu eng geworden. Kurz darauf war ein Goldfisch spurlos verschwunden, und einen anderen hat Nachbars Katze auf dem Gewissen. Nun schwimmen nur noch ein dicker Goldfisch und ein fetter Koikarpfen träge im Teich umher, der zum großen Teil von den Blättern der Seerosen bedeckt ist. Hier und dort sieht man mal einen dieser beiden traurigen Burschen müde aus dem trüben Wasser auftauchen. Ja, trübe ist das Wasser in unserem Teich geworden, seitdem wir Fische eingesetzt haben. Denn sie »gründeln« stark, wühlen also den Schlick vom Teichboden auf. Günstiger wären Goldorfen gewesen, die häufig mit Goldfischen verwechselt werden. Von ihnen hat man mehr, denn sie schwimmen an der Wasseroberfläche. Allerdings vertragen sie kein zu warmes Wasser. Ein Teich mit ständigem Durchfluß ist für sie am günstigsten. In unserem Teich hätten sie wahrscheinlich nicht überlebt.
Mehr Freude haben wir an unserem Grasfrosch, der gelegentlich ganz unverhofft aufkreuzt und – schwupp – mit einem eleganten Sprung ins Wasser verschwindet. Auch eine Zauneidechse sonnt sich gern am Ufer unseres Teiches. Zwei getreue Gartengenossen, die uns mit ihrer erfrischenden Lebendigkeit mehr erfreuen, als die müden Veteranen unter den Seerosenblättern. Lebendiger sind auch die Wasserläufer, die über die blanke Oberfläche flitzen. Auch Libellen gibt es genug, die manchmal unermüdlich über der Wasserfläche unseres Teiches auf- und abschwirren und sich im Sonnenschein auf den Halmen des Rohrkolbens niederlassen.

Der »grüne Teppich«

Der Rasen ist der grüne Teppich im Mittelpunkt des Gartens. Er nimmt kaum 60 m^2 unserer Gartenfläche ein. Dennoch möchten wir ihn nicht missen.
Denn über diesen grünen Teppich können wir, von vorgezeichneten Wegen unabhängig, durch unseren Garten gehen und an Stauden, Bäume und Sträucher sowie an das Wasserbecken dicht herantreten. Unseren Wohngartenbereich läßt er räumlicher erscheinen und bildet einen unaufdringlich grünen Kontrast zu allem, was drum herum wächst und blüht: den weißen und rosa Blumen der Seerosen, den roten Polyantharosen, der gelben Schafgarbe wie den blauen Rittersporen oder der Parrotie im scharlachroten Herbstkleid. Auf 3 m Breite schließt unser Rasen an die Pflasterfläche unserer Terrasse an und verläuft von dort über eine sanfte Böschung in den tiefer gelegenen Gartenraum, wo er sich zwischen den Stauden und Gehölzen ausbreitet.
Der Rasen ist im Garten unersetzlich. Man kann zwar ganz auf ihn verzichten und statt dessen eine große Fläche in der Mitte des Gartens pflastern. Man kann an seine Stelle auch bodendeckende Gehölze oder Stauden pflanzen, hat aber dann noch immer keinen Rasenersatz. Denn bei einem Rasen handelt es sich um eine Lebensgemeinschaft von Pflanzen, genauer von Gräsern, auf denen man wie auf einem Teppich herumlaufen kann. Eine Pflasterfläche ist dagegen tot und bei weitem nicht so angenehm zu begehen wie Rasen. Bodendeckende Stauden und Gehölze würden es nicht lange vertragen, wie ein Rasen immer wieder betreten zu werden. Eine Blumenwiese ist zwar schön, aber wenn man sie wie eine Rasenfläche nutzen würde, wäre ihre Schönheit bald dahin.

Vorbereitung für den Rasen

Der Rasen wird immer ganz zum Schluß angelegt, wenn alles gebaut, alle Wege gepflastert, Bäume und Sträucher sowie Stauden gepflanzt sind. So braucht man die frisch eingesäte Rasenfläche nicht mehr zu betreten, bis der Rasen zum ersten Mal gemäht werden muß. Rasen, das sollte man nicht vergessen, ist eine Lebensgemeinschaft von vielen Milliarden Gräsern auf engstem Raum. Eine Intensivkultur, die ständig wächst, jedoch nie groß wird. Die Halme und Blätter der Gräser werden einmal, manchmal sogar zweimal pro Woche vom späten Frühjahr bis in den frühen Herbst hinein geschnitten und damit auf einer Höhe von etwa 2 cm gehalten. Damit wird ihnen immer wieder Substanz, also auch ein großer Anteil der Nährstoffe, entzogen. So eine Ge-

Pampasgras und Rasengräser: Beide sind gut angewachsen. Der grüne Teppich in der Mitte unseres Gartens ist von Bäumen, Sträuchern und Stauden umrahmt.

waltkur vertragen nur einkeimblättrige Pflanzen, also Gräser. Andere, zweikeimblättrige Pflanzen wären bei einer solchen Behandlung bald von der Fläche verschwunden. Selbst die hartnäckigsten Rasenunkräuter vertragen das regelmäßige Schneiden nicht und müssen mit der Zeit den Gräsern weichen.
Die wichtigste Voraussetzung für die Intensivkultur Rasen ist eine gründliche Bodenvorbereitung. Allzuoft wird der Fehler gemacht, über den Bauschutt des Hauses nur eine dünne Oberbodenschicht zu decken und darauf Gras zu säen. Die Quittung für eine derart nachlässige Bodenvorbereitung kann man schon im nächsten Sommer nach der Aussaat bekommen, wenn es einmal 3 Wochen lang nicht regnet. Dann ist der Rasen nämlich braun, und man kann noch einmal von vorne beginnen.
Ebenso schädlich ist ein stark verdichteter Untergrund, denn Staunässe können die Gräser auch nicht vertragen. Ihre Wurzeln ersticken und faulen in der von der Luft abgeschlossenen Erde, und Moos erobert die Rasenfläche. Der Boden, auf dem Rasen wachsen soll, braucht eine gleichmäßig dicke Schicht Oberboden mit einer guten Krümelstruktur, um eine Menge Wasser mit den darin befindlichen Nährstoffen speichern zu können.
Überschüssiges Regenwasser muß aber auch an den Untergrund abgegeben werden. Die untere Bodenschicht muß durchlässig genug sein, um dieses Überschußwasser aufzunehmen und ans Grundwasser abzuführen. Beide Bodenschichten müssen also sorgfältig gelokkert und verbessert werden. Andererseits muß die fertige Rasenfläche eine gewisse Festigkeit aufweisen. Nach der Aussaat dürfen keine Dellen darin entstehen, und die Fläche muß zu begehen sein, ohne daß Fußspuren darin zurückbleiben. Deshalb sollte man Geduld mit der Rasenanlage haben und die Fläche nach der Bearbeitung am besten erst einmal ruhen lassen, damit sich die Erde setzen kann. Am besten trifft man die Vorbereitungen im Herbst, läßt den Boden grobschollig liegen, zieht ihn im Frühjahr glatt, sobald er etwas abgetrocknet und gut zu bearbeiten ist und sät die Fläche ein. Rasen kann man aber auch mitten im Sommer und sogar im Herbst noch säen.
Wir hatten die gesamte Bodenbearbeitung unseres Gartens von einem Bagger durchführen lassen, der den Unterboden aufriß und den Oberboden darauf ausbreitete. Anschließend säten wir eine Gründüngungsmischung aus, auch auf der künftigen Rasenfläche. Die Gründüngungspflanzen beschatteten den Boden, hielten ihn feucht und lockerten den Boden mit ihren tiefgehenden Wurzeln. Wir mähten sie schließlich ab und ließen sie auf der für den Rasen bestimmten Fläche den Winter über als Mulchdecke liegen. Im nächsten Frühjahr gruben wir diese bereits angerotteten Pflanzenreste flach unter und arbeiteten mit einer Motorhacke Torf und Hornspandünger in die oberste Bodenschicht ein. Mit besonderer Sorgfalt legten wir das Planum unserer Rasenfläche an. Die Oberfläche darf weder Buckel aufweisen, an denen man später mit dem Rasenmäher hängenbleibt, noch dürfen Mulden entstehen, in denen sich nach einem Regen Wasser sammelt.
Wer zum ersten Mal eine größere Fläche zu planieren hat, kann sich ein Höhenraster aus Holzpflöcken anfertigen. Die Quadrate können 1 × 1 m oder 2 × 2 m groß sein. Der Boden wird dann nach den roten Markierungen dieser Pflöcke (siehe S. 18) planiert. Eine Methode, die vor allem bei einem Gelände mit leichtem Gefälle oder unterschiedlicher Beschaffenheit empfehlenswert ist.
Eine Rasenfläche wird immer ebenerdig an die angrenzenden Wege und Pflanzflächen angeschlossen. Alle Bereiche des Gartens sollen ja ineinander übergehen und eine harmonische Einheit bilden. Und außerdem sollte man schon bei der Anlage des Rasens daran denken, daß man ihn später ein- bis zweimal pro Woche mähen will. Am schwierigsten ist es dabei, die Ränder zu mähen. Sie sollten deshalb nur sanfte Bögen aufweisen und nicht allzu verwinkelt in die Pflanzungen hineinragen. Am leichtesten lassen sich die Ränder von Rasenflächen mähen, die mit dem Pflaster des angrenzenden Weges in gleicher Höhe liegen. Man kann dann mit zwei Rädern des Rasen-

mähers auf dem Wegepflaster fahren und erspart sich somit das zeitraubende und mühevolle Nachschneiden mit einem Rasenkantenschneider. Wo die Rasenfläche an Stauden- und Gehölzpflanzungen anschließt, empfiehlt es sich, eine Mähkante zu verlegen. Man kann dazu verschiedene Materialien verwenden: Betonplatten mit einer Breite von 20–25 cm, Betonpflastersteine, Klinker oder imprägnierte Kanthölzer. Wichtig ist, daß sie alle ebenerdig in den Boden verlegt werden. Senkrecht aufgestellte Wege- und Rasenkanten, wie man sie heute noch in vielen Gärten sieht, trennen den Rasen zu sehr von seiner Umgebung und sind zudem unpraktisch. Mit dem Schneidwerk des Rasenmähers kommt man nicht bis ganz dicht an die Kante heran. Das Nachschneiden mit einem Kantenschneider ist aber eine umständliche und langwierige Angelegenheit. Gut verlegte Mähkanten machen einen Kantenschneider überflüssig.

Aber auch eine sauber abgestochene Rasenkante läßt sich noch recht gut mit dem Rasenmäher schneiden, ohne daß man nacharbeiten müßte. Wir verzichteten auf unserer kleinen Rasenfläche auf die Mähkanten, weil sie sonst noch kleiner ausgesehen hätte. Ebenso konnten wir auf ein Höhenraster mit Holzpflöcken verzichten, denn bei dieser kleinen Fläche war es nicht schwer, den Boden glatt zu planieren. Wir konnten uns gut an den vorhandenen Pflanzflächen, die den Rasen umgeben, orientieren. Mit dem Krail glichen wir zunächst alle Unebenheiten aus und räumten Steine und größere Erdklumpen weg. Mit dem Rechen wurden anschließend alle kleineren Steine heruntergeharkt. Und zum Schluß strichen wir mit dem Rücken des Rechens über die Fläche und zogen sie fein ab, so glatt wie eine Tischplatte. So war unsere Rasenfläche fertig zur Aussaat.

Die Grassamenmischungen

Grassamen ist nicht Grassamen. Fast immer wird er im Fachhandel als Mischung angeboten. Es gibt aber auch Rasen, der nur aus einer Grasart besteht. Grassamenmischungen und »Eingrasrasen« werden nach den Boden- und Lichtverhältnissen sowie nach den Ansprüchen an den Rasen ausgewählt. Vorsicht bei Grassamenmischungen, die unter wohlklingendem Namen angeboten werden. Sie enthalten zwar oft Gräser, die schnell keimen und die Fläche somit schnell begrünen. Doch oft halten manche Gräser dieser Mischungen der späteren Beanspruchung auf Dauer nicht Stand. Für welche Mischung man sich entscheidet, hängt nicht zuletzt davon ab, was man mit seinem Rasen anfangen will. Ein reiner Zierrasen sollte so wenig wie möglich betreten werden. Er enthält sehr feine Gräser, die in ihrer Gesamtheit schön anzusehen, jedoch einer häufigen Belastung nicht gewachsen sind. Ein solcher Rasen kommt meistens nur für den Vorgarten in Frage.

Hinter dem Haus, also im Wohngarten, braucht man dagegen einen strapazierfähigen Rasen, der in der Fachsprache mit dem nicht sehr schönen Wort »Gebrauchsrasen« bezeichnet wird. Gemeint ist ein Rasen, auf dem man einen Liegestuhl aufstellen oder eine Wolldecke ausbreiten kann, auf dem Kinder herumtollen oder der Hund mit einem Knochen spielt. Man sollte einen solchen Rasen eher als »Familienrasen« bezeichnen. Seine Belastung ist je nach Größe der Familie unterschiedlich groß und schwankt von einer Jahreszeit zur anderen. Eine Grassamenmischung für diesen Zweck sollte anteilsmäßig etwa folgende Gräser enthalten:

20% Deutsches Weidelgras (*Lolium perenne*),
25% Horstbildender Rotschwingel (*Festuca rubra commutata*),
25% Ausläufertreibender Rotschwingel (*Festuca rubra rubra*),
30% Wiesenrispe (*Poa pratensis*).

Die Anteile der einzelnen Grasarten müssen bei fertigen Mischungen auf der Packung angegeben sein. Prüfen Sie also vorher, ob die von Ihnen gekaufte Mischung die oben angeführten Gräser in ungefähr dieser Zusammensetzung enthält. Differenzen von 5–10% spielen dabei allerdings keine wesentliche Rolle. Dar-

über hinaus gibt es auch andere Mischungen, wie den bereits erwähnten Spiel- und Sportrasen, der für stärkere Belastungen gedacht ist. Unterschiedliche Mischungen gibt es auch für sandigen oder stark lehmigen Boden, sowie für schattige Lagen. Der Samenfachhändler hat sie vorrätig oder kann sie auf Wunsch zusammenstellen.
In unserem Garten verwendeten wir die oben angegebene »Familienrasen«-Mischung.

Die Aussaat des Rasens

Auf der Grassamenpackung waren 30 Gramm Grassamen pro m^2 angegeben.
Wer einen Rasen von Hand einsäen will, braucht schon ein wenig Übung, um den Grassamen einigermaßen gleichmäßig auf der vorgesehenen Fläche auszubringen. Wir stecken deshalb 1 m^2 unserer künftigen Rasenfläche mit Pflöcken ab und säten eine Handvoll Grassamen zur Probe darauf auf. Diese Menge wiegt etwa 30 Gramm. Dabei streuten wir un-

Von links oben nach rechts unten:
Feinplanum mit dem Rechen.
Probesaat mit der Hand auf 1 m^2.
»Tanz« mit Brettern statt walzen.
Grassamen an der Böschung mit der Schaufel festklopfen.

Streuwagen mit einstellbarer Saatmenge.

gefähr die Hälfte der Menge in Quer-, die andere Hälfte in Längsrichtung, so daß diese Fläche einigermaßen gleichmäßig bedeckt war. Nach dieser Probesaat hatten wir es ungefähr »im Griff«, wie dicht der Grassamen ausgestreut werden mußte.
Leichter geht es mit einem Streuwagen. Dieses Gerät kann man im Fachhandel ausleihen. Aber auch seine Anschaffung ist kein weggeworfenes Geld. Man kann ihn nämlich auch benutzen, um Dünger damit auszubringen. An der Rückseite des Streuwagens befindet sich ein Hebel mit einer Skala, nach der man die genaue Grassamenmenge einstellen kann.
Nachdem die gesamte Fläche eingesät war, arbeiteten wir den Grassamen vorsichtig in die oberste Bodenschicht ein. Dabei mußten wir darauf achten, daß weder die sauber planierte Erde noch der Grassamen verschoben wurden. Zum Abschluß der Raseneinsaat wird normalerweise gewalzt. Doch wir hatten keine Walze und sägten uns deshalb zwei Bretter zurecht, die wir an allen vier Ecken durchbohrten. Durch die Bohrlöcher zogen wir Schnüre, stellten uns auf die Bretter und spannten die Schnüre, so daß die Bretter fest unter unseren Füßen saßen. Mit diesen Brettern traten wir die Rasenfläche fest. Diese etwas umständliche Methode hat im Gegensatz zum Walzen den großen Vorteil, daß man keine Fußspuren auf der eingesäten Fläche hinterläßt.

Das Rasenpflaster

Wie bereits auf Seite 37 erwähnt, pflasterten wir einen Weg, der vom Gewächshaus zwischen Stauden, dem Wasserbecken und Hochbeeten auf der anderen Seite zur Pergola führt, mit Basaltsteinen. Diese Steine verlegten wir absichtlich mit 5 cm breiten Fugen, die wir anschließend mit Oberboden ausfüllten. In diese Fugen säten wir nun ebenfalls Grassamen. Wir mußten ihn sehr sorgfältig, Fuge für Fuge, ausstreuen. Vorsichtshalber fegten wir anschließend die Steine mit einem Handfeger sorgfältig ab. Den Grassamen in den Fugen drückten wir mit der Kante eines Brettes an.

Aussaat in die Fugen des Rasenpflasters.

Der Rasenpflasterweg: Die Saat ist aufgegangen.

Wässern oder nicht?

Wir hatten das Glück, daß es nach unserer Raseneinsaat sachte regnete und die Fläche schonend und gleichmäßig befeuchtet wurde. Später, als sich ein leichter grüner Schimmer auf dem Boden zeigte, mußten wir an heißen Tagen den Regner auf die Fläche stellen, damit die zarten Grashalme keinen Schaden erlitten.

Die Frage, ob und wie viel man eine frisch eingesäte Rasenfläche wässern muß, wird häufig von Gartenneulingen gestellt. Wenn der Boden im Sommer staubtrocken ist und die Sonne darauf brennt, während man den Grassamen ausstreut, braucht man anschließend nicht zu wässern. Dann liegt der Grassamen im Boden nämlich ebenso trocken wie in der Samentüte. Erst wenn sie Feuchtigkeit bekommen, beginnen die Samenkörner zu keinem. Wenn sie aber einmal feucht geworden sind, muß man immer für Feuchtigkeit sorgen, bis die Grasnarbe einigermaßen dicht geworden ist. Denn sonst werden sie wieder trocken und sterben ab, der Fachmann sagt, sie verbrennen. Wenn man nun einen Rasen bei sommerlicher Hitze eingesät und anschließend bewässert hat, besteht am darauffolgenden heißen Tag schon die Gefahr, daß die junge Saat »verbrennt«. Deshalb muß man gleich wieder am nächsten Morgen wässern und am selben Abend wieder. Wartet man dagegen die nächste Regenperiode ab, so spart man erstens eine Menge Wasser, zweitens wird der Boden nachhaltig durchfeuchtet. Die Feuchtigkeit hält also einige Tage im Boden vor, und wenn es wieder warm wird, reicht es, jeden Abend zu wässern. Wenn der Boden jedoch bei der Raseneinsaat schon feucht ist, muß er auch weiterhin feucht gehalten werden.

Auch wir mußten unseren Rasen wässern, denn gleich nach der Aussaat hatte es ja geregnet, und anschließend schien wochenlang die Sonne. Wir wässerten in den Abendstunden, damit die Feuchtigkeit über Nacht einwirken konnte. Viel Mühe bereitete uns das Wässern nicht. Denn wir stellten einen Viereckregner auf unsere Rasenfläche, der sie dann ganz mit Wasser berieselte. Ein Viereckregner bewässert ein rechteckiges Feld, wobei man seinen Schwenkbereich einstellen kann. Mit der kleinsten Einstellung läßt sich auch ein einzelnes Gemüsebeet berieseln. Der Antrieb erfolgt durch Wasserdruck über den Schlauch, kostet also keine zusätzliche Energie. Man beregnet die Rasenfläche, bis der Boden gründlich durchfeuchtet ist. Das Wasser sollte jedoch nicht auf der Fläche stehenbleiben.

Viereckregner mit verstellbarem Schwenkbereich.

Dränage bei extremen Bodenverhältnissen

Wo das Wasser trotz sorgfältiger Bodenlockerung nach Regengüssen für längere Zeit auf dem Rasen stehenbleibt, kommt man unter Umständen nicht drum herum, eine Dränage zu verlegen. Dabei handelt es sich um ein unterirdisch verlegtes System von Rohren. In den geschlitzten Rohren, die der Fachmann Sauger nennt, wird überschüssiges Sickerwasser aufgefangen und einem Rohr mit größerem Durchmesser, dem Sammler, zugeführt. Über den Sammler gelangt das gesamte Wasser schließlich in den Vorfluter. Das kann ein Wassergraben oder Bach sein, ebenso ein Hofablauf oder Kanalschacht, an den dieses Rohr angeschlossen wird. Wenn es keine dieser

Möglichkeiten gibt, das Wasser abzuleiten, schachtet man eine Sickergrube an der tiefsten Stelle des Geländes aus, in die das Sammlerrohr mündet. Diese Sickergrube sollte eine Tiefe von 1,20 m und einen Durchmesser von 1 m haben. Sie wird mit Geröll, es darf auch Bauschutt sein, gefüllt und etwa 20–30 cm unter der Bodenoberfläche mit einem Vließ abgedeckt. Darüber wird Oberboden planiert. Sammler und Sauger werden in ein Sandbett in Gräben verlegt, deren Tiefe sich ein wenig nach den Bodenverhältnissen richtet. Für eine Rasenfläche müßte im allgemeinen eine Tiefe von 50–60 cm ausreichen. Das Gefälle der Sauger sollte zwischen 1–3%, das des Sammlers 4% betragen. Auf keinen Fall sollten 8% Gefälle überschritten werden. Am häufigsten wird eine Dränage im Fischgrätenmuster verlegt, wobei die Sauger von beiden Seiten im Winkel von 45° ins Sammlerrohr münden. Dabei dürfen aber nie zwei Sauger von beiden Seiten an derselben Stelle ins Rohr münden. In anderen Dränagen münden die Sauger nur von einer Seite in den Sammler, und die einfachste Form einer Dränage ist ein einziges Saugerrohr, das Wasser aufnimmt und gleich in den Vorfluter abführt. Eine einfache Dränage kann man auch ohne Rohre bauen, indem man die Gräben mit einer 30 cm dicken Kiesschicht füllt, mit Filtervließ abdeckt und darüber 20–30 cm Oberboden planiert. Wichtig ist bei allen Dränagen, daß sie den Geländeverhältnissen angepaßt und sorgfältig eingemessen werden. Es empfiehlt sich in den meisten Fällen, einen Fachmann zu Rate zu ziehen.

Der erste Schnitt

Schließlich war unser Rasen soweit herangewachsen, daß wir ihn zum ersten Mal mähen konnten. Am besten nimmt man den ersten Schnitt mit der Sense vor. Doch wer besitzt heute noch eine Sense und kann auch damit umgehen? Wir wagten den ersten Schnitt deshalb gleich mit unserem Sichelmäher. 2 Tage vorher trampelten wir unsere Rasenfläche nochmal mit den bereits erwähnten, selbstgefertigten Brettern fest und wässerten anschließend. Damit verhinderten wir, daß die jungen Halme vom Mäher gleich wieder herausgerissen wurden. Nach 2 Tagen hatten sie sich wieder aufgerichtet. Zum ersten Schnitt stellt man die Messer des Mähers noch so hoch wie möglich ein, so daß nur die Spitzen der Gräser abgemäht werden. Erst nach dem zweiten oder dritten Schnitt stellt man die Messer immer tiefer ein, bis die gewünschte Schnitthöhe erreicht ist.

Die verschiedenen Rasenmäher

Wir hatten uns für unseren Rasen einen kleinen Sichelmäher zugelegt. Ein Sichelmäher hat rotierende Messer, die die Blätter und Halme der Gräser wie eine Sichel abschlagen. Etwas unpraktisch ist das lange Elektrokabel, das man, je nach Mährichtung, hinter sich herziehen und wieder aufrollen muß. Wer nicht aufpaßt, läuft Gefahr, das Kabel durchzuschneiden.

Sichelmäher gibt es aber auch mit Benzinmotor. Vor einigen Jahren machten diese mit Zweitaktmotor ausgestatteten Rasenmäher noch sehr viel Lärm. Die Elektromäher waren dagegen kaum zu hören. Heute sind aber auch die mit Benzinmotor betriebenen Mäher mit

Sichelmäher mit Grasfangkorb.

einem guten Schallschutz ausgestattet, so daß ihr Geräuschpegel so niedrig liegt, wie der von Elektromähern. Eine bemerkenswerte Variante des Sichelmähers ist der Luftkissenmäher, der keine Räder hat, sondern auf einem Luftkissen über den Rasen gleitet. Er ist besonders praktisch, um Rasenflächen mit vielen in die Pflanzenflächen ragenden Buchten und Winkeln sowie Böschungen zu mähen.

Ein anderes Mähwerk haben Spindelmäher, bei denen die Messer auf einer horizontal vor dem Rasenmäher angeordneten Spindel angeordnet sind. An ihrem tiefsten Punkt treffen sie mit einem feststehendem Messer zusammen. Die Grashalme werden mit diesem Mäher nicht abgeschlagen, sondern wie mit einer Schere geschnitten. Der Schnitt eines Spindelmähers ist also sauberer als der eines Sichelmähers. Alle einfachen, von Hand geschobenen Rasenmäher sind Spindelmäher. Für einen kleinen Rasen reichen sie völlig aus. Sie müssen nur immer gut gepflegt werden, damit das Mähen mit ihnen nicht allzu schwer wird. Nach Gebrauch kann man sie einfach an die Wand des Geräteschuppens hängen, wo sie nicht mehr Platz wegnehmen als ein Rechen.

Alle Spindelmäher können jedoch nur Gras bewältigen, das nicht zu hoch gewachsen ist. Mit einem Sichelmäher kann man dagegen auch noch Gras schneiden, das einen Urlaub

Spindelmäher mit Motor.

lang nicht gemäht worden ist. Größere Sichel- und Spindelmäher gibt es auch mit Radantrieb. Bei manchen muß man, wie gewohnt, hinterherlaufen, braucht den Mäher aber nicht mehr zu schieben, sondern nur noch zu führen. Auf andere kann man sich sogar setzen. Manche haben ein schickes Traktorstyling, wenn auch die Mähbreite kaum größer ist als die der Mäher, die man schieben muß. Sie sind eher ein Spielzeug oder Statussymbol und zudem nicht gerade billig. In der Garage nehmen sie eine Menge Platz ein und sind zum Mähen denkbar schwerfällig und unpraktisch. Ihr Wendekreis ist groß, und man kann auch manche Ecke nicht mit ihnen mähen. An leichten Böschungen versagen sie oft total.

Wer also eine große Rasenfläche hat, tut besser daran, sein Geld in einen Rasenmäher mit möglichst großer Mähbreite und Radantrieb zu investieren, hinter dem er herlaufen muß, als in einen schicken, aber wenig leistungsfähigen Traktor.

Einen Grasfangkorb sollte aber jeder Rasenmäher, außer einem kleinen Handmäher, haben. Damit spart man sich das mühsame Zusammenharken des abgeschnittenen Grases. Wenn man den Rasen allerdings regelmäßig mit einem Spindelmäher schneidet und dabei sehr kurz hält, kann man auch auf den Grasfangkorb verzichten und das Mähgut auf der Rasenfläche liegenlassen. Es beschattet die Grasnabe und hält den Boden damit länger feucht. Außerdem gelangt ein Teil der Nährstoffe wieder zurück an Wurzeln der Rasengräser. Beim Sichelmäher wird das Mähgut dagegen in Streifen herausgeworfen. Hier ist ein Grasfangkorb auf jeden Fall erforderlich, denn sonst müßte man das Gras zusammenharken. Dieser Behälter sollte an der Rückseite des Mähers angebracht sein und aus festem Kunststoff bestehen. Seitlich angebrachte Grasfangsäcke sind beim Mähen nur hinderlich und gehen außerdem leicht kaputt. Das im Grasfangkorb gesammelte Mähgut läßt sich übrigens gut als Mulchmaterial unter Bäumen, Sträuchern und zwischen den Gemüsereihen verwenden. Natürlich kann man es auch auf den Komposthaufen werfen, über den das

Gras in den Kreislauf der Nährstoffe zurückgeführt wird.
Rasenmäher sind keine ganz ungefährlichen Geräte. Eine kleine Unachtsamkeit genügt, um sich eine schwere Verletzung zuzuziehen, an deren Folgen man vielleicht sein Leben lang zu tragen hat. Deshalb sollte man einiges beachten, um Unfälle zu verhüten:

- Vor dem Mähen sollten Steine, Holzstücke und ähnliche Gegenstände von der Rasenfläche gesammelt werden. Sie können sonst durch das Mähwerk mit großer Wucht herausgeschleudert werden und andere ins Auge treffen.
- Beim Rasenmähen keine Gummistiefel oder Sandalen tragen, sondern feste Lederschuhe. Wer versehentlich ins Mähwerk gleitet, kann seine Zehen verlieren.
- Niemals bei feuchtem Wetter mähen, vor allem nicht mit Elektromähern.
- Böschungen dürfen niemals bergauf- und ab, sondern nur quer zum Hang gemäht werden. Sehr steile Böschungen sollte man besser mit bodendeckenden Gehölzen bepflanzen.
- Niemals mit den Händen unter den laufenden Mäher greifen.
- Bei Arbeiten am Mähwerk: Motor abstellen, abkühlen lassen und den Zündkerzenstecker bzw. Netzstecker ziehen.
- Bei Elektromähern nur makellose, für diesen Mäher vorgesehene Kabel verwenden.

Unkraut im Rasen

Über Unkraut im jungen Rasen braucht man sich keine großen Sorgen zu machen, wenn man die hartnäckigsten Unkräuter bei der Bodenvorbereitung entfernt hat. Ansonsten ist regelmäßigeres Mähen die beste Unkrautbekämpfung. Diese Erfahrung haben wir auch auf unserer Rasenfläche gemacht. Auch bei sorgfältigster Bodenvorbereitung tauchen in jeder neu angelegten Rasenfläche einige unerwünschte Kräuter auf. Man sollte nun nicht anfangen, im Rasen Unkraut zu jäten. Damit macht man sich nur unnötig viel Mühe und

Regelmäßiges Mähen ist die beste Methode, Unkraut aus dem Rasen fernzuhalten.

zerstört in der jungen Grasnarbe mehr, als man rettet. Einen regelmäßigen Schnitt vertragen auf Dauer jedoch nur die einkeimblättrigen Pflanzen, also die Gräser, nicht aber die Zweikeimblättrigen, zu denen auch alle Unkräuter gehören. Bei uns verschwanden sie noch im ersten Jahr nach der Aussaat ganz von selber. Die weitere Unkrautbekämpfung im Rasen heißt: Pflege der Grasnarbe. Im Frühjahr sollte man den Rasen einmal mit dem Rechen kräftig auskämmen. Ebenso sollte das Herbstlaub nicht auf dem Rasen liegenbleiben.
Sammeln Sie aber nicht gleich jedes Blatt ab. Bunte Blätter auf dem grünen Teppich zählen zu den schönen Seiten des herbstlichen Gartens.
Bei einem älteren Rasen ist die Grasnarbe oft verfilzt. Dann lohnt es sich, den Filz im Frühjahr mit einem Vertikutierrechen herauszukratzen. Einen Rasen, dessen Boden stark verdichtet ist, kann man auch aerifizieren. Landschaftsgärtner haben dazu spezielle Maschinen, die Löcher in den Boden stanzen. Man kann aber auch mit einer Grabgabel im Abstand von jeweils 20 cm in den Boden stechen und die Gabel jeweils einige Male hin- und herbewegen. Anschließend wird die gesamte Rasenfläche mit Sand abgestreut und dieser Sand mit einem Laubbesen in die Gras-

narbe eingearbeitet. Diese immer wieder vorgenommenen Verbesserungen der Lebensbedingungen aller Rasengräser sind noch wichtiger als Düngung. Denn nur in einem optimal belüfteten und durchfeuchten Boden können die Pflanzen auch reichlich Nährstoffe aufnehmen. Am besten verwendet man einen langzeitig wirkenden Rasendünger auf mineralisch-organischer Basis. Man bringt diesen Dünger als Vorrat fürs nächste Frühjahr im November aus und düngt dann noch einmal im Mai. Natürlich kann man auch Komposterde in die Grasnarbe einarbeiten, sofern diese einigermaßen frei von Unkrautsamen ist. Und sollte dennoch hier und dort ein Gänseblümchen aufblühen – was soll's?

Die Blumenwiese

Früher war ein supergepflegter Rasen mit lückenloser Grasnarbe und ohne jedes fremde Kräutchen das Ziel vieler Hausgärtner. Nachdem viele Blumen von unseren Wiesen, Feldrainen, Waldrändern und aus den Kornfeldern verschwunden sind, sehnten sich auch viele Gartenfreunde nach dieser lieblichen Flora zurück und freuten sich über jedes Gänseblümchen und jeden Löwenzahn, der in ihrem Rasen gedieh. Man ließ das Gras wieder wachsen in Erwartung weiterer Wildblumen, und wo sie ausblieben, wurde ein wenig nachgeholfen. Schlüsselblumen, Mohn, Kornblumen und Margeriten kommen auf mancher ausgewachsener Rasenfläche hinter dem Haus wieder zu neuen Ehren.
Wer ohnehin einen neuen Garten anlegt, sät vielleicht eine im Handel erhältliche Wiesenblumenmischung aus. Das ist natürlich eine feine Sache. Man sollte jedoch bedenken, daß eine Blumenwiese, die nur zweimal im Jahr gemäht wird, nicht betreten werden darf. Man kann ein paar Pfade durch sie hindurch legen und auch mal hier und dort einen Fuß hineinsetzen, um einen bunten Strauß zu pflücken, sollte sie aber sonst schonen. Eine Blumenwiese ist nun mal nichts für spielende Kinder. Dann wäre ihre Pracht bald dahin. Es sei denn, man hat einen sehr großen Garten, in dem man einen Spielrasen neben der Blumenwiese existieren lassen kann.
Aber auch im kleinen Garten können Kompromisse möglich sein. Man kann an Stelle der Staudenrabatte eine Blumenwiese an die Gehölzpflanzung anschließen oder einige Blumenwieseninseln am Rande der Rasenfläche entstehen lassen.
Den Boden für eine Blumenwiese sollte man ebenso gründlich lockern und vorbereiten wie für eine Rasenfläche. Allerdings verlangt die Blumenwiesenflora einen nährstoffarmen Boden. Ein hoher Anteil an Stickstoff fördert das Wachstum der Gräser, die unsere Wiesenblumen unterdrücken und verdrängen würden. Deshalb empfiehlt es sich, zunächst stark zehrendes Gemüse, wie zum Beispiel Kartoffeln oder Kürbisse, auf der künftigen Wiesenfläche anzubauen. Ab Ende April des darauffolgenden Jahres zieht man die Fläche glatt und sät die Blumenwiesenmischung dünn darauf aus. Im ersten Jahr wird mancher Blumenwiesenfreund vielleicht ein wenig enttäuscht sein, denn der Blumenwiesenflor fällt sehr mickrig aus und es gibt nur wenige dominierende Blüten. Im nächsten Jahr blüht die Wiese dafür jedoch umso reicher. Man mäht sie zum ersten Mal im Juni und ein zweites Mal Mitte August bis Anfang September.
Wichtig ist, daß das Mähgut immer abgeräumt wird, denn sonst werden zu viele Nährstoffe frei, die unsere Wiesenflora verändern.

Warum Obstbäume und Gemüse pflanzen?

Vor noch gar nicht langer Zeit zogen viele Hausgärtner den Boden ihrer Gemüsebeete glatt, um Rasen darauf auszusäen. Auch mancher stolze alte Apfelbaum wurde gefällt und durch eine pflegeleichte Blaufichte ersetzt. »Obst und Gemüse im Garten zu haben lohnt sich nicht«, bekam man zu dieser Zeit oft zu hören. »Wenn man den vielen Torf und Dünger und vor allem die Arbeit(!) zusammenrechnet, sind Obst und Gemüse im Supermarkt doch viel billiger.«
Heute wird wieder manches Stück Rasen umgegraben und in Beete aufgeteilt, um Gemüse darauf anzubauen. Die vielen Meldungen über Nitratanreicherungen und Rückstände von giftigen Schädlingsbekämpfungsmitteln haben manchen bislang kritiklosen Konsumenten wachgerüttelt. Und wenn man sich auch nicht vollständig selbst versorgen kann, so weiß man wenigstens bei einem Teil des Obstes und Gemüses, woher es kommt. Natürlich können die Nahrungsmittel aus dem eigenen Garten ebenso nitratreich und giftbeladen sein, wie manche gekaufte. Im Garten hat man es aber in der Hand, leichtlösliche Kunstdünger und giftige Schädlingsbekämpfungsmittel vom Obst und Gemüse fernzuhalten.
Wovor man den eigenen Garten nicht oder nur mit sehr hohem Aufwand schützen kann, sind Umweltgifte von außerhalb: Autoabgase und Immissionen aus Fabrikschornsteinen. Wer einen Garten direkt neben einer stark befahrenen Straße hat, sollte den Boden einmal auf Schwermetalle untersuchen lassen. Manchmal kann man sich durch einen dicht mit immergrünen Laubgehölzen bepflanzten Erdwall vor den Autoabgasen schützen. Wo dies nicht möglich ist oder die Umweltbelastung auf andere Weise sehr groß ist, sollte man doch besser auf den Anbau von Obst und Gemüse verzichten. Zum Glück sind aber die wenigsten Gärten in dieser Weise Umweltgiften ausgesetzt.

Die heutigen Gärten sind klein. Deshalb meinen viele Gartenbesitzer, daß sie in ihrem kleinen Reihenhausgarten ja gar keinen Platz haben, um Nahrungsmittel heranzuziehen. Doch Obstgehölze und Gemüsebeete nehmen viel weniger Platz ein, als man denkt. Man muß ja nicht gleich einen kompletten Selbstversorgergarten anlegen. Gemüse haben manche Gartenfreunde sogar schon auf dem Balkon herangezogen, und an Stelle einer Hecke kann man Äpfel, Birnen, Brombeeren, Himbeeren und manch anderes Obst am Spalier hochziehen.
Außer dem Wunsch nach giftfreiem Gemüse gibt es noch andere Zielsetzungen. Kein gekaufter Kohlkopf, Kohlrabi, Salatkopf oder Rettich ist so frisch wie der aus dem eigenen Garten. Erbsen, Bohnen, Möhren, Radieschen oder Gurken – nichts schmeckt so würzig, so knackig, so herrlich wie die selbstgeernteten Früchte. Wer diese im eigenen Garten herangezogene Kost einmal geschmeckt hat, dem läuft beim nächsten Mal schon bei der

Spindelobstbüsche nehmen wenig Platz ein.

Aussaat das Wasser im Munde zusammen. Man kann dies natürlich als Einbildung oder Schwärmerei abtun. Und es läßt sich generell wohl auch schwer nachweisen, daß selbst angebautes Gemüse aromatischer im Geschmack ist, als das aus dem Supermarkt. Da gibt es ganz sicher erhebliche Unterschiede von einem Garten zum anderen. Allgemein läßt sich aber ebenso sicher sagen, daß Obst und Gemüse, welches in Gemeinschaft mit vielen anderen Pflanzen, auch Kräutern und Sommerblumen, aufwächst und reift, mehr Aroma und einen größeren Gehalt an Vitaminen hat, als auf riesigen Feldern in Monokulturen aufgezogenes. Eine ausgewogene und möglichst weit gesteckte Fruchtfolge sowie eine gut abgestimmte Mischkultur tragen dazu bei.

Außerdem sind Obst und Gemüse schön. Ein Apfel-, Birn- oder Kirschbaum in voller Blüte nimmt es mit fast jedem Ziergehölz auf. Auch saftig rote Tomaten, frischgrüne Bohnen oder die leuchtendgelben Blüten der Kürbisse oder Gurken bringen Farben in einen Hausgarten. Wenn man dazu noch einige Sommerblumen pflanzt, braucht man den Gemüseteil nicht in der hintersten Ecke des Gartens zu verstecken.

Wenn das Haus gerade fertig geworden ist und für die Anlage des Gartens das nötige Kleingeld fehlt, bietet es sich an, das gesamte Grundstück erst einmal als Gemüsegarten zu nutzen. Damit spart man eine Menge Geld, hat in den ersten Jahren immer frisches Gemüse und verbessert damit auch die Bodenstruktur. Selbst die hartnäckigsten Unkräuter verschwinden, weil der Anbau von Gemüse eine regelmäßige Bearbeitung des Bodens erfordert. Tiefwurzelnde Gemüsearten, Bodenbedeckung durch Mulchen und Zufuhr von Kompost verbessern die Krümelstruktur des Bodens. Später, wenn der Wohngarten angelegt wird und Wege, Bäume, Sträucher und Stauden nun einen großen Teil der Gartenfläche einnehmen, kann man auf einer kleinen Restfläche, die ja nun schon mit Humus angereichert ist, einen umso intensiveren Gemüsebau treiben, mit mehreren Kulturen pro Beet innerhalb eines Jahres.

Das Obst

Der Obst- und Gemüsegarten sollte möglichst viel Sonne bekommen, vor Wind geschützt sein und nicht zu nahe an der Straße liegen. Letzteres ließ sich in unserem Garten nicht verwirklichen. Denn unser Obst- und Gemüseteil liegt an der am Grundstück vorbeiführenden Seitenstraße. Im westlichen Teil unseres Gartens hätten wir ihn nicht unterbringen können, denn dort schließt auch die Terrasse ans Haus an, und die Rasenfläche mit den sie umgebenden Gehölzen und Stauden gehört nun mal zum Wohngarten dazu. Doch auf dieser Seitenstraße herrscht wenig Autoverkehr, und außerdem liegen der Gehweg und die niedrige Spiereaenhecke zwischen Fahrbahn und den Gemüsebeeten, so daß wir dort bedenkenlos Gemüse anbauen können.

Die Lichtverhältnisse sind in diesem Gartenteil nahezu optimal. Die Gemüsebeete unmittelbar vor der Ostseite des Hauses liegen zwar ab frühem Nachmittag im Schatten, konnten jedoch seit Sonnenaufgang Sonne tanken. Die Hochbeete bekommen dagegen von morgens bis abends Sonne.

Die Obstgehölze

Ein paar Obstbäume oder Beerenobststräucher zu pflanzen, lohnt sich auf jeden Fall, auch wenn der Garten noch so klein ist. Die Pflege der Obstbäume ist wenig aufwendig, aber nach einer Anlaufzeit von wenigen Jahren kann man Jahr für Jahr frische und vitaminreiche Früchte ernten. Unser Obst- und Gemüsegarten ist nur 7 m breit und etwa 30 m lang. In der Nähe des Gewächshauses konnten wir auf 7 m Breite 3 Birnen-Spindelbüsche im Abstand von 2,50 m zueinander pflanzen. Zum Weg und zur Hecke haben die beiden äußeren Spindelbüsche noch 1 m Abstand. Im gleichen Abstand pflanzten wir ans Ende unseres Gemüsegartens 3 Apfelspindelbüsche.

Bei den Apfel- und Birnbüschen handelt es sich jeweils um verschiedene Sorten. Apfel-

und Birnbäume brauchen immer zwei andere Sorten in ihrer Nähe, um sich gegenseitig besser befruchten zu können. Die Fachleute sprechen deshalb von Befruchtersorten.
In Längsrichtung, vor die Stirnseiten der Hochbeete, pflanzten wir einen Mirabellen-, einen Pflaumen- und einen Sauerkirschbaum. Bei dem Sauerkirschbaum handelt es sich um eine Schattenmorelle, die keineswegs Schatten braucht, wie vielfach angenommen wird. Das Wort »Schatten« ist in diesem Fall eine Verballhornung des französischen Wortes »Chateau«, was »Schloß« bedeutet. Wie alle Kirschen lieben auch Schattenmorellen volle Sonne.
Vor das Gewächshaus, zwischen Birnbäume und Kräuterbeete, pflanzten wir 3 Johannisbeersträucher, und zwar einen mit schwarzen, einen mit roten und einen mit weißen Früchten, sowie 3 Stachelbeer-Halbstämmchen.
Vor den Hochbeeten, zwischen Spindelbüschen und der Spireaenhecke, fanden noch einige Reihen Erdbeeren Platz. Dort bleiben sie nicht für immer, sondern werden durch die Ausläuferpflanzen weiter vermehrt und später in die Fruchtfolge der Gemüsebeete einbezogen. Doch davon später.

Wie man Obstbäume pflanzt

Obstbäume gedeihen zwar auf nahezu jedem Boden, von Extremen, wie Staunässe oder purem Sand, einmal abgesehen, stellen aber dennoch hohe Ansprüche. Aufgrund ihrer Züchtung bringen sie Jahr für Jahr große Früchte in großer Menge hervor. Der Platz, an dem sie gepflanzt werden, muß also mit besonderer Sorgfalt hergerichtet werden, damit sich die Wurzeln der Bäume optimal entfalten können, die sie umgebende Erde aber auch fähig ist, ein hohes Maß an Wasser und Nährstoffen zu speichern. Man hebt deshalb eine quadratische Grube von 1,50 m Seitenlänge aus. Die erste, einen Spatenstich tiefe Schicht, wird auf einem besonderen Haufen gelagert, die darunterliegende, ebenfalls einen Spatenstich tief ausgehobene Schicht, auf einem anderen.

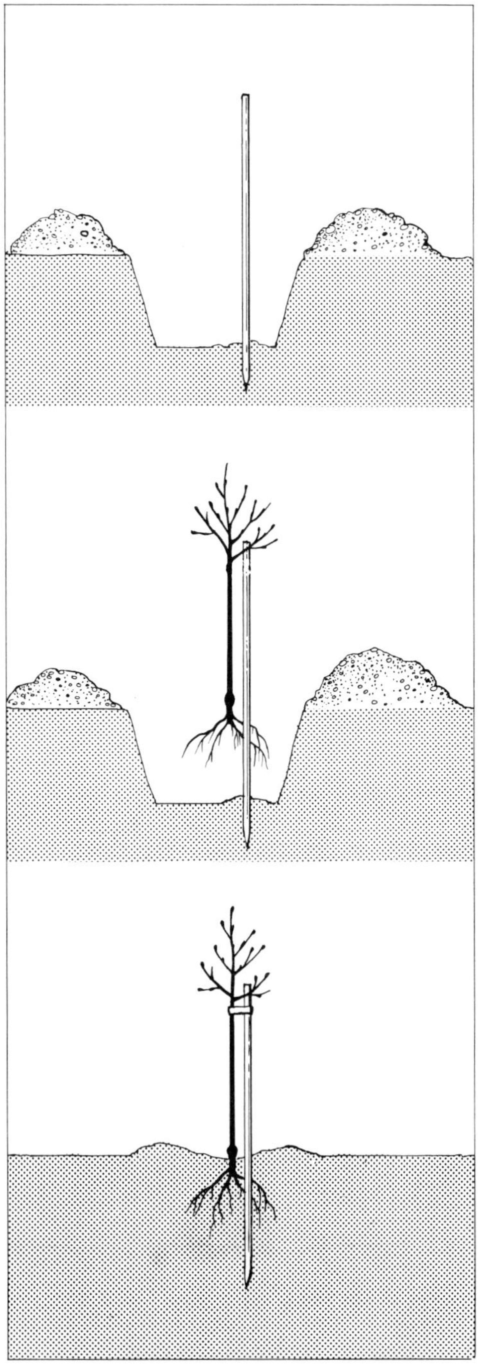

Zuerst wird der Baumpfahl in die offene Grube geschlagen. Anschließend setzt man den Obstbaum an seine Nordseite, damit sein Stamm vom Baumpfahl beschattet wird. Der Pfahl endet unter der Krone. Der Stamm wird im Achterknoten an den Pfahl gebunden.

Schließlich gräbt man die Sohle dieser Grube um. Die ausgehobene Erde wird nun reichlich mit Komposterde, Stallmist oder feuchtem Torf und Hornspandünger vermischt. Auch in die Sohle der Grube arbeitet man diese Humus- und Düngestoffe ein. Anschließend schaufelt man die Grube wieder zu, wobei die untere ausgehobene Erdschicht auch wieder nach unten und die obere obenauf kommt. Die Pflanzstellen richtet man auf diese Weise am besten einige Wochen vor dem Pflanzen der Obstbäume ein, damit sich die Erde ein wenig setzen kann.

Obstbäume pflanzt man, so zeitig wie möglich, im Herbst. Ohne Wurzelballen erhält man sie aber in den Baumschulen erst, wenn sie ihr Laub verloren haben. Sie würden sonst, nachdem sie gepflanzt sind, durch ihre Blätter viel Wasser verdunsten, jedoch noch keines über ihre Wurzeln aufnehmen können und schließlich vertrocknen. Nur Obstbäume im Container bekommt man in voll belaubtem Zustand und kann sie bedenkenlos pflanzen.

Obstbäume im zeitigen Herbst zu pflanzen hat den Vorteil, daß sie noch vor dem Winter Wurzeln bilden und im kommenden Frühjahr kräftig austreiben und weiterwachsen können. In extrem kalten Lagen, in denen die Herbstfröste früh hereinbrechen, empfiehlt es sich, die Obstbäume erst ab Ende März bis spätestens Anfang Mai zu pflanzen. Sie können dann einen ganzen Sommer lang ihr Wurzelwerk im erwärmten Boden ausbreiten.

Bei Obstbäumen, die man aus der Baumschule mit freiliegenden Wurzeln erhält, schneidet man die dicken Wurzeln schräg an, so daß ihre Schnittflächen nach unten weisen. Auch die Faserwurzeln werden ein wenig eingekürzt, weil ihre Spitzen auf dem Transport meistens vertrocknen.

Das Pflanzloch kommt in die Mitte der vorbereiteten Pflanzstelle. Es muß so groß sein, daß zwischen den Wurzeln und der Wand des Loches noch eine Handbreit Platz ist. Bevor der Baum gepflanzt wird, schlägt man den Baumpfahl senkrecht in die offene Grube. Er sollte nicht zu kurz bemessen sein, denn seine Spitze muß tief genug in den Boden getrieben werden, um darin festen Halt zu finden. Seine Oberseite sollte bis dicht unter die Krone reichen. Man schlägt den Baumpfahl übrigens immer an der Südseite des Obstbaumes ein. Er beschattet somit den Stamm und hilft auf diese Weise, Frostrisse zu vermeiden. Diese Gefahr besteht vor allem bei Steinobstbäumen. Die Rinde wird durch die Wintersonne erwärmt und dehnt sich an der Südseite des Stammes. In der darauffolgenden Nacht zieht sie sich bei starkem Frost vor allem an der Nordseite des Stammes zusammen. Es entstehen starke Spannungen der Rinde rund um den Stamm, die zu gefährlichen Rissen in der Rinde führen können. Bei einem durch den Baumpfahl beschatteten Stamm ist die Gefahr nicht so groß.

Den Obstbaum stellt man so dicht wie möglich an den Baumpfahl und beginnt, rundum Erde ins Loch zu schaufeln. Die Veredlungsstelle am Fuß des Stammes muß dabei über dem Boden bleiben. Beim Einfüllen der Erde zieht

Die Veredlungsstelle muß frei bleiben.

und schüttelt man den Baum immer ein wenig, bis er richtig im Pflanzloch steht. Die Wurzeln müssen dabei so in den Boden kommen, wie es ihrer Natur entspricht. Sie dürfen also nicht nach oben umgebogen werden. Schließlich tritt man die eingefüllte Erde rund um den Stamm mit dem Schuhabsatz fest und wässert mit einer Gießkanne ohne Brause oder mit einem Schlauch ohne Düsenaufsatz. Auf diese Weise wird auch die Erde zwischen die Wurzeln geschlämmt, so daß diese Anschluß an den Boden haben. Zum Schluß bindet man den Stamm etwa 20–30 cm unter der Krone am Baumpfahl fest. Zum Binden verwendet man spezielle Kunststoffbänder oder Kokosstrick, den man im Achterknoten um Stamm und Baumpfahl schlingt. Verknotet wird der Strick immer an der Rückseite des Baumpfahls. Schließlich sollte die Krone des Obstbaumes nach dem Pflanzen geschnitten werden. Der Umfang des Wurzelwerkes und der Krone sollten ungefähr gleich groß sein, damit der Baum nicht mehr Wasser verdunstet, als er durch seine Wurzeln aufnehmen kann. Außerdem beginnt man mit der Erziehung der Obstbaumkrone. Am gebräuchlichsten ist die pyramidale Kronenform. Sie hat einen den Stamm verlängernden Mitteltrieb, von dem jeweils 3 Leitäste (bei älteren Bäumen in mehreren Etagen versetzt zueinander) abzweigen. Aus den Leitästen wachsen wiederum die Fruchttriebe. Die Leitäste sollten möglichst waagerecht verlaufen. In waagerechten Trieben ist der Saftstrom verlangsamt. Es bilden sich nicht so viele starkwachsende Jungtriebe, sondern mehr fruchttragende Kurztriebe. Außerdem dringt bei dieser Anordnung der Leitäste am meisten Licht bis ins Innere der Krone. Ein frisch gepflanzter Obstbaum behält nach dem Schnitt im allgemeinen nur noch 1 Mitteltrieb und 3 Leittriebe. Zunächst schneidet man Triebe, die parallell zum Mitteltrieb wachsen, heraus. Fachleute nennen diese Triebe auch Konkurrenztriebe. Dann sucht man 3 gleichmäßig um den Stamm in gleicher Höhe möglichst waagerecht wachsende starke Triebe heraus, die als Leitäste stehenbleiben sollen. Alle parallell zu ihnen verlaufenden Triebe werden herausgeschnitten. Schließlich kürzt man den Mitteltrieb und die Leittriebe so ein, daß die Krone eine pyramidale Form erhält. Ein alter Gärtnerkniff: Man legt die Hände mit den Fingerkuppen so gegeneinander, daß sie ein »Dach« bilden. Gleichzeitig werden die beiden gespreizten Daumen gegeneinander gestoßen. Die beiden Hände bilden nun ein Dreieck, durch das man die Krone aus ein paar Schritten Abstand ins Visier nimmt. Die Kronenform muß genau in dieses Dreieck passen.

Ein starker Wasserschoß wird entfernt. Er nimmt den anderen Trieben die Kraft.

Ein Konkurrenztrieb zur Stammverlängerung wird herausgeschnitten.

So sieht eine richtig geschnittene Spindelbuschkrone aus.

Das Beerenobst

Auch für Beerenobststräucher sollte der Boden sorgfältig vorbereitet werden. Der Abstand von Strauch zu Strauch sollte bei Johannisbeeren und Stachelbeeren 1,30–1,50 m betragen. Beerenobststämmchen können im Abstand von 1,20 m gepflanzt werden. Boden mit festem Untergrund oder stark verunkrauteter Boden muß 2 Spatenstich tief umgegraben werden. Man hebt einen Graben von einem Spatenstich Breite aus, lockert seine Sohle und wirft die Scholle des angrenzend ausgehobenen Grabens darauf. Man nennt diese Bodenlockerung auch Holländern. Bei sehr stark verunkrautetem Boden empfiehlt es sich, den Boden 3 Spatenstich tief zu lockern.
Dieses Verfahren wird Rigolen genannt. Dabei schachtet man einen 2 Spatenstiche tiefen Graben aus, lockert dessen Sohle und wirft die Grassoden und das Unkraut der oberen Schicht darauf. Den Unkrautbewuchs sollte man möglichst dünn abstechen. Die Oberbodenschicht der benachbarten Erdscholle wird nun erst beiseite geschaufelt und der darunterliegende Boden auf die mit Unkraut und Grassoden bedeckte Sohle des ersten Grabens geschüttet. Ein etwas umständliches Verfahren, bei dem es darauf ankommt, daß die obere Bodenschicht nicht nach unten kommt. Man sollte es nur bei extremen Bodenverhältnissen anwenden.
Normalen Gartenboden braucht man nur einmal umzugraben und mit Kompost, Stallmist oder feuchten Torf und Hornspandünger anzureichern.
Die Wurzeln der Beerenobststräucher werden wie die der Obstbäume geschnitten. Sie müssen im Pflanzloch genug Platz haben, dessen ausgehobene Erde mit den gleichen oben angeführten Stoffen vermischt wird. Johannisbeersträucher tragen am besten an den zwei- und dreijährigen Trieben. Ihr Holz muß deshalb ständig verjüngt werden. Der Fachmann sagt: sie müssen Ersatztriebe bilden. Deshalb werden die Sträucher so tief in den Boden gesetzt, daß alle Triebansätze reichlich mit Erde bedeckt sind. Sie bilden dann Wurzeln und verzweigen sich stärker. Vor allem bei Schwarzen Johannisbeersträuchern sollten alle Triebansätze in den Boden kommen. Bei Roten und Weißen Johannisbeeren genügt es,

Johannisbeeren wachsen an den zwei- und dreijährigen Trieben (dunkel). Einjährige Triebe sind hell.

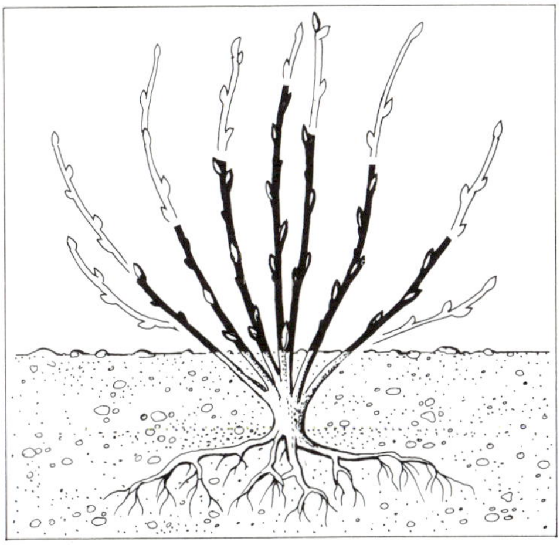

Die Triebansätze des frisch gepflanzten Johannisbeerstrauches müssen mit Erde bedeckt sein.

wenn die Hälfte der Triebansätze mit Erde bedeckt ist.

Die Ruten von Himbeeren und Brombeeren werden an Drahtspalieren gezogen. Der Boden für Himbeeren sollte besonders humusreich sein. Man hebt am besten am Spalier entlang einen Graben von Spatenstichtiefe aus und reichert seine Sohle und den Aushub mit Humus an. Die einzelnen Ruten werden im Herbst im Abstand von 40 cm in den Graben gesetzt, und zwar nicht tiefer, als sie vorher in der Baumschule standen. Die wieder eingeschaufelte Erde wird von beiden Seiten des Grabens festgetreten.

Anschließend schneidet man die Ruten auf eine Höhe von 30–40 cm zurück. Sie tragen dann zwar im ersten Jahr nicht, treiben dafür aber kräftig durch. Die kräftigen jungen Ruten befestigt man mit Nelkenringen oder Bast am Drahtspalier. Anspruchsloser als Himbeeren sind Brombeeren. Außerhalb der Gärten sind sie oft auf Geröllhalden, an Autobahnböschungen oder Bahndämmen zu Hause. Für den Garten gibt es einige besonders wohlschmeckende, großfrüchtige Sorten, die keine Stacheln haben. Man kann sie an einem freistehenden Spalier, einem Zaun oder einer Hauswand emporranken lassen. Die Brombeerranken wachsen sehr stark. Es genügt also, die Pflanzen im Abstand von 2,5–3,5 m zu setzen.

Erdbeeren gehören zu den beliebtesten und wohlschmeckendsten Gartenfrüchten. Es handelt sich dabei um die einzige Obstart, die eine Staude ist. Wie die Blütenstauden hat sie sich im zweiten und dritten Jahr nach der Pflanzung am besten entwickelt. Sie trägt dann am reichlichsten. Je nach Sorte läßt der Ertrag vom vierten Jahr an nach. Deshalb empfiehlt sich bei Erdbeeren eine fortlaufende Kultur, bei der Jahr für Jahr die kräftigsten Ausläuferpflanzen auf ein neues Beet gesetzt und die alten Erdbeerpflanzen im zweiten oder dritten Jahr nach der Ernte abgeräumt werden. Man kann die Erdbeeren in die Fruchtfolge des Gemüses einbeziehen. Die Erdbeerpflanzen werden möglichst früh im August gesetzt, und zwar entweder auf ein größeres Feld, auf dem vorher Frühkartoffeln wuchsen, mit einem Reihenabstand von 60 cm, oder auf Gemüsebeete von 1,20 m Breite. Auf diesen Beeten empfiehlt sich ein Reihenabstand von 50 cm, wobei man 3 Reihen auf ein Beet bekommt, von denen die beiden äußeren einen Abstand von 10 cm zum Beetrand haben.

Diese Erdbeeren sind bald reif.

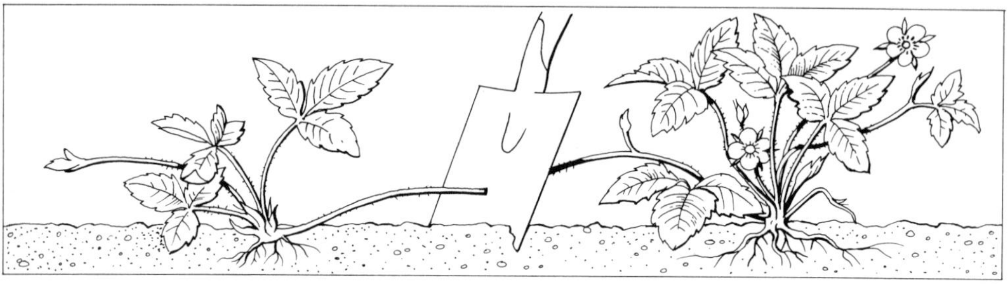

Im August trennt man die Ausläufer von der Mutterpflanze und pflanzt sie auf ein anderes Beet.

Nach der Blüte, wenn sich die ersten Früchte bilden, unterlegt man das gesamte Erdbeerbeet mit Stroh. So liegen die Beeren nicht auf dem feuchten Boden und sind vor Fäulnis sicher. Wenn alle Erdbeeren abgeerntet sind, nimmt man auch das Stroh vom Beet und hackt zwischen den Reihen. Bis zum August sind kräftige Jungpflanzen an den Ausläuferfäden herangewachsen. Man schneidet sie von den Fäden ab und pflanzt sie auf ein neues Beet. Empfehlenswert ist es, gleich Knoblauch oder Zwiebeln zwischen die Erdbeeren zu pflanzen. Sie halten Pilzkrankheiten von den Erdbeerstauden fern. Die alten Erdbeerstauden werden ausgeputzt, das heißt, alle welken Blätter, Ausläuferfäden und schwächliche Jungpflanzen werden entfernt. Zwischen den Reihen wird noch einmal gehackt und eine dünne Schicht verrotteter Komposterde aufgetragen. Erdbeeren vertragen keinen staunassen Boden. Aber auch vorübergehende Trockenheit kann ihnen schaden. Deshalb sollte man den Boden immer locker halten, jedes Jahr Komposterde oder anderen Humus einarbeiten und bei anhaltend trockenem Wetter gießen.

Das Gemüse

Gemüse liefert nicht nur frische, schmackhafte und vitaminreiche Nahrung, und trägt nicht nur zur Verbesserung des Gartenbodens bei, sondern ermöglicht Gartenneulingen einen leichten Einstieg ins Gärtnern, also in den Umgang mit Pflanzen. Man bereitet ein Saatbeet vor, sät darauf den Gemüsesamen aus, verpflanzt die Sämlinge, hackt, gießt, mulcht und sieht die Pflanzen wachsen, kann sie schließlich ernten und führt die Gemüseabfälle, wie zum Beispiel Radieschenlaub oder Möhrenkraut, über den Komposthaufen wieder dem Kreislauf der Nährstoffe zu. Dieser ganze Lernprozeß dauert nur wenige Monate, bei manchen Arten sogar nur Wochen. Innerhalb einer Vegetationsperiode kann der Gartenanfänger schon einige wertvolle Erfahrungen im Umgang mit Pflanzen gesammelt haben. Kinder experimentieren gern mit Kresse, einem nicht zu verachtenden Gewürzkraut, das man auch in einer Blumenschale auf dem Balkon aussäen kann. Radieschen, Rettich, Erbsen, Buschbohnen und Stangenbohnen sind schnell heranwachsende Gemüsearten, bei denen man eigentlich kaum etwas falsch machen und sehr bald sein sprichwörtliches Erfolgserlebnis verzeichnen kann. Aber auch Salatsamen geht sicher und schnell auf, und die jungen Pflänzchen zu verziehen, ist kein großes Kunststück. Als Gartenneuling sollte man sich zunächst auf derart unkomplizierte Gemüsearten beschränken und mit fortgeschrittenen Kenntnissen neue Kulturen ausprobieren. Fruchtfolge und Mischkultur sind allerdings zwei Verfahren, mit denen sich der angehende Hausgärtner von vornherein vertraut machen sollte.

Die Fruchtfolge

Jede Pflanzenart zieht ihre Nahrung in ganz spezieller Zusammensetzung aus dem Boden Manche Pflanzen benötigen besonders viel Stickstoff, andere mehr Phosphor, Kali oder Kalk. Manche Pflanzen brauchen überhaupt sehr viel Nährstoffe, andere kommen mit weniger aus. Damit die Nährstoffe dem Boden nicht einseitig entzogen sondern optimal genutzt werden, wechselt man die Kulturen auf einem Beet. Der Fruchtwechsel hat aber noch

andere Gründe. Jede Pflanze scheidet durch ihre Wurzeln Abfallstoffe aus, die für sie selber in einer gewissen Konzentration zum Gift werden können. Gemüsepflanzen werden abgeerntet, bevor es soweit kommt.
Als nächstes sollte man aber eine andere Pflanzenkultur folgen lassen, der die Ausscheidungen der vorigen nichts anhaben können. Die meisten Krankheiten und Schädlinge sind auf bestimmte Gemüsekulturen spezialisiert. Läßt man einer von einer Krankheit oder Schädlingen befallenen Kultur eine andere folgen, bleibt diese gesund, weil ihr die Schädlinge der vorigen nichts anhaben können.
Um die Nährstoffe mit Hilfe der Fruchtfolge optimal zu nutzen, hat man die Gemüsearten in Starkzehrer, Mittelzehrer und Schwachzehrer eingeteilt, die in der genannten Reihenfolge angebaut werden.
Oberflächlich betrachtet gehören alle Arten von Blattgemüse, wie zum Beispiel alle Kohlarten und Salate, zu den Starkzehrern, alle Wurzelgemüse, wie Radies, Rettich und Möhren, zu den Mittelzehrern und alle Fruchtgemüse, wie Erbsen und Bohnen, zu den Schwachzehrern. Allerdings gibt es Ausnahmen. Kürbis, Gurken und Zucchini sind Fruchtgemüse aber Starkzehrer. Kartoffeln gehören zum Wurzelgemüse, sind aber ebenfalls Starkzehrer. Kürbis, Gurken, Zucchinis und Kartoffeln baut man gern als Vorkultur an, um Nährstoffüberschüsse im Boden abzubauen und damit unter anderem das Unkraut zurückzudrängen. Durch ihren starken Krautwuchs bauen diese Gemüsearten vor allem Stickstoffüberschüsse im Boden ab. Ihre Früchte können dennoch bedenkenlos verzehrt werden. Natürlich muß man die Beete mit solchen Kulturen eine Zeit lang jäten, bis die Pflanzen ihr Blattwerk über dem Boden ganz entfaltet haben.
Die weitere Fruchtfolge richtet sich im wesentlichen nach den Nährstoffansprüchen der einzelnen Gemüsearten. Zuerst werden Starkzehrer, also Blattgemüse, aufs Beet gepflanzt und gesät. Als nächstes die Mittelzehrer, also das Wurzelgemüse, und schließlich das Fruchtgemüse. Auf das Fruchtgemüse kann man nun die Erdbeeren folgen lassen, die nun einschließlich Pflanzjahr 4 Jahre auf ein und demselben Beet bleiben. Das abgeräumte Erdbeerbeet wird entweder wieder frisch mit Dünger versorgt, oder man sät erst einmal einjährige Sommerblumen, bevorzugt Ringelblumen (*Calendula*) und Studentenblumen (*Tagetes*). Sie sollen eine desinfizierende Wirkung auf den Boden haben und vor allem Fadenwürmer (*Nematoden*) vertreiben. Nach dieser Sommerblumenkultur bedeckt man das Beet den Winter über mit Komposterde oder Stallmist oder sät Gründüngung, die im Winter abfriert und im Frühjahr flach in den Boden eingearbeitet wird. Dann beginnt die Fruchtfolge wieder mit dem Blattgemüse, wobei man möglichst ein anderes wählen sollte, um die Fruchtfolge zu erweitern.
Dies ist das Grundprinzip einer Fruchtfolge. Die verschiedenen Richtungen des biologischen Gartenbaus haben einige Varianten der Fruchtfolge des Gemüseanbaues entwickelt, mit denen sich der fortgeschrittene Gartenfreund beschäftigen mag. Wer zum ersten Mal einen Gemüsegarten anlegt, teilt die Fläche zunächst einmal in Beete von 1,20 m Breite und Wegen von 30 cm Breite ein. Diese Maße haben sich in der Praxis als günstig erwiesen, weil sich die Beete bei optimaler Ausnutzung der Fläche recht bequem bearbeiten lassen. Auf dem ersten Beet baut der Anfänger Blattgemüse, auf dem zweiten Wurzelgemüse, auf dem dritten Fruchtgemüse nach eigener Wahl an, läßt auf dem vierten Erdbeeren und auf dem fünften Sommerblumen folgen. Wer noch mehr Beete einrichtet, läßt auf dem sechsten Beet wieder Blattgemüse wachsen, auf dem siebenten Wurzelgemüse und so weiter. Die Erdbeeren werden, wie bereits beschrieben, durch die an Ausläufern wachsenden Jungpflanzen jedes Jahr weiter vermehrt und nehmen somit auch Jahr für Jahr ein weiteres Beet ein. Im dritten Jahr nimmt man die Pflanzen nach der Ernte heraus und wirft sie auf den Komposthaufen. Anschließend wird das Beet reichlich mit Komposterde versorgt, und man kann die Fruchtfolge wieder mit dem Blattgemüse beginnen. Viele Biogärtner säen aber

auch erst einmal Ringelblumen (*Calendula*) und Studentenblumen (*Tagetes*) darauf aus und lassen das Blattgemüse erst im nächsten Frühjahr folgen. Kartoffeln lassen sich manchmal ein bißchen schwer in die Fruchtfolge der Gemüsebeete eingliedern. Denn meistens nehmen sie ja die Fläche mehrerer Beete in Anspruch. Man kann sie also auf mehrere Beete verteilt, zu Beginn der Fruchtfolge noch vor dem Blattgemüse setzen oder mit anderen Gemüsearten, die ebenfalls viel Platz in Anspruch nehmen, abwechseln: Kürbis, Gurken, Zucchinis und vielleicht auch Erdbeeren. Auch Sommerblumen können mal auf einer solchen großen Fläche wachsen.

Natürlich geht es nicht ohne Humusversorgung und Düngung, auch wenn die Fruchtfolge noch so ausgeklügelt ist. Kompost ist immer Nahrung für Boden und Pflanzen, Stalldung schon ein guter Dünger, und wer den Gehalt an Nährstoffen auf andere Weise verbessern will, arbeitet vor Aussaat oder Pflanzung von starkzehrenden Gemüse nach Anleitung auf dem Düngersack einen organischen Dünger auf Hornspanbasis ein.

Auf dem Hügelbeet haben viele Pflanzen Platz.

Die Mischkultur

Einen Schritt weiter führt die Mischkultur. Erfahrene Gärtner wissen, daß es gute und schlechte Nachbarschaften zwischen Gemüsepflanzen gibt. Manche Gemüsearten fördern, andere beeinträchtigen sich gegenseitig im Wachstum. Andere halten sich gegenseitig Schädlinge vom Leibe oder beeinflussen sich günstig, was das Aroma ihrer Früchte betrifft. So schützen Knoblauch oder Zwiebeln, die man zwischen Erdbeeren pflanzt, dieses edle Obst vor Pilzkrankheiten, vor allem dem gefürchteten Grauschimmel. Sellerie und Tomaten bewahren Kohlpflanzen vor dem gefürchteten Kohlweißling. Und Möhren sollte man immer mit Zwiebeln oder Porree gemeinsam auf einem Beet anbauen, denn sie schützen sich gegenseitig vor der Möhrenfliege und Lauchmotte. Es gibt noch andere Beispiele.

Das Kunststück für den Hausgärtner besteht darin, Mischkultur und Fruchtfolge miteinander zu kombinieren. Wem es gelingt, der wird auf kleiner Fläche einen enormen Ertrag erzielen und einen Garten haben, der nahezu frei von Krankheiten und Schädlingen ist. Doch man braucht ein wenig Zeit und Erfahrung, um die ideale, auf den Garten und die eigenen Bedürfnisse zugeschnittene Kombination von Mischkultur und Fruchtfolge der verschiedenen Gemüsearten herauszufinden. Diese Zeit sollte man sich nehmen, vielleicht sogar einige Jahre lang.

Es wäre falsch und unsinnig, sich irgendwo in einem Buch, einer Gartenzeitschrift oder einem anderen Garten eine gut aufeinander abgestimmte Fruchtfolge und Mischkultur abzugucken und haargenau im eigenen Garten nachzuahmen. Nicht jede Gemüseart gedeiht in jedem Garten gleich gut. Und außerdem sollte man wirklich nur Gemüse anbauen, das der Familie schmeckt. Das Gemüse wird also nach diesen beiden Kriterien für den Garten ausgesucht: es muß erfahrungsgemäß gut gedeihen und von der Hausgärtnerfamilie gern gegessen werden.

Bei alldem geht es nicht ohne sorgfältige Planung. Dies setzt voraus, daß die Beetauftei-

Gesunde Pflanzen durch Mischkultur: Kopfsalat mit Petersilie und Kohlrabi als Nachbarn.

lung im Gemüsegarten gleich bleibt. Andernfalls ist es schwer, die richtige Fruchtfolge zu planen. Mischkultur ist am übersichtlichsten, wenn man nur zwei verschiedene Gemüsearten auf einem Beet aussät oder pflanzt, zum Beispiel 3 Reihen Möhren und dazwischen 2 Reihen Zwiebeln. Oder Radieschen und Kopfsalat oder Sellerie mit Tomaten. Am einfachsten ist es, diese Kombinationen beizubehalten und Jahr für Jahr von einem Beet zum andern wandern zu lassen. Dabei muß man natürlich darauf achten, daß das Wurzelgemüse des zweiten Jahres nicht in Rillen des vorjährigen Wurzelgemüses gerät. Das gleiche gilt auch für Blatt- und Fruchtgemüse. Wer im Spätsommer noch Winterrettich und Endivien auf einem Beet ausgesät hat, sollte im Frühjahr das folgende Wurzelgemüse in die Reihen säen, in denen vorher die Endivien wuchsen und dem Winterrettich am besten ein Fruchtgemüse folgen lassen. Ohne sorgfältige Planung, die immer wieder auf den neuesten Stand gebracht wird, geht es also nicht. Ausgefuchste Gemüsegärtner erzielen auf diese Weise mitunter 3–4 Ernten pro Jahr auf einem Beet. Hin und wieder sollte man dem einen oder anderen Beet jedoch etwas Ruhe gönnen. So wie es früher die Bauern taten, wenn sie ein Feld im vierten Jahr brach liegen ließen, damit es sich »ausruhen« kann. Ausruhen kann sich das Beet auch, wenn man mal Sommerblumen pflanzt oder Gründüngung darauf sät.

Die Hochbeete

Neben den normalen Gemüsebeeten gibt es auch vier Hochbeete in unserem Garten.
Ein Hochbeet könnte man als einen in Holz gefaßten Komposthaufen bezeichnen, in dessen Innerem die groben, noch unverrotteten Materialien gelagert und oben mit einer Schicht fertiger Komposterde abgedeckt sind. Bekannt ist dieses System vom Hügelbeet, das es heute schon in vielen Hausgärten gibt. Die strenge rechteckige Grundrißform ist äußerst platzsparend und läßt sich deshalb auch in sehr kleine Gärten einfügen.
Der Vorteil eines Hügel- oder Hochbeetes besteht darin, daß die im Innern verrotteten Pflanzenteile Wärme erzeugen und mit der Zeit Nährstoffe abgeben. Äußerst fruchtbar ist auch die oberste Schicht des Hügelbeetes oder Hochbeetes, die ja aus reiner, gut verrotteter Komposterde besteht. Wenn die Nährstoffe dieser Schicht verbraucht sind, werden aus dem Kern des Hochbeetes neue nachgeliefert. So kann man einige Jahre lang darauf Gemüse anbauen, ohne erneut Dünger zufügen zu müssen. Der Holzrahmen unserer Hochbeete ist 50 cm hoch. Es ist also äußerst rückenschonend, daran zu arbeiten.
Mancher kritische Gartenfreund mag fragen, ob der Holzrahmen eines solchen Hochbeetes nicht leicht zu faulen beginnt, wo er doch von innen dauernd Feuchtigkeit und den Verrot-

Der Rahmen des Hochbeetes wird zusammengeschraubt und aufs Gartenland getragen.

Rechts: Von oben nach unten:
Reisig als unterste Schicht der Füllung.
Mit Grassoden wird das Reisig abgedeckt.
Auf die Grassoden kommt eine Laubschicht.
Feine Komposterde als oberste Schicht.

tungsprozessen der Pflanzenabfälle ausgesetzt ist. Man kann diesen Holzrahmen natürlich mit pflanzenverträglichen Farben streichen. Wir haben unsere Holzrahmen, wie so viele Holzteile unseres Gartens, im Kesseldruckverfahren imprägnieren lassen und damit für viele Jahre vor dem Verrotten geschützt.
Ein Hochbeet zusammenzubauen ist denkbar einfach. Wir brauchten für ein Hochbeet 2 lange Teile mit einer Länge von 3,50 m und

2 kurze von 1,50 m Länge. Die Bretter sind 3 cm stark. 4 Kanthölzer mit einem Querschnitt von 6 × 6 cm halten die Teile an den Ecken zusammen. Wir befestigten sie zunächst mit Holzschrauben an den Enden der kürzeren Holzteile und schraubten dann rechtwinklig zu diesen die langen Holzteile an. Diese Arbeit verrichteten wir auf dem ebenen Pflaster des Autoabstellplatzes und trugen die fertigen Kästen anschließend zu der ihnen zugedachten Stelle. Nachdem wir sie dort mit der Wasserwaage ausgerichtet hatten, schachteten wir den Boden innerhalb des Rahmens 1 Spatenstich tief aus und lockerten die Sohle dieser Grube. Dann konnten wir mit der Schichtung der Füllmaterialien beginnen. Zunächst wird eine etwa 30 cm dichte Schicht Reisig auf dem Boden ausgebreitet und mit Grassoden (Grün nach unten) abgedeckt. Mit etwas Oberboden stabilisiert und glättet man die Oberfläche dieser Schicht. Anschließend schütteten wir etwa 20 cm dichte Laub auf und deckten es ebenfalls mit Oberboden ab. Darauf kommt wiederum eine etwa 20–25 cm dicke Schicht aus grober Komposterde, auf die man schließlich eine dünne Schicht feine Komposterde von 10 bis 15 cm Stärke aufsiebt.

Alle diese Schichten dürfen auch ruhig ein wenig dicker sein, so daß die Erde des Hochbeets wie ein Hügel aus dem Holzrahmen herausragt. Wenn die groben Pflanzenabfälle im Innern des Hochbeets verrotten, sackt die obere Schicht zusammen, so daß sie schließlich die gleiche Höhe wie die Oberkante des Holzrahmens hat. Später sackt sie sogar noch tiefer ab. Wir konnten aus einer Gärtnerei ausrangierte Frühbeetfenster bekommen, die genau auf die 1,50 m breiten Holzrahmen paßten. Als die Erde bis auf etwa 15–20 cm unter den Rand des Rahmens abgesunken war, konnten wir eines dieser Hochbeete wie einen Frühbeetkasten verwenden. Wir zogen darin Gemüsejungpflanzen heran und deckten ihn im Frühjahr mit Frühbeetfenstern ab. Andere Hochbeete füllten wir nach und nach wieder mit Komposterde auf.

Hochbeete bieten sich vor allem für sonnenliebendes Feingemüse an. Tomaten, Paprika und

5 Saatrillen kann man mit dem einstellbaren Rillenzieher gleichzeitig ziehen (oben). Grobkörniger Samen läßt sich gut von Hand aussäen.

Zucchinis durften hier nicht fehlen. Auf dem ersten Beet pflanzten wir also eine Reihe Tomaten und dazu eine frühe Sorte Weißkohl, sowie eine späte Sorte Rotkohl. Auf dem zweiten Hochbeet kombinierten wir eine Reihe Paprika mit Möhren, Porree, Zwiebeln und Schalotten. Unter die Möhren mischten wir etwas Dillsamen. Auf unserem dritten Hochbeet wurden Freilandgurken mit frühem und spätem Wirsing kombiniert. Das vierte Beet bedeckten wir schließlich auf seiner gesamten Anbaufläche mit Zucchinis.

Zucchini gedeihen am besten in voller Sonne.

Gemüse aussäen und pflanzen

Gemüse und Sommerblumen kann man entweder direkt auf den Beeten aussäen oder als Jungpflanzen kaufen und direkt auspflanzen. Wer einen Frühbeetkasten oder ein Gewächshaus hat, kann viele Gemüsepflanzen darin heranziehen. Die meisten Wurzelgemüse lassen sich allerdings nicht vorziehen, sondern müssen an Ort und Stelle ausgesät werden.

Die ersten reifen Tomaten.

Wer Möhren, Radies, Rettich oder auch Kopfsalat auf einem Beet im Garten aussät, sollte immer daran denken, daß viele Jungpflanzen dicht an dicht aus dem Samen heranwachsen. Vom Kopfsalat werden die kräftigsten auf ein anderes Beet verpflanzt, andere kräftige bleiben auf dem Saatbeet im Abstand von etwa 30 cm zueinander stehen, wo sie zu großen Salatköpfen heranwachsen. Wurzelgemüse läßt sich dagegen schlecht verpflanzen. Man sollte es daher von vornherein möglichst dünn säen. Bei Blattgemüse empfiehlt es sich, nicht den ganzen Inhalt einer Samentüte auf einmal auszusäen, sondern die Aussaat mehrmals, etwa im Abstand von 14 Tagen bis 3 Wochen vorzunehmen. Denn man wird später ohnehin nur immer 1–3 Köpfe Kohl oder Salat an einem Tag, manchmal auch im Abstand mehrerer Tage ernten. Wenn man den richtigen Erntezeitpunkt beim Kopfsalat verpaßt, wächst innerhalb weniger Tage sein Blütenstand aus dem Kopf hervor, man sagt, der Salat »schießt«. Er ist in diesem Zustand nicht mehr genießbar. Bei einer gestaffelten Aussaat kann man auch später kontinuierlich ernten und braucht nichts auf den Komposthaufen zu werfen. Ebenso sollte man bei Aussaat im Gewächshaus verfahren. In der Saatkiste streut man den Samen möglichst dünn aus, denn sonst laufen die Samen zu dicht auf und die Jungpflanzen müssen bald pikiert, also in größeren Abständen in ein anderes Gefäß verpflanzt werden, bevor sie so weit herangewachsen sind, daß man sie draußen aufs Beet pflanzen kann. Wenn man sofort dünner sät, kann dieser Arbeitsgang gespart werden.

Für die Aussaat draußen auf den Beeten gibt es verschiedene Techniken. Man kann den Samen mancher Gemüsesorten breitwürfig ausstreuen. Dazu gehören zum Beispiel Petersilie, Radieschen, Kresse und überhaupt manche Küchenkräuter. Für den Gartenanfänger ist es allerdings empfehlenswert, auf jeden Fall Rillen zu ziehen, vor allem, wenn der Boden voller Unkrautsamen steckt. Bei der Reihensaat läßt sich sofort erkennen, was Unkraut und was Gemüsesämlinge sind. Für die Mischkultur ist die Reihensaat ohnehin unerläßlich.

Welchen Abstand die einzelnen Saatrillen zueinander haben müssen, steht meistens auf der Samentüte. Bei der Mischkultur muß man allerdings manchmal Kompromisse eingehen. Oft wird aber die eine Gemüseart früher geerntet, als die andere auf demselben Beet. So kann man zum Beispiel Salatjungpflanzen im Reihenabstand von 30 cm setzen und dazwischen Radieschen säen. Bis die Salatpflanzen zu großen, erntereifen Köpfen herangewachsen sind, wurden die Radieschen längst geerntet. Außerdem nehmen sie ohnehin nicht soviel Platz auf dem Beet ein, so daß sie die Salatköpfe nicht behindern.
Die Saatrillen oder Pflanzreihen sollten mindestens 10 cm Abstand zum Rand des Beetes haben. Bei manchen Gemüsearten, deren Ranken und Blätter viel Platz einnehmen, sollte der Abstand noch größer sein. Dazu gehören Gurken und Zucchinis.
Nach altherkömmlicher Methode zieht man die Rillen mit einem Rechenstiel an einer gespannten Schnur entlang. Praktisch ist aber auch ein Rillenzieher mit 6 Zinken, deren Abstände zueinander einstellbar sind. Natürlich muß die Oberfläche eines Saatbeetes ganz feinkrümelig und fein säuberlich geharkt sein. Das hat nichts mit übertriebenem Ordnungssinn zu tun. In einem feinkrümeligen Boden kann man gleichmäßige Rillen ziehen, in denen die Samenkörner auch gleichmäßig tief in den Boden kommen. Die feinen Bodenpartikel umschließen die Samen besser, so daß diese mit ihren Keimwürzelchen den besten Halt darin finden.
Je nach Beschaffenheit des Samens und eigenem Geschick wendet man verschiedene Aussaattechniken an. Möhrensamen hat zum Beispiel eine längliche Kornform und einen etwas kantigen Querschnitt. Man kann ihn aussäen, indem man einige Körner aus der Tüte nimmt und zwischen Daumen und Zeigefinger dicht

Von oben nach unten:

Ein Gemüsebeet wird glattgezogen.
Rillenziehen mit dem Rechenstiel an der Schnur und Aussaat aus der Samentüte.

über den Rillen »auszwirbelt«. Dabei bewegt man die Hand gleichzeitig immer etwas weiter. Radieschensamen ist dagegen klein und kugelig. Mit ein wenig Geschick und einer ruhigen Hand kann man die Samen aus der geöffneten Tüte in die Saatrille kullern lassen. Auch hier gilt: Nicht zu dicht!

Groß sind die Samen von Erbsen, Busch- und Stangenbohnen, Gurken, Zucchinis und Kürbissen. Man nimmt sie am besten in die Hand und sät jedes Korn einzeln aus. Erbsen werden in Rillen gesät mit einem Abstand von etwa 5–7 cm von Korn zu Korn. Buschbohnen kann man in gleicher Weise oder in sogenannter Horstsaat aussäen. Dazu legt man alle 30 bis 40 cm 4–6 Bohnen in die Rille. In die benachbarte Rille werden die Bohnensamen so gelegt, daß sie den Zwischenräumen der ersten gegenüberstehen. In gleicher Weise kann man auch Gurken, Kürbis und Zucchinis säen. Die dicken Samen von Bohnen und Erbsen drückt man noch mit den Fingerkuppen ein Stück in den Boden, bevor man die Saatrillen zuharkt.

Dies geschieht mit dem Rechen, mit dem man die Erde am Rand der Rille vorsichtig über den Samen harkt. Anschließend werden die zugeharkten Rillen mit dem aufrecht gestellten Rechen festgestampft und man wässert das Beet mit einer sanfen Brause.

Wer seine Gemüsepflanzen beim Gärtner gekauft oder im Gewächshaus oder Frühbeet herangezogen hat, pflanzt sie nach der Schnur auf dem Beet aus. Man kann auch die Pflanzreihen mit dem Rillenzieher im richtigen Abstand kennzeichnen. Für den Anfänger ist es durchaus empfehlenswert, einen Zollstock an den Rand der Rille zu legen, um die richtigen Abstände von Pflanze zu Pflanze einzuhalten.

Das ist jedoch nur bei der ersten Pflanzreihe erforderlich. In der folgenden Reihe setzt man die Pflanzen so, daß sie den Zwischenräumen

Von oben nach unten:

Pflanzen mit Setzeisen.

Die Erde um die Gemüsepflanze fest andrücken.

Jede Pflanze kräftig angießen.

der vorigen gegenüberstehen. Gärtner nennen dieses Verfahren »auf Lücke« oder »im Verband« pflanzen. Zum Pflanzen verwendet man ein Pflanzeisen oder Pflanzholz, das nach unten spitz zuläuft und mit dem man trichterförmige Löcher in den Boden sticht. Bei gut gelockertem Boden lassen sich die Pflanzlöcher aber auch mit der Hand machen.

Man setzt die Pflanze so ins Pflanzloch, daß alle Wurzeln nach unten weisen, und drückt die Erde mit beiden Händen fest an. Anschließend wird jede Gemüsepflanze einzeln aus der Gießkanne ohne Brause so gegossen, daß die Erde dicht an die Wurzeln geschwemmt wird. Je enger der Kontakt der Erde zu den Wurzeln ist, desto schneller finden sie im Boden Halt und verzweigen sich. Das heißt jedoch nicht, daß man die Pflanzen »einbetoniert«! Anschließend überbraust man die gesamte Fläche, um die Erde auf dem Beet gleichmäßig zu befeuchten.

Alle weitere Pflege in den nächsten Tagen und Wochen heißt gießen und hacken. Wenn die jungen Pflanzen eine Größe von etwa 10 bis 15 cm erreicht haben, sollte man unbedingt zwischen den Reihen mulchen. Sehr gut eignet sich Rasenschnitt, den man allerdings nicht zu dick auf einmal auftragen sollte. Das noch feuchte Mähgut würde sonst sehr leicht verkleben und faulen. Eine dünnere Schicht trocknet in der Sonne. Diese Mulchschicht beschattet den Boden und hält ihn feucht und locker.

Umgraben oder nicht?

Unter Berufs- und Privatgärtnern ist oft die Frage diskutiert worden, ob man den Gartenboden denn umgraben soll oder nicht. Zweifellos richtig ist, daß die krümelige Oberflächenstruktur des Bodens mit allen darin befindlichen Lebewesen beim Umgraben buchstäblich auf den Kopf gestellt wird. Die Gänge der Regenwürmer werden zerstört. Humose Bodenkrümel, die in der obersten Bodenschicht vor allem für das Gedeihen junger Pflanzen so wichtig sind, geraten in eine Tiefe von 20 bis 30 cm. Sauerstoffliebende Bakterien bekommen nicht mehr so viel Luft, wie an der Oberfläche. Der im Winter grobschollig daliegende Boden ist allen Umwelteinflüssen wehrlos ausgesetzt: Frost läßt die Regenwürmer in tiefere Regionen fliehen, Schneewasser und Frühjahrsregen lassen einen lehmigen Boden verkleben, und wenn anschließend die Sonne scheint, trocknet er aus und wird hart wie Beton.

Andererseits gibt es Böden, die sich mit dem Krail, Sauzahn oder Kultivator (noch) nicht bearbeiten lassen. So, wie der Boden unseres Redaktionsgartens, obwohl wir den Unterboden sorgfältig aufgerissen, den Oberboden locker aufgeschüttet, mit Torfmull angereichert und mit Gründüngung geschützt hatten. Trotz allem konnten wir kaum mit der Grabgabel in die verkrustete, stark lehmige Oberbodenschicht eindringen.

Für das grobschollige Umgraben im Herbst gibt es nur ein Argument: Der Frost dringt in die Schollen ein und zerstört ihr festes, bindiges Gefüge. Deshalb ist es durchaus empfehlenswert, einen lehmigen Boden im Spätherbst grobschollig umzugraben. Im darauffolgenden Frühjahr sollte er dann möglichst bald wieder in Kultur genommen werden. Man teilt die Beete ein und bringt auf jedes einzelne eine reichliche Schicht Humus auf, der dann mit dem Krail oder Kultivator mit der obersten Krume vermischt wird.

Wenn der Boden einige Jahre auf diese Weise bearbeitet und mit Humus angereichert wird, kann man sehr bald aufs Umgraben verzichten. Mit einer Grabgabel läßt sich der Boden auch lockern, ohne daß die Scholle gewendet wird. Man sticht die Gabel in den Boden und bewegt sie einige Male hin und her. Außerdem kann man den Boden mit einem Krail locker hacken oder mit einem Kultivator aufreißen. Bio-Gärtner schwören auf den Sauzahn, einem gebogenen, an einem Spiel befestigten Gerät, das in Spatenstichtiefe durch den Boden gezogen wird. Die Erde wird also relativ tief gelockert, ihre Struktur bleibt jedoch erhalten. Vor allem wird das Bodenleben nicht auf den Kopf gestellt. Ein Bodenzustand, den jeder anstreben sollte.

Der Kräutergarten

Petersilie, Dill und Schnittlauch hat sicher jeder im Garten. Manch einer zieht diese Kräuter auch auf dem Balkon in einer Blumenschale oder einem Balkonkasten heran, damit die Hausfrau immer etwas Frisches für die Küche zu schneiden hat. Aber es gibt noch viele andere Gewürz-, Heil- und Duftkräuter, die in keinem Kräutergarten fehlen sollten. In ihrer Gesamtheit bringen die Kräuter vielfältigen Nutzen und nehmen dabei gar nicht viel Gartenfläche ein. Viele Hausgärtner, denen der Platz für ein paar Gemüsebeete in ihrem kleinen Garten fehlt, haben dennoch ihre Kräuterecke. Auf keinen Fall sollte man Kräuter in den hintersten Winkel des Gartens verbannen, denn sie müssen für die Hausfrau leicht und bei Regenwetter trockenen Fußes zu erreichen sein und sind außerdem schön. Sie verdienen es, gesehen zu werden. Manche von ihnen werden deshalb seit langem schon eher als Stauden verwendet, wobei ihre Eigenschaft als Heil-, Gewürz- oder Duftkraut fast in Vergessenheit geraten ist. Die Indianernessel, Lavendel und Salbei gehören dazu. Ein kleiner Kräutergarten kann also recht hübsch gestaltet werden. Aufgrund seines geringen Platzbedarfs kann er unter Umständen schon auf einem Balkon angelegt werden. Dem Anfänger sei allerdings empfohlen, sich nicht zu sehr zu verkünsteln, sondern eine einfache, übersichtliche Aufteilung zu wählen. Man kann zum Beispiel einzelne kleine quadratische oder runde Beetflächen am Rande einer Rasenfläche anlegen und auf jede eine andere Krautart pflanzen. Ebenso kann man ein normales Gartenbeet in Rechtecke oder Quadrate einteilen, auf denen man die Kräuter ansiedelt. Auch das Schachbrettmuster ist eine beliebte Form für einen Kräutergarten. Dabei wird jeweils ein Feld bepflanzt und ein anderes mit einer Betonplatte belegt.

So schön kann ein Kräutergarten sein.

Streng sollte man einjährige, zweijährige und mehrjährige Kräuter unterscheiden. Das beliebteste und wohl am meisten verwendete Gewürzkraut Petersilie ist zweijährig. Man sät sie nicht zu früh, sondern möglichst erst ab Ende Mai aus. Im erwärmten, humusreichen Boden wächst sie schnell heran, so daß man ab Juli von ihr schneiden kann. Sie übersteht schadlos den Winter, wächst im nächsten Frühjahr noch kräftiger, läßt jedoch im Laufe des Sommers merklich nach. Dann sollte man an anderer Stelle schon aufs neue Petersilie nachgesät haben. Man muß dieses beliebte Küchenkraut also jedes Jahr aussäen und kann es deshalb wie die einjährigen Küchenkräuter in die Fruchtfolge und Mischkultur des Gemüses einbeziehen. Petersilie unter Tomaten gepflanzt, gibt diesen Früchten ein würzigeres Aroma. Dill fördert das Wachstum der Möhren, und das Gurkenkraut (Boretsch) macht sich hübsch zwischen Sommerblumen. Boretsch und Dill säen sich im Garten immer wieder von selber aus, wenn man einige Samenstände stehen läßt.

Aber auch von den mehrjährigen Kräutern kann man dieses und jenes zu anderen Gemüsepflanzen gesellen. Sie fördern diese im Wachstum und verbessern ihren Geschmack.

So schmecken Kartoffeln, die man mit Pfefferminze anbaut, besser. Wermut hält Erdflöhe von Radieschen, Rettich und Kohl fern. Mit Kümmel, Salbei, Zitronenmelisse oder Fenchel sollte man Wermut allerdings nicht zusammenpflanzen. Sie werden durch ihn im Wachstum behindert.
Viele einjährige Kräuter brauchen kein besonderes Beet, sondern können an den Rand der Gemüsebeete gesät oder gepflanzt werden. Aber auch manche mehrjährige Kräuter kann man an die Kopfenden der Gemüsebeete oder als Einfassung darum herum pflanzen. Letzteres ist mit Lavendel und Thymian sehr gut möglich.
Die meisten unserer Küchen- und Heilkräuter stammen aus dem Mittelmeerraum und lieben deshalb Wärme. Ein Kräutergarten gehört deshalb unbedingt in die Sonne.
Besonders wärmeliebende und deshalb auch einen trockenen und sonnigen Standort vertragende Pflanzen erkennt man oft an ihrem graugrünen Laub. Lavendel, Rosmarin, Salbei, Wermut und Weinraute gehören dazu. Der Boden, auf dem diese Kräuter wachsen sollen, muß locker und durchlässig, aber dennoch humus- und nährstoffreich sein. Pfefferminze,

Dill sät sich zwischen Gemüse selber aus.

Boretsch, auch Gurkenkraut genannt.

Dost, Brunnenkresse, Beinwell und Zitronenmelisse vertragen einen eher feucht-humosen Boden.
Der Gartenneuling sollte von den ein- und zweijährigen Kräutern auf jeden Fall Petersilie, Dill, Boretsch und Kresse in seinem Garten ansiedeln. Von den ausdauernden Kräutern kann man Zitronenmelisse, Kümmel, Pfefferminze, Salbei, Thymian und Dost immer verwenden.
Die einjährigen Kräuter werden einfach an Ort und Stelle, also aufs Beet ausgesät. Von den ausdauernden Kräutern gibt es zwar auch Samen zu kaufen, doch oft braucht man von oder jenem Kraut nur eine einzige Pflanze. Deshalb ist es oft lohnenswerter und sicherer, mehrjährige Kräuter beim Gärtner im Container zu kaufen. Viele von ihnen kann man aber auch selber vermehren, wenn man erst einmal ein Exemplar im Garten hat. Estragon, Pfefferminze und Weinraute lassen sich durch Kopfstecklinge vermehren. Man zieht sie im Gewächshaus oder Frühbeetkasten heran und pflanzt die bewurzelten Stecklinge schließlich in den Garten aus.
Kräftige Pflanzen von Estragon, Dost, Pfefferminze und Zitronenmelisse kann man auch sehr leicht teilen.
Auch wir hatten für unsere Kräuterecke im

Redaktionsgarten eine einfache, übersichtliche Form gewählt. Die Fläche vor unserem Anlehngewächshaus teilten wir in quadratische Felder von 90 × 90 cm auf und siedelten darauf die gebräuchlichsten einjährigen wie auch die mehrjährigen Kräuter an. An ein- und zweijährigen Kräutern säten wir: Petersilie, Dill, Basilikum, Boretsch und Koriander. Von den ausdauernden Kräutern pflanzten wir Dost, Pfefferminze, Wermut, Zitronenmelisse und Salbei. Innerhalb eines Jahres entwickelten sich diese Kräuter zum Teil schon recht kräftig. Die einjährigen Kräuter sowie Petersilie gliederten wir im darauffolgenden Jahr in die Fruchtfolge des Gemüses ein und hatten somit in unserem Kräutergarten Platz für andere Staudenkräuter, wie zum Beispiel Estragon, Kümmel, Rosmarin, Liebstöckel und Ysop.

Kräuter sind so nützlich wie faszinierend. Abgesehen von ihrem teils herben, würzigen, teils lieblichen Duft, den sie im Garten verbreiten, wehren sie Schädlinge ab, können als Gewürz oder Tee verwendet werden, oder man holt einen Strauß von ihnen ins Haus, der alle Räume mit seinem Duft erfüllt.
Geerntet werden von den Kräutern, je nach Art die Blätter (Pfefferminze, Zitronenmelisse, Petersilie), die Blüte (Kamille), der Samen (Kümmel), das ganze Kraut (Bohnenkraut), oder die Wurzel (Meerrettich). Außer diesen und noch vielen anderen klassischen Küchenkräutern kann man auch viele Wildkräuter im Garten ansiedeln, die sich ebenfalls zu Würz- und Heilzwecken, sowie zur Schädlingsabwehr verwenden lassen. Hierzu gehören unter anderen Waldmeister, Sauerampfer, Baldrian und sogar die gefürchtete Brennessel.

Der Pflanzenschutz

Vielleicht vermissen Sie in diesem Buch ein besonderes Kapitel unter dem Titel »Pflanzenschutz«. Etwa in Form einer Tabelle, in der die Pflanzen, ihre möglichen Krankheiten und Schädlinge und gleich daneben alle mehr oder weniger giftigen Mittel aufgeführt sind, mit denen man Herr über die Plagegeister wird. Aber dazu hätten Sie sich dieses Buch nicht zu kaufen brauchen. Das finden Sie doch zur Genüge in den Broschüren einschlägiger Firmen.

Wenn Sie selber gesund leben und sich vor Krankheiten schützen wollen, so meiden Sie möglichst alles, was Ihrer Gesundheit schaden könnte, zum Beispiel Alkohol, Nikotin, Koffein, Fett, Ärger, Streß oder Baustoffe, von denen Sie gelesen haben, daß sie gesundheitsschädlich seien. Gleichzeitig versuchen sie möglichst regelmäßig alles zu tun, was Ihre Gesundheit fördert, zum Beispiel sich Bewegung in frischer Luft verschaffen (Gartenarbeit ist am gesündesten!), oder viel Obst zu essen. Sie werden aber wohl kaum eine Liste mit allen möglichen Krankheiten aus der Apotheke holen, auf der Sie auch gleich die passenden Medikamente finden und obendrein behaupten, Ihre Gesundheit hinge allein von der Erreichbarkeit der Medikamente ab.

Ebensowenig ist die Gesundheit der Pflanzen von einigen Schädlingsbekämpfungsmitteln abhängig. Und vom Pflanzenschutz war, außer in den beiden ersten, in jedem Kapitel die Rede. Ein guter Boden, in dem die Pflanzen ihre Wurzeln ausbreiten, atmen und Nahrung aufnehmen können, eine vielfältige Pflanzengesellschaft am richtigen Standort, eine ebenso vielfältige Tierwelt im Garten und nicht zuletzt die sorgfältige Pflege des Bodens und der Pflanzen schützen sie am besten vor Krankheiten und Schädlingen. Das heißt nicht, daß es in einem gesunden Garten keine Krankheiten und Schädlinge gibt. Auch der gesündeste Mensch hat mal Schnupfen. Und auch Pflanzenkrankheiten werden manchmal vom Wetter begünstigt.

Naturschützer lehnen es ab, Tiere und Pflanzen in Nützlinge und Schädlinge einzuteilen. Alle Tiere und Pflanzen haben auf diesem Erdball eine Berechtigung und sind auf ihre Weise nützlich. Als Nützlinge im Garten werden unter anderem Singvögel, verschiedene Insekten, zum Beispiel Marienkäfer, oder Ohrwürmer, Igel, Kröten, Frösche und Blindschleichen bezeichnet, weil sie einige von uns als Schädlinge bezeichnete Tiere fressen. Man tut deshalb alles, um diese Nützlinge im Garten anzusiedeln. Für den Igel wird ein Reisighaufen aufgeschichtet, für Eichdechsen und Blindschleichen ein Steinhaufen errichtet, für Frösche ein Teich angelegt, für Singvögel werden Nistkästen gebaut und für die Ohrwürmer mit Holzwolle gefüllte Blumentöpfe aufgehängt. Doch alle diese Einrichtungen werden weitgehend unbewohnt bleiben, wenn die sogenannten Nützlinge keine Nahrung, also keine sogenannten Schädlinge im Garten finden. Marienkäfer brauchen Blattläuse, Ohrwürmer brauchen Maden, Singvögel brauchen Raupen und Igel brauchen Schnecken zu ihrer Ernährung. Natürlich ernähren sie sich nicht nur davon. Aber wenn der Igel auf der benachbarten Wiese mehr Schnecken findet, wird er bald ganz dorthin übersiedeln. Und später kommen die Schnecken in unseren Garten, wir haben jedoch keinen Igel mehr. Eine gewisse Anzahl

Der Marienkäfer ernährt sich von Blattläusen.

an Schädlingen muß also im Garten geduldet werden. Der Schaden an unseren Gartenpflanzen kann dennoch gering bleiben.
Jeder erfahrene Gärtner weiß, daß manche Krankheiten und Schädlinge in manchen Jahren verstärkt auftreten. Im Jahr 1983 waren es zum Beispiel die Schnecken, im Jahr 1984 gab es viele Raupen. Auch die vielen Nützlinge im Garten werden nicht ganz Herr über derartige Invasionen. Man muß also als Gärtner eingreifen, und zwar so, daß die nützlichen Tiere dabei keinen Schaden erleiden. Schnecken werden abgesammelt oder durch spezielle Schneckenzäune abgehalten. Neuerdings gibt es auch ein ungiftiges aber sehr wirksames Mittel, mit dem man Schnecken fangen kann. Allerdings läßt es sich der Hersteller teuer bezahlen. Billiger ist es, Schnecken mit Bier zu fangen.
Blattläuse lassen sich durch eine Schmierseifenlösung oder Kaltwasserauszug aus Brennnesseln reduzieren. Auf 1 Kilogramm frisch geschnittene Brennesseln kommen 10 Liter Wasser. Nach 24 Stunden kann man das abgeschöpfte Wasser gegen Blattläuse und Raupen spritzen. Wenn es gar nicht anders geht, spritzt man mit einem pflanzlichen Mittel namens Pyrethrum. Allerdings ist es für den Marienkäfer wie für die Tiere, die im Gartenteich leben, giftig.
Gegen Pilzkrankheiten an Pflanzen sollte man sofort etwas unternehmen. Am meisten ist der Echte Mehltau verbreitet. Er wird vor allem durch ungünstigen Standort und die Witterung begünstigt und kann gleichermaßen bei trokkener Hitze, wie bei kühlfeuchtem Wetter auftreten. Auch eine falsche Düngung, zum Beispiel mit zuviel leichtlöslichem Stickstoff, kann ihn begünstigen. Zuviel Stickstoff läßt die Zellen schnell und groß wachsen, wobei das Gewebe der Pflanzen weich und wenig widerstandsfähig wird. Kali festigt dagegen das Pflanzengewebe. Gefestigt werden die pflanzlichen Zellen aber auch durch Silizium, das in Form von Kieselsäure auch im Ackerschachtelhalm enthalten ist. Man sollte das Kraut aber nicht vor August sammeln. Erst dann hat sich darin genügend Kieselsäure angereichert. Von dem getrockneten Kraut kocht man 500 Gramm eine halbe Stunde lang in 5 Liter Wasser und verdünnt den Sud anschließend mit weichem Wasser auf das Fünffache. Man kann diese Jauche sowohl auf den Boden als auch auf die Pflanzen sprühen. Mit der Behandlung beginnt man im Herbst und setzt sie im Frühjahr fort.
Schließlich gibt es Pflanzenkrankheiten, gegen die man gar nichts machen kann. Gefürchtet ist seit einigen Jahren der Feuerbrand, eine Pflanzenkrankheit, von der *Cotoneaster*-Arten, Weißdorn sowie einige Obstbäume befallen werden können. Blätter und Früchte werden plötzlich schwarz und haften fest an den Trieben. Schließlich stirbt der ganze Baum ab. Bei Verdacht sollte man sich unbedingt an eine Pflanzenschutzdienststelle wenden. Man kann befallene Gehölze nur noch roden und verbrennen.
Häufiger kann der Rotpustelpilz an manchen Gehölzen auftauchen. Man erkennt ihn meistens erst im fortgeschrittenen Stadium, wenn sich rote Pusteln am Stamm oder an den Trieben zeigen. Befallene Triebe und Stammteile sollten gründlich herausgeschnitten und das Holz sofort verbrannt werden.
Auch gegen Viren läßt sich nichts machen. Stark befallene Pflanzen kann man nur noch vernichten. Daß sogenanntes Unkraut den Boden bedeckt und damit beschattet und feucht hält, machen sich viele Gartenfreunde nicht klar. Mehr davon auf Seite 166.
In unserem Garten sind innerhalb von drei Jahren zwei Bäume am Rotpustelpilz gestorben: ein Zuckerahorn und eine Südbuche. Die Südbuche ersetzten wir durch eine neue, den Zuckerahorn rodeten wir und ersetzten ihn nicht. Der benachbarte Baum füllt die Lücke schon fast mit seinen Ästen aus. Ansonsten sind alle Gehölze recht gut gewachsen.
Eine gute und ständige, vor allem bewahrende und nicht zerstörende Pflege, bei der man behutsam in das selbstgestaltete Stück Natur namens Garten eingreift, schützt Pflanzen, Tiere und uns Menschen noch immer am besten vor Krankheiten und Schädlingen und schont zudem den Geldbeutel.

Die Pflege des Gartens

Nun ist unser Garten fertig, und wir können uns auf die Terrasse setzen, die Beine ausstrecken, tief Luft holen und uns so richtig an unserem kleinen, selbstgeschaffenen Paradies erfreuen. Wie schön, nicht wahr? Doch ich merke schon, wie Sie Mitleid mit uns bekommen. Denn jetzt geht's mit der Arbeit doch erst richtig los, denken Sie. Alle Gehölze, Stauden, die Gemüsebeete, Küchenkräuter, der Wassergarten und nicht zuletzt der Rasen müssen ja schließlich gepflegt werden. So ganz leicht ist unser Garten nicht zu pflegen.

Doch wir verstehen unter Gartenpflege etwas anderes, als eine geleckte grüne Fläche zu erzielen. Und wenn man's richtig anpackt, macht die Gartenpflege gar nicht soviel Arbeit, so daß Zeit genug für Mußestunden auf der Terrasse bleibt.

Zwei Pflegearbeiten stehen in einem jungen wie einem älteren Garten fast immer an: die Bodenpflege, zu der das Lockern, Mulchen sowie die Zufuhr von Humus und Nährstoffen gehören, und das Wässern.

Bäume, Sträucher, Stauden, Sommerblumen und Gemüsepflanzen können nur in einem immer lockeren, humusreichen und feuchten Boden gedeihen. Was die Pflanzen an Nähr-

Ein vorbildlich gepflegter Kleingarten. Gute Pflege heißt: Wachstum fördern.

Einige Gartenwerkzeuge (von links nach rechts):
Kultivator, Ziehhacke, Sauzahn, Bodenlüfter, Handpflug; unten: Kleinwerkzeuge.

stoffen aus dem Boden entnehmen, muß ihnen auch wieder zugeführt werden. Deshalb ist der Komposthaufen das Herz eines jeden Gartens, zumindest was die Gesundheit des Bodens und der Pflanzen betrifft. Die Kompostanlage unseres Gartens liegt zentral, zwischen den Hochbeeten und unserem Kräutergarten. Es macht nichts, daß sie an die Straßenfront angrenzt, denn das veranlaßt uns, ihn besonders ordentlich zu halten, so, wie ein Komposthaufen sein sollte. Die Abfälle werden in einer hölzernen Kompostbox gesammelt, und wenn diese voll ist, zu einem Komposthaufen mit trapezförmigem Querschnitt aufgeschichtet. Im Sommer begrünen wir diesen Haufen mit Zierkürbis oder Kapuzinerkresse.
Leider ist unsere Kompostanlage aber ein wenig zu klein geraten. Denn in unserem Garten fällt jahrein jahraus eine Menge organisches Material an, das den Behälter schneller füllt, als die älteren Pflanzenmassen auf dem Komposthaufen verrottet sind. Und für einen weiteren Haufen fehlt an dieser Stelle leider der Platz. Natürlich hätten wir die Möglichkeit, auf eines der naheliegenden Gemüsebeete auszuweichen. Es gibt aber noch einen anderen Weg. Er setzt voraus, daß wir kein Unkraut zu groß werden, geschweige zur Blüte kommen lassen.

Das Jäten

Beim Unkrautjäten machen sich die meisten Hausgärtner viel zu viel Mühe. Viele von ihnen glauben nämlich, man müßte jedes Kräutchen mitsamt seiner letzten Wurzel herausziehen, auch wenn sie noch so klein ist. Das gelingt jedoch ohnehin nie so ganz. Wenn man den Boden mit dem Sauzahn, Krail oder Kultivator lockert oder umgräbt, werden dabei selbstverständlich alle dicken Löwenzahnwurzeln, sowie die Wurzelgeflechte von Ackerwinde und Quecke entfernt, so gut es geht. Ansonsten hat es gar keinen Sinn, Löwenzahnwurzeln mit einem Messer oder einem speziel-

len Löwenzahnbohrer herauszustechen. Ein paar Seitenwurzeln bleiben immer im Boden, und wo vorher ein Löwenzahn war, wachsen nun drei oder fünf heran. Dasselbe passiert, wenn man versucht, die Wurzeln von Quecken und Ackerwinde aus dem Boden zu ziehen. Sie werden nur zu weiterer Verzweigung angeregt. Einfacher und besser ist es, die kleinen Unkrautsämlinge oder die Unkrauttriebe, die den Boden gerade durchbrochen haben, mit einer Ziehhacke abzuschneiden. Dies muß immer wieder geschehen, so daß die Kräuter immer wieder in ihrem Wachstum gestört werden. Irgendwann geht ihnen die Puste aus, und sie können nicht mehr wachsen. Dieses oberflächliche Hacken führt man bei möglichst trockenem und heißem Wetter durch. Die abgehackten Kräuter verdorren und können als Mulch auf dem Boden liegenbleiben. Außerdem werden durch diese Maßnahme die haarfeinen senkrechten Bodenkapillaren, durch die Feuchtigkeit aufsteigt und an der Oberfläche verdunstet, unterbrochen. Oberflächliches Hacken trägt also dazu bei, daß der Boden seine Feuchtigkeit länger behält.
Auf den festgetretenen Wegen zwischen den Gemüsebeeten verfährt man ebenso. Unkräuter und Gräser werden mit der Ziehacke einfach abgekratzt und in der Sonne liegengelassen. Nach 2 Stunden harkt man sie mit dem Laubbesen zusammen und kann sie als Mulchmaterial zwischen Gemüsereihen oder unter Gehölzen ausbreiten. Ideal als Mulchmaterial ist Grasschnitt. Wer ihn nicht gleich beim Mähen durch einen Grasfangbehälter auffängt, sollte das Mähgut ebenfalls einige Stunden auf der Rasenfläche liegenlassen und erst dann zusammenkehren und auf dem Boden ausbreiten. Wer seinen Grasschnitt im Grasfangbehälter auffängt, streut ihn zunächst nur dünn aus und deckt später noch einmal eine Schicht darüber. Eine solche Mulchdecke läßt Unkräuter nur schwer aufkommen und hält den Boden länger locker und feucht. Die ideale Pflegefolge zwischen den Gemüsereihen oder unter Gehölzen lautet also: Hacken, abgehacktes Unkraut trocknen lassen, Boden gründlich wässern und schließlich eine Mulchdecke aufbringen. Die Mulchmaterialien verrotten an der Oberfläche (Flächenkompostierung) und tragen als Humus zur Bodenverbesserung bei.

Das Wässern

Manche Hausgärtner sieht man jeden Morgen und jeden Abend mit einer Gießkanne oder dem Gartenschlauch in ihrem Garten herumlaufen, um irgendetwas zu wässern. Andere gießen nur, wenn sie gerade etwas gesät oder gepflanzt haben. Was ist richtig? Natürlich sollte der Boden ausreichend feucht sein, wenn man etwas säen oder pflanzen will. Ausreichend feucht bedeutet erdfeucht, also so, daß der Boden Regen- oder Gießwasser aufnehmen kann und nicht abweist. Wenn das Wasser nicht in die Erdkrume eindringen kann, läßt dies auf eine schlechte Bodenstruktur schließen. Auch bei sehr trockenem Wetter ist ein guter Boden in etwa 10 cm Tiefe noch erdfeucht.
Sandigen Boden kann man wasserhaltiger machen, indem man Lehm und Humus einarbeitet. Natürlich müssen auch die eingearbeiteten Materialien feucht sein. Vor allem Torf ist oftmals so trocken, daß man ihn auf einer ebenen Fläche ausbreiten, wässern und solange mit der Schaufel umwälzen muß, bis keine trockene (helle) Stelle mehr zu erkennen ist. Ein stark bindiger Boden ist ebenfals wasserabweisend, wenn er einmal ausgetrocknet ist. Man sollte ihn ebenfalls reichlich mit Humus versorgen.
Wer auf einem Beet mit trockenem Boden etwas säen oder pflanzen will, sollte folgende Vorbereitungen treffen:

- Boden gründlich lockern,
- mit Gießkannenbrause gründlich wässern und immer wieder hacken,
- Humus einarbeiten (Stallmist schon im Herbst ausbringen) und das Beet nochmal überbrausen,
- Oberfläche des Beetes glattziehen, säen oder pflanzen und anschließend nochmal wässern,

Nur morgens oder abends sollte man gießen.

- bei trocken-warmer Witterung jeden Tag morgens oder abends oder im Abstand mehrerer Tage (je nach Austrocknung des Bodens) immer wieder wässern und, sobald die Sämlinge zu erkennen sind, zwischen den Reihen hacken. Besser ist es, einmal gründlich zu wässern, als öfter nur wenig zu gießen,
- sobald die Pflanzen eine Höhe von etwa 15 cm erreicht haben, mulchen,
- Aussaaten können auch durch einen Folientunnel oder ein Gartenvlies vor zu starker Verdunstung geschützt werden.

Grundsätzlich sollte nur am frühen Morgen oder abends nach Sonnenuntergang gewässert werden. Wenn ein Regenguß zu erwarten ist, empfiehlt es sich, den Boden zu lockern, damit Regenwasser tief eindringen kann. Aber auch das Gießen und Wässern muß gekonnt sein. Folgende Regeln lassen sich aufstellen:

- einzelne Bäume und Sträucher wässert man mit einer Gießkanne ohne Brause oder einem Schlauch ohne Düse. Dazu wird rund um das Gehölz ein kleiner Wall errichtet, der verhindern soll, daß Wasser nach außen abfließt,
- Gemüsebeete, Staudenrabatten und zusammenhängende Gehölzflächen bewässert man mit einer sanft regnenden Schlauchbrause oder einem flach verlegten Bewässerungsrohr,
- für den Rasen gibt es spezielle Regner, die man auch zwischen Sommerblumen, auf Gemüsebeeten oder zwischen Stauden und niedrigen Gehölzen aufstellen kann. Sie sollten einen einstellbaren Schwenkbereich haben,
- Regenwasser ist grundsätzlich besser als Leitungswasser. Es ist vor allem »weich« (enthält also keinen Kalk) und temperiert. Lediglich in Gebieten mit starker Luftverschmutzung kann die Verwendung von Regenwasser unter Umständen problematisch sein. Dort empfiehlt es sich, immer eine Tonne mit abgestandenem Leitungswasser im Garten zu haben. Es ist für viele Pflanzen verträglicher als kaltes Leitungswasser. »Hartes« (kalkhaltiges) Wasser wird »weich«, wenn man einen mit Torf gefüllten Leinenbeutel in die Tonne legt. Torf bindet den Kalk im Wasser,
- Wasser aus dem eigenen Brunnen kann Nitrate und Phosphate enthalten, die von den umliegenden landwirtschaftlichen Flächen ins Grundwasser gelangt sind. Im Zweifelsfall sollte man sein Brunnenwasser von einem dafür zuständigen Institut untersuchen lassen.

Januar

Der Garten ruht noch weitgehend. Zeit genug also, um sich Gedanken über das gerade anbrechende Gartenjahr zu machen und Gartenbücher, Zeitschriften und Kataloge zu wälzen.

Gehölze

Manche Bäume und Sträucher können nach langen, anhaltenden Schneefällen brechen. So schön die weiße Pracht auf den Bäumen auch sein mag; wo Bruchgefahr besteht, sollte man den Schnee herunterschütteln oder mit einem Besen entfernen. Gefährdet sind auch Rosen und alle immergrünen Laubgehölze in anhaltenden Frostperioden, vor allem, wenn sie im vergangenen Jahr gepflanzt wurden. Durch die grüne Rinde der Rosen sowie die Nadeln und im Winter grünen Blätter anderer Gehölze verdunsten die Pflanzen in der Wintersonne viel Wasser, das sie aus dem gefrorenen Boden nicht ersetzen können. Sie können vertrocknen. Deshalb sollten die Rosen vor Einbruch der Frostperiode mit Reisig abgedeckt werden. Für frisch gepflanzte immergrüne Laub- und Nadelgehölze empfiehlt sich ein Schattenparavant aus Bohnenstangen, oder Baumpfählen und Sackleinen oder Rohrmatten.

Gewächshaus

Wer sein Gewächshaus im Winter nicht stillgelegt hat, sollte es zumindest frostfrei halten. Darin kann man immerhin klassische Kübelpflanzen, wie zum Beispiel Engelstrompete *(Datura),* Fuchsienstämmchen, Granatapfelbaum und Lorbeerbaum, sowie die Pelargonien vom vorigen Jahr überwintern.
Der Energieverbrauch, der erforderlich ist, um das Gewächshaus frostfrei zu halten, liegt sehr niedrig, wenn man es zusätzlich mit einer Luftpolsterfolie und in Nächten mit starken Frösten mit einer doppelten Lage Rohrmatten bedeckt.

Üppiger Flor in unserem Gewächshaus.

Gartenteich

Aus den Pflanzenabfällen, die sich am Boden eines Teiches sammeln, steigen Faulgase auf, die durch die Eisdecke nicht entweichen können. Niemals sollte man aber ein Loch in die Eisdecke schlagen, weil sonst die Schwimmblasen der unter Wasser überwinternden Tiere platzen können. Besser ist es, mit heißem Wasser ein Loch ins Eis zu tauen. Mit einem selbstgefertigten Rahmen aus Dachlatten, dessen Inneres mit Styropor ausgefüllt ist, wird es abgedeckt. Das Loch friert dann nicht mehr zu. Bei schönem Wetter nimmt man den Deckel herunter so daß die Faulgase entweichen können.

Februar

Gewächshaus

Gegen Ende des Monats kann man die ersten Sommerblumen und das erste Gemüse aussäen. Als Aussaatgefäße eignen sich flache Kisten und Blumenschalen, die absolut sauber sein sollten. Als Substrat verwendet man ein

Gemisch aus feuchtem Torf und Sand. Wer Fuchsien überwintert hat, schneidet sie jetzt zurück. Sobald sie kräftig durchtreiben, topft man sie um und kann Stecklinge schneiden, wenn der Topfballen durchwurzelt ist. Man schneidet Kopfstecklinge mit 2–3 Blattpaaren. Die Stecklinge werden dicht an dicht in eine mit feuchtem Torf und Sand gefüllte Kiste gesteckt und anschließend mit Wasser besprüht. Sobald sie Wurzeln gebildet haben, pflanzt man sie in kleine Töpfe mit einem Durchmesser von 6 cm. Die Erdmischung sollte nun schon nährstoffreich sein. Man mischt einen Teil gut verrotteter, gesiebter Komposterde mit einem Teil feuchten Torf und einem Drittel Sand. Etwas Hornspandünger wird dazugegeben. Wenn die Jungpflanzen um die Länge weiterer 3–4 Blattpaare gewachsen sind, schneidet man sie auf die Hälfte zurück, damit sie sich verzweigen. Nur wer Fuchsienstämmchen heranziehen will, stutzt die Jungpflanzen nicht. Später pflanzt man sie in einen Neunertopf und schließlich in einen Zwölfertopf, bevor sie nach den Eisheiligen ins Freie kommen. Buschige Pflanzen erhält man durch häufiges Stutzen.

Blumenzwiebeln

Wer im vorigen Herbst Blumenzwiebeln in Töpfe, Schalen oder Kisten gepflanzt und zum Treiben ins Frühbeet eingeschlagen hat, kann jetzt die ersten davon ins Gewächshaus holen. Vorher werden die jungen Triebe ganz von Laub, Erde und Torf befreit, an einen hellen Platz ins Gewächshaus gestellt und gegossen. Bald kommen sie zur Blüte. Hyazinthen kann man im Topf oder in der Schale ins Wohnzimmer holen, Narzissen und Tulpen läßt man im allgemeinen im Gewächshaus, um Sträuße für die Vase zu schneiden. Die abgeernteten Schalen und Kisten sofort ins Freie stellen. Wie man Blumenzwiebeln herantreibt, lesen Sie unter »September«.

Obst- und Ziergehölze

Gegen Ende des Monats können Obstbäume geschnitten werden. Bei den jungen Bäumen in unserem Garten sind in den ersten Jahren nur geringfügige Korrekturen durchzuführen. Wichtig ist vor allem, daß keine Konkurrenztriebe zum Mitteltrieb und den Leittrieben heranwachsen. Sie müssen auf Astring abgeschnitten werden. Von den Ziergehölzen schneidet man diejenigen, die am einjährigen Holz blühen. Diese Sträucher können bis auf wenige Zentimeter über dem Boden eingekürzt werden. Hierzu gehören unter anderem der Schmetterlingsstrauch *(Buddleja davidii)*, Deutzien und die Rosenspieree *(Spirea bumalda)*, sowie das Johanniskraut *(Hypericum)*.

Dicht am Stamm wird der Ast sauber abgesägt (links). Anschließend wird die Wunde mit Baumwachs verstrichen (rechts).

März

Gewächshaus

Die ersten Sämlinge werden pikiert, also in größerem Abstand in ein anderes Gefäß gepflanzt. Sie haben so mehr Platz, um heranzuwachsen. Außerdem werden ihre Wurzeln angeregt, sich zu verzweigen, und können mehr Nährstoffe aufnehmen.

Gemüse

Feldsalat, Mangold, Möhren, Schalerbsen, Spinat und Schwarzwurzeln können jetzt im Freien gesät werden.

Pikieren fördert das Wachsen der Jungpflanzen.

Stauden

Das trockene Kraut mancher Stauden und Gräser ist eine Zierde im Garten, wenn es im Winter von einer zarten Hülle aus Rauhreif oder einem Mantel aus Schnee umgeben ist. Man sollte es deshalb stehen lassen. Jetzt wird es allerdings höchste Zeit, alles Trockene von Stauden und Gräsern zu entfernen, damit das frische Grün ungehindert hervorbrechen kann, sobald es etwas wärmer wird. Viele Stauden kann man jetzt auch vermehren, indem man sie ausgräbt und mit einem Messer oder Spaten teilt. Die Teilstücke werden wie gekaufte Stauden ausgepflanzt.

Rosen

Spätestens jetzt sollte man das Fichtenreisig von den Rosen nehmen und die angehäufelte Erde glattziehen. Die Triebe der Tee-Hybriden, Floribundarosen und Polyantha-Hybriden werden je nach Wuchshöhe um 3–5 Augen zurückgeschnitten. Bei Strauchrosen, Kletterrosen und Wildrosen nimmt man nur gelegentlich einen überalterten Trieb heraus.

April

Gewächshaus

Die Sonne brennt mitunter schon recht heiß durch das Glas auf die Pflanzen. Also Schattendecken bereitlegen und rechtzeitig aufs Glasdach legen.

Gemüse

Fast alle Gemüsearten können jetzt gesät oder ausgepflanzt werden. Mit Bohnen, Gurken, Kürbis, Paprika, Tomaten und Zucchinis sollte man bis Ende des nächsten Monats warten. Frühkartoffeln werden jetzt in nährstoffreiche Erde gelegt.

Blumenzwiebeln

Bei den großen Zwiebelblumen sollte man nicht vergessen, die welken Blüten abzuschneiden, damit sie nicht unnötig Kraft bei der Ausbildung des Samens verschwenden. Die Blätter bleiben, bis sie verwelkt sind.
Die Dahlien werden aus ihrem Winterquartier geholt, von trockenen und faulenden Teilen befreit und geteilt. Teilstücke entwickeln sich im Laufe des Sommers besser als die alten, ungeteilten Knollen. Das Pflanzloch wird reichlich mit Humus und Hornspandünger versorgt.

Gleichmäßiger Heckenschnitt nach der Schnur.

Rasen

Das Gras fängt wieder langsam an zu wachsen. Jetzt ist der richtige Zeitpunkt, den Rasen mit einem Laubrechen gründlich auszukehren, damit Luft an die Wurzeln der Gräser kommt. Bei stark verfilzter Grasnarbe empfiehlt es sich, zu vertikutieren, bei verdichtetem Untergrund zu aerifizieren.

Gehölze

Wenn die Hecke so richtig auszutreiben beginnt, wird sie zum ersten Mal geschnitten. Sie wird möglichst kurz gehalten. Auf trapezförmigen Querschnitt achten, damit genug Licht ins Innere dringt. Wir schnitten unsere Hecke aus weißblühender *Spiraea arguta* erst nach der Blüte.

Mai

Der bedeutendste Termin sind in diesem Monat die Eisheiligen. Vorsicht! Sie stimmen nicht immer mit den Kalenderdaten überein. Manchmal kommen sie später. In Gegenden mit rauhem Klima kann sich dieser Irrtum unangenehm bemerkbar machen.

Balkonpflanzen und Sommerblumen

Nach den Eisheiligen raus mit Balkonpflanzen, Kübelgewächsen und Sommerblumen!

Gemüse

Frostempfindliche Arten, wie Bohnen, Gurken, Kürbis, Paprika, Tomaten und Zucchinis, können gesät oder gepflanzt werden.

Gewächshaus

Im Glashaus gibt es jetzt viel Platz. Man kann auf den Erdbeeten oder in großen Kübeln entweder wärmeliebendes Feingemüse heranziehen, wie zum Beispiel Auberginen, Gurken, Melonen oder Tomaten, oder vernachlässigte Zimmerpflanzen noch einmal richtig aufpäppeln, vielleicht sogar vermehren.
Blumenschalen gehören zu den schönsten und beliebtesten Geschenken, die man sich zu Weihnachten, Ostern, zum Muttertag, zu Geburtstagen oder sonstigen Jubiläen macht. Diese Blütenpracht hält länger als jeder Blumenstrauß, und bei richtiger Pflege leben die Pflanzen weiter und blühen im nächsten Jahr wieder. Aber auch die Blumen in den Schalen beginnen bald zu welken und zu kümmern, wenn man sie nicht rechtzeitig herausnimmt und einzeln in Töpfe pflanzt. Denn diese Schalen sind auch nur für den Augenblick, für einen begrenzten Zeitraum weniger Tage und Wochen gepflanzt. Viel zu dicht stehen die Pflanzen darin, es fehlt ihnen an Nahrung und Wasser, weil man sie nur schwer gießen kann. Jetzt, wo alles an Jungpflanzen auf die Beete gepflanzt und im Gewächshaus genug Platz ist, bietet es sich an, die Blumen aus der Schale einzeln in Töpfe zu pflanzen und auch anderen Zimmerpflanzen mal eine kleine Erholungskur angedeihen zu lassen. Die Töpfe werden so groß gewählt, daß rund um den Erdballen ungefähr 1 cm Platz bleibt, um frische Erde einzufüllen. Vorher lockert man den Wurzel-

ballen und entfernt alle braunen Wurzeln. Wer gut verrotteten Kompost im Garten hat, kann die Erde für seine Blumen selber herstellen. Eine recht gute Mischung, in der sich Zimmerpflanzen wohlfühlen, besteht aus 1 Teil reifer Komposterde, 1 Teil feuchtem Torf und ½ Teil Sand. Als Maß könnte ein Eimer dienen. Ein Elfertopf Hornspandünger kommt auf die Menge dieser Erdmischung, die in eine Schubkarre paßt. So versorgt, werden die Pflanzen in weitem Abstand zueinander auf den Stellagentisch des Gewächshauses gestellt, wo sie weiterwachsen. Wir haben übrigens den Gitterrost unserer Stellage mit einer Folie bedeckt und darauf eine etwa 3 cm dicke Schicht aus Torf und Sand ausgebreitet. In diese Schicht werden die Pflanzen mit ihren Töpfen eingefüttert. Allerdings muß man Tontöpfe wählen. Der vorher angefeuchtete Torf speichert Wasser, das die Pflanzen aufnehmen können, wenn man für ein paar Tage verreist ist und nicht nach ihnen sehen kann. Von Zeit zu Zeit sollte man Torf und Sand auf der Stellage allerdings erneuern. Denn darin können Pilzsporen und manche Krankheimskeime einen Nährboden finden.

Einige Zimmerpflanzen kann man sehr leicht durch Kopfstecklinge vermehren. Dazu gehören *Aphelandra,* Azaleen, Buntnesseln, Efeu, *Kalanchoë* und Russischer Wein. Man schneidet dazu von den Triebenden Kopfstecklinge mit 2–3 Blattpaaren und steckt sie in eine Schale oder Pikierkiste. Als Substrat dient eine Mischung aus Torf und Sand, die in dem Gefäß fest angedrückt wird, damit die Stecklinge Halt darin bekommen. Manche bilden schon nach 1–2 Wochen Wurzeln und sollten möglichst bald in Töpfe mit nährstoffreicher Erde gepflanzt werden.

Wichtig ist nun auch, daß das Gewächshaus bei zunehmend warmem Wetter immer rechtzeitig gelüftet wird. Im Gewächshaus unseres Redaktionsgartens ist das kein Problem. Die beiden Lüftklappen im Dach werden nämlich durch automatische Fensteröffner betätigt. Wenn es sehr heiß wird, öffnen wir außerdem die Lüftungsklappe in der Stehwand des Gewächshauses. Natürlich müssen die Pflanzen

Buntnesseln lassen sich leicht durch Stecklinge vermehren. Man schneidet die Triebenden mit 2–3 Blattpaaren ab und steckt sie in mit Torf und Sand gefüllte Töpfe.

im Gewächshaus zu dieser Jahreszeit besonders gut überwacht werden. Sie dürfen vor allem nicht austrocknen. Deshalb sollte man rechtzeitig Schattendecken auflegen, und, wenn man mal wegfährt, im Zweifelsfall lieber liegenlassen als herunternehmen. Die Topfpflanzen werden reichlich gegossen, sobald sie trocken sind. Wenn es sehr heiß ist, empfiehlt es sich auch, sie manchmal mit abgestandenem Wasser zu überbrausen. Das Gewächshaus sollte dann aber gut schattiert sein. Wer gegen Mittag den Plattenweg mit dem Schlauch abspritzt, sorgt für Luftfeuchtigkeit, die den Pflanzen ebenso guttut, wie dem Hausgärtner, der sich gerade im Gewächshaus aufhält.

Kompost

In diesem Monat wächst alles im Garten besonders gut. Auch das Unkraut. Deshalb heißt es: Hacken, Jäten und Mulchen. Bei einer solchen Jätrunde fällt auch eine Menge Material für den Komposthaufen an, den man jetzt aufsetzen kann. Er erwärmt sich zu dieser Jahreszeit besonders gut. Wie man ihn aufsetzt, steht auf Seite 56.

Rasen

Der Vorratsdünger vom letzten Herbst ist jetzt aufgebraucht. Unsere Rasenfläche braucht neue Nahrung. Am besten streut man direkt nach dem Mähen einen langzeitig wirkenden organisch-mineralischen Rasendünger aus und wässert anschließend gründlich.

Stattliche Königskerze im zweiten Jahr.

Erdbeeren

Sie haben jetzt Früchte angesetzt, die immer größer und schwerer werden und bald auf dem Boden liegen. Wenn es regnet, kommen die Schnecken, und außerdem können die Früchte auf dem feuchten Boden leicht faulen. Deshalb sollte man sie mit Stroh unterlegen.

Juni

Zweijahrsblumen

Jetzt ist der günstigste Zeitpunkt gekommen, um zweijährige Blumen auszusäen. Sie wachsen bis zum Herbst zu kräftigen Pflanzen heran, überdauern den Winter und kommen im nächsten Jahr zur Blüte, um danach abzusterben. Am bekanntesten von allen Zweijahrsblumen sind Stiefmütterchen. Aber auch Fingerhüte, Königskerzen und Stockrosen sind Zweijahrsblumen. Man sät sie auf einem feuchten, humusreichen Saatbeet aus, das auch nach der Aussaat ständig feucht gehalten werden muß. Außerdem beschattet man das Beet, bis die Sämlinge zu kräftigen Jungpflanzen herangewachsen sind.

Gemüse

Chicorée, Endivien, Mangold, Schnittsellerie, Radieschen und Rote Bete können noch gesät werden. Rhabarber sollte man gegen Ende des Monats zum letzten Mal ernten. Danach sind die Stengel zwar nicht giftig, die Pflanze braucht aber die Blätter, um assimilieren und somit Nährstoffe fürs nächste Jahr aufnehmen und in der Knolle speichern zu können.

Gehölze

Gegen Ende dieses Monats wird auch die Hekke nochmal geschnitten. Sie treibt danach nur noch wenig aus.

Erdbeeren

Nach der Ernte wird die Erde zwischen den Erdbeeren gehackt und gleichmäßig feucht gehalten. Bis August sollen kräftige Jungpflanzen an den Ausläufern heranwachsen.

Juli

Viele Hausgärtner fahren jetzt in den Urlaub. Vor der Abfahrt muß der Garten für die Zeit der Abwesenheit versorgt sein. Am besten macht man nochmal eine Pflegerunde im Garten: Jäten, Hacken, Wässern, Mulchen! Alles was einigermaßen reif ist, sollte geerntet und verwendet werden. Topfpflanzen aus der Wohnung und dem Gewächshaus bringt man am besten an einen schattigen Ort ins Freie und füttert sie dort mit ihren Töpfen in den gelockerten Boden ein. Schwierig wird es mit den Gemüsepflanzen im Gewächshaus auf den Erdbeeten. Wer keinen freundlichen Nachbarn hat, der die Pflanzen während der Urlaubszeit versorgt, sollte es mit einem automatischen Bewässerungssystem (Tröpfchenbewässerung) versuchen. Die Schattendecken bleiben den ganzen Urlaub hindurch auf dem Gewächshaus liegen. Oder man streicht die Glasscheiben mit Schattierfarbe.

Obst- und Ziergehölze

Bei einigen Obst- und Ziergehölzen kann in diesem Monat der Sommerschnitt durchgeführt werden. Bei den Obstgehölzen lichtet man die Wasserschosse aus. Vor allem nach

Sommerschnitt auf Stummel.

unten und oben aus den Leittrieben wachsende Wasserschosse werden auf Astring abgeschnitten. Die anderen kann man auf Stummel oder Rosette schneiden. Beim Stummel wird der Trieb auf 2–3, bei der Rosette auf nur 1 Blattkranz zurückgeschnitten.
Johannis- und Stachelbeeren schneidet man am besten gleich nach der Ernte. Alle Triebe, die älter als 3 Jahre sind, werden an der Basis des Strauches herausgeschnitten. Unter den einjährigen nimmt man die schwächsten heraus. Ein guter Johannisbeerstrauch sollte etwa 7–10 aus dem Boden aufwachsende Triebe haben, von denen einige 3, 2 und 1 Jahr alt sind. Bei Stachelbeersträuchern beschränkt man sich darauf, hier und dort einen überalterten Trieb herauszunehmen.
Von den Ziergehölzen können Deutzien, Zierpflaume, Zierpfirsich, Mandelbäumchen, Zierjohannisbeere, Flieder und Weigelie ausgelichtet werden.
Der Vorteil des Sommerschnitts besteht vor allem darin, daß man trockene oder schwachbelaubte Triebe besser voneinander unterscheiden kann als im Winter. Der Baum oder Strauch braucht nach dem Schnitt auch nur noch die verbleibenden Triebe zu ernähren, die bis zum Winter besser ausreifen.

August

Gewächshaus

Wer Balkonkästen mit Pelargonien hat, sollte jetzt Stecklinge schneiden. Sie bewurzeln noch vor dem Winter, so daß man im nächsten Frühjahr schon kräftige Pflanzen hat. Von den Enden gesunder (virusfreier) Triebe schneidet man Kopfstecklinge mit 2–3 Blattpaaren dicht über dem nächstunteren Stengelknoten (Nodium) ab und entfernt dichter unter dem letzten Nodium des Stecklings das Zwischenknotenstück (Internodie) mit einem scharfen Messer. Denn nur an den Stengelknoten bilden die Stecklinge Wurzeln. Manche Gärtner sind der Ansicht, man solle die Stecklinge über nacht liegenlassen, bevor man sie ins Substrat steckt. Andere meinen, daß sie sofort nach dem Schneiden gesteckt werden müssen. Beides ist möglich, jedoch für das Gedeihen der Pflanzen belanglos. Als Substrat dient wiederum ein Gemisch aus Torf und Sand, das ganz fest in kleine Sechsertöpfe gepreßt wird. Anschließend stellt man die Töpfe dicht aneinander auf das Hängebord im Gewächshaus, überbraust und deckt sie mit Zeitungspapier ab. Alle welkenden Blätter und faulenden Stecklinge müssen herausgelesen werden. Sobald die Ballen durchwurzelt sind, topft man die Jungpflanzen in Neunertöpfe um, und zwar noch vor dem Winter. Im nächsten Frühjahr werden die Pflanzen gestutzt und in Zwölfertöpfe gepflanzt.

Im August kann man Pelargoniensteckinge schneiden.

Gemüse

Feldsalat, Rettich, Radieschen und Endivien können noch ausgesät werden.

Blumenzwiebeln

Im nächsten Monat beginnt die Pflanzzeit. Man sollte sich jetzt schon die Herbstkataloge besorgen, um die richtige Auswahl für den eigenen Garten treffen zu können.

Erdbeeren

Die Ausläufer der Erdbeeren sind jetzt soweit herangewachsen, daß man sie auf ein dafür hergerichtetes Beet pflanzen kann. Wie man das macht, steht auf Seite 150. Anschließend wird der Boden zwischen den alten Erdbeerpflanzen gelockert, gewässert und mit Komposterde abgedeckt.

September

Blumenzwiebeln

Wie man Blumenzwiebeln pflanzt und versorgt, steht ausführlich auf Seite 113 beschrieben. Man kann sie aber auch vortreiben, so daß man schon blühende Hyazinthen in Töpfen und Schalen und Tulpen und Narzissen als Schnittblumen in die Wohnstube holen kann, noch bevor sie draußen blühen. Wir haben es in unserem Redaktionsgarten ausprobiert. Als Gefäße braucht man Blumenschalen, Blumen-

Tulpen und Narzissen, die man im Herbst in Kisten legt, haben bis Januar lange Triebe gebildet.

töpfe, Obst- und Gemüsekisten. Das Substrat für die Zwiebeltreiberei mischten wir aus lehmiger Gartenerde, Komposterde, Torf und Sand und gaben einen Elfertopf voll Hornspäte pro Schubkarre hinzu. Am bekanntesten ist die Treiberei von Hyazinthen auf dem Wasserglas. Wir wählten jedoch eine Methode, nach der Blumenzwiebeln auch in Gärtnereien herangetrieben werden. Zunächst füllt man Blumentöpfe mit einem Durchmesser von 10 oder 11 cm bis zu drei Viertel mit Erde und setzt die Zwiebel genau in die Mitte. Rund um die Zwiebel wird ebenfalls Erde eingefüllt und so angedrückt, daß ein kleiner Gießrand entsteht.

In gleicher Weise kann man auch mehrere Hyazinthenzwiebeln in eine Schale pflanzen. Tulpen und Narzissen trieben wir in Holzkisten, in denen sonst Gemüsehändler Tomaten geliefert bekommen, zum Schneiden heran. Dazu füllten wir die Holzkisten zur Hälfte mit Erde und setzten die Zwiebeln mit geringem Abstand zueinander hinein. Anschließend bedeckten wir sie ganz mit Erde und drückten die Erde fest an.

Alle mit Zwiebeln bepflanzten Töpfe, Schalen und Kisten wurden sorgfältig überbraust, bevor sie in den Einschlag kamen. Wir hatten aus einem unserer Hochbeete Erde herausgeschaufelt und stellten nun die Gefäße mit den Blumenzwiebeln dort hinein. Das Ganze deckten wir mit einer etwa 30 cm dicken Schicht Torf ab.

Mitte Januar räumten wir etwas Torf beiseite und tasteten nach den Zwiebeln. Einige Hyazinthen hatten schon etwa 3 cm lange »Nasen« gebildet. Wenn man mit Daumen und Zeigefinger vorsichtig gegen die »Nasen« drückt, kann man die darin verborgenen Knospen fühlen. Wir holten die Hyazinthen mit den längsten »Nasen« ins Gewächshaus. Dort färbten sie sich grün, und schließlich brachen die Knospen hervor, die bald aufblühten. Etwas später kamen die Tulpen und Narzissen ins Gewächshaus, von denen wir Sträuße für die Vase schneiden konnten. Wir wählten die für die Blumenzwiebeltreiberei altbewährten frühen Tulpensorten 'Prominence' (rot) und 'Lustige Witwe' (rotweiß), sowie die Narzisse 'Golden Harvest'. Die Zwiebeln dieser Schnittblumen sind nach der Ernte geschwächt. Man bewahrt sie bis zum nächsten Herbst in einem kühlen Keller auf, pflanzt sie am besten sofort in den Garten, wo sie wieder zu Kräften kommen.

Außerdem setzten wir in einen Blumentopf einige *Scilla*-Zwiebeln, womit wir ebenfalls Erfolg hatten. Ebenso kann man Märzbecher, Schneeglöckchen, Traubenhyazinthen, Milchstern und sogar die Schachbrettblume in Blumentöpfen, Blumenschalen oder in Kisten herantreiben.

Gemüse

In Gegenden mit rauhem Klima können gegen Ende des Monats die ersten Fröste eintreten. Man sollte deshalb Vlies, Decken, Tücher oder Rohrmatten bereithalten, um Tomaten, Gurken, Kürbis und Zucchini bei Frostgefahr abdecken zu können. Jetzt kann noch Feldsalat gesät werden. Auf abgeerntete Beete, die in diesem Jahr nicht mehr mit Gemüse bebaut werden, sollte man Gründüngung säen.

Oktober

Das Herbstlaub sollte ruhig ein wenig liegenbleiben. Es wäre schade, diese farbenfrohe Pracht einfach so wegzukehren. Wenn die Herbstblätter jedoch zusammengeharkt werden, dann nur auf Wegen, dem Rasen und zwischen niedrigen Stauden. Unter Bäumen und Sträuchern sollte man es liegenlassen. Damit es nicht vom Wind durch den Garten geweht wird, streut man eine ganz dünne Schicht Kompost darüber.

Welke Rosenblüten sollte man abschneiden.

Kübelpflanzen

Nicht winterharte Pflanzen in Kästen und Kübeln sollten solange wie möglich draußen bleiben. Leichte Fröste überstehen sie oft ungeschützt oder wenn man sie mit Tüchern, Vlies oder Folie abdeckt. Erst wenn stärkere, anhaltende Fröste drohen, werden sie ins Haus geholt und in einem möglichst hellen, kühlen und frostfreien Raum überwintert.

Dahlien

Jetzt ausgraben, Erde abschütteln, Kraut ungefähr eine Hand breit über der Knolle abschneiden und im Keller überwintern.

Gemüsebeete

Abgeerntete Flächen mit einem Kultivator oder Sauzahn lockern und mit groben Pflanzenabfällen, Kompost oder Stallmist abdecken.

Kompost

Solange es einigermaßen warm ist, kann man den Kompost mit den herbstlichen Pflanzenabfällen aufsetzen. Mit einer dicken Schicht Heu, Stroh oder Laub wird er vor der Kälte des Winters geschützt.

Rosen

Die alten Blütenstände werden abgeschnitten. Nur die Hagebutten der Wildrosen bleiben als Zierde für den Garten und Winternahrung für Vögel. Außerdem häufelt man die Erde um jeden Rosenstrauch (außer Wildrosen) so hoch wie möglich an, damit die Wurzeln weitgehend vor Frost geschützt sind und ungehindert Wasser aufnehmen können.
Zum Anhäufeln kann auch Kompost, Stallmist oder Torf verwendet werden.

November

Stauden

Was an trockenem Staudenkraut nicht dekorativ ist, wird dicht über dem Boden abgeschnitten. Alles andere bleibt stehen. Wo der Boden zwischen hohen Blütenstauden noch offen ist, wird er vorsichtig aber gründlich gelockert. Anschließend bringt man eine Lage Kompost oder Stallmist auf.

Rasen

Jetzt sollte man einen langzeitig wirkenden Rasendünger ausbringen, damit die Rasengräser im nächsten Frühjahr rechtzeitig Nahrung bekommen.

Wassergarten

Bei einem älteren Gartenteich kann es nötig werden, die Rohrkolben und Binsen ein wenig zu durchforsten und außerdem einen Teil des am Teichboden liegenden Schlammes abzuziehen. Man sollte jedoch nicht den ganzen Teich ausräumen, sondern nur einen Teil. Schlamm und Pflanzenmaterialien werden kompostiert.

Dezember

Jetzt haben Sie Zeit, im Gewächshaus und Geräteschuppen Ordnung zu schaffen, den Rasenmäher zu überholen und Gartengeräte auszubessern. Und wenn es gar zu kalt wird, schmieden Sie in der warmen Stube Pläne fürs neu Gartenjahr.

Ein winterlicher Garten hat besonderen Reiz.

Register

---

* bebildert
Fettdruck ist Hauptverweis

Register